파워미터
핸 드 북

파워미터 핸드북

The Power Meter Handbook

로드 사이클과 철인3종 훈련 가이드

조 프리엘 지음
진 현 주 옮김

대성의학사

파워미터 핸드북

The Power Meter Handbook

1판 1쇄 펴냄: 2025년 1월 9일

지은이: 조 프리엘
옮긴이: 진현주
펴낸이: 권오현
펴낸곳: 대성의학사

출판등록 2009년 6월 22일(제301-2013-095호)
서울특별시 중구 을지로 126-1 (을지로3가, 3층)
전화 02)2279-3444 / 팩스 02)2285-0108
Homepage www.medibook.co.kr

값 25,000원

ISBN 979-11-90868-45-7(13690)

역자 서문

2021년 도쿄 올림픽은 사이클 경기 역사에 전례 없는 충격을 가져다주었다. 여자 사이클 개인 도로 경기에서 이름이 알려지지 않은 선수인 오스트리아 수학 박사 안나 키젠호퍼가 홀로 137km를 달려 금메달을 획득했기 때문이다. 도로 사이클은 개인 순위를 측정해 순위를 매기지만, 단체로 출전하기 때문에 팀을 이뤄 동료와 서로 도움을 주고받아야 시상대에 설 가능성이 높다. 안나 키젠호퍼의 우승은 1896년 제1회 아테네 올림픽 남자 사이클 금메달 이후 처음으로 오스트리아에 안겨준 금메달일 뿐만 아니라, 무엇보다도 사이클 입문 고작 7년 차인 30세의 무명 아마추어 선수가 단 한 명의 동료도 없이 단독 출전해 따낸 승리라는 점에서 진정한 대이변이었다.

언론에 따르면 승리의 비결은 선수 개인의 전공 지식을 활용한 수학적 접근 덕분이었다. 스위스 로잔공과대학교에서 수학 연구원으로 일하는 키젠호퍼가 훈련 데이터를 분석해 올림픽을 준비했기 때문에 이런 엄청난 승리가 가능했다는 것이다. 키젠호퍼가 수학박사라는 사실만 고려하면 이러한 분석은 설득력이 있어 보인다. 그러나 여기에는 한 가지 중요한 사항이 빠져 있다. 바로 수학적 분석을 가능하게 해준 장치, 파워미터라는 훈련 도구이다.

파워미터는 유산소 스포츠에서 선수가 사용하는 파워의 총량을 측정하는 장치이다. 기존의 사이클링 스포츠에서 선수의 운동량은 주로 심박수와 이동거리로 계측되었다. 그러나 심박수는 언제나 한 발 늦고 거짓말을 한다. 외부 환경, 심리 상태, 섭취한 음식물, 컨디션에 따라 심박은 얼마든지 변한다. 그러나 파워는 거짓말을 하지 않는다. 파워를 측정해주는 파워미터라는 도구만 있으면 수학적 지식이 없어도 나의 운동 데이터를 한 눈에 볼 수 있다. 오늘의 훈련에서 사용한 평균파워, 운동 강도, 스트레스 지수 등등의 숫자를 바로 알 수 있다.

로드 사이클의 본질은 빨리 달리는 것이다. 좋은 선수는 제일 빨리 달리는 선수이다. 어떻게 좋은 선수가 될 수 있는가? 답은 간단하다. 어떻게 훈련하는지 알면 된다. 그것을 모르기 때문에 전문 선수들은 코치의 관리를 받고, 코치의 관리를 받기 어려운 일반 동호인들은 운동 거리와 시간, 그리고 명확하지 않은 자신만의 피로 감각에 의존해 내일의 훈련을 계획한다. 그러나 이것만으로는 운동 강도를 제대로 알 수 없다.

트레이닝의 핵심은 운동 강도의 장악이다. 어제의 운동 강도, 오늘의 훈련량을 알면 내일의 훈련을 계획할 수 있다. 파워미터가 있다면 아주 간단하게 내일 어떤 종류의 훈련을 얼마나 해야 하는지, 그리고 얼마나 더 할 수 있는지 예측이 가능해진다. 파워수치는 내가 어디에 있는지, 얼마나 더 갈 수 있는지, 그리고 거기까지 가기 위해 뭘 해야 하는지 알려준다. 무명 선수 안나 키젠호퍼의 승리는 파워미터라는 내 손 안의 조력자 없이는 불가능했다.

이 책은 사이클 트레이닝의 필수 장비인 파워미터의 사용법에 대해 간명하면서도 쉽게 설명하고 있다. 저자인 조 프리엘은 미국의 저명한 사이클 코치로 1980년대부터 다양한 아마추어 및 프로 로드 사이클리스트를 지도해왔으며, 사이클링 코칭 사이트로 유명한 TrainingPeaks.com의 설립자이기도 하다. 조 프리엘의 명쾌한 안내와 강력한 동기부여는 내가 원하는 다른 사람이 될 수 있다는 희망을 불러일으킨다. 파워미터라는 도구의 힘을 빌릴 때 우리는 그것을 스스로 이룰 수 있다. 파워미터는 지도다. 내가 있는 곳을 알려주고, 가야 할 곳을 알려주는 내 손 안의 지도. 파워미터로 훈련하면 확실하게 성장할 수 있다. 어제의 나를 이기고 싶은가? 가장 빨리 달리는 사람이 되고 싶은가? 파워미터 트레이닝은 우리를 그곳으로 데려다줄 것이다.

이 책의 번역은 한국 사회에서 새롭게 시작되고 있는 자전거 문화를 텍스트화하는 프로젝트의 일환으로 기획되었다. 파워미터를 사용한 사이클 훈련이 한국 체육학계에 공식으로 소개되지 않은 상황에서 시작된 번역이기에 개념어 선정에 특히 많은 주의를 기울였다. 기존 파워미터 사용자들 사이에서 통용되어 온 용어가 아닌 다른 번역어를 채택한 주요한 몇몇 개념어의 경우, 해당 부분에 그 이유에 대해 따로 서술해 두었다. 그러나 책 전체에 걸친 서술에서는 파워미터 장치에 표기되는 영어 약어를 주로 사용하였기 때문에, 기존 영어 표기에 익숙한 독자들도 불편함 없이 책의 내용을 쉽게 숙지할 수 있을 것이다.

번역 용어의 선정 과정에서 많은 분들의 도움을 받았다. 성봉주 선생님은 원고 전체의 번역어를 체육학자의 관점에서 꼼꼼하게 짚어주셨다. 서민우 선생님은 2장 '물리학에서의 파워' 부분을 감수해주시고 주요 개념어의 최종 결정에 큰 힘을 실어주셨다. (전)그릿 그라운드 사이클 아카데미 육지영 코치님은 번역 도중에 생긴 여러 고민에 매번 성실히 답변해주셨다. 사이클존 장용진 코치님과 사이클 국가대표팀 최희동 감독님은 현장의 여러 사례를 공유해 주시고 큰 지지를 보내주셨다. 오랜 친구 정승연은 이 책의 번역 구상 과정에서 많은 힘이 되어 주었으며, 여러 숙고할 지점을 제안해주었다. 원고를 읽어주신 중요한 동료인 이우창 선생님, 자전거 문화 연구자 박찬우 선생님과 서울대에서 자전거 수업을 오랫동안 해오신 임상훈 선생님, 국제자전거연맹 심판위원회 박성웅 위원님께도 깊이 감사드린다. 특별히 한국어 독자를 위한 서문을 새로 써 주었으며, 번역 과정에서 필요한 질문에 언제나 즉각적으로 응답해준 원저자 조 프리엘의 도움이 없었다면 몇몇 오류들은 끝까지 수정되지 못했을 것이다.

여러 도움으로 번역될 수 있었던 이 책의 초역은 2021년 7월에 완료되었다. 여러 사정으로 인해 첫 작업부터 출판까지는 3년이 넘는 상당히 긴 시간이 소요되었으나, 후속 번역서인 실내 사이클링 훈련서 『Ride Inside』는 1년 이내로 출간될 예정이다. 트레이닝은 우리의 한계를 넘어서게 해준다. 트레이닝을 통해 신체의 탁월성을 추구하는 것은 바로 인간 존재의 탁월함을 갱신해나가는 것이라는 믿음이 『파워미터 핸드북』 한국어판 번역서 출간까지의 여러 지난한 시간들을 인내하도록 도와주었던 가장 큰 힘이었다. 그 믿음을 지지해주신 대성의학사 김미애 편집장님이 없었다면 이 책은 출판될 수 없었을 것이다. 훈련으로서의 자전거 타기를 통해 자신을 넘어서고 싶어 하는 모든 진지한 사이클리스트에게 이 책이 도움이 되기를 진심으로 바란다.

역자 진현주

한국어판 서문

전 세계 사이클리스트들이 더 높은 수준의 기량을 펼치는 데 도움이 되고 있는 이 책을 한국어로도 소개할 수 있게 되어 매우 설렙니다. 한국 라이더들의 잠재력은 한국 국내를 넘어 이제는 국제적으로도 상당히 유망하다고 생각합니다. 파워미터를 활용해 자전거를 타는 많은 한국 사람들의 사이클 퍼포먼스가 향상되는 밝은 미래가 기대됩니다.

파워미터는 퍼포먼스의 향상을 위해 노력하는 라이더를 위한 아주 강력한 도구입니다. 파워미터는 안장에 올라타 있는 동안 라이딩 데이터를 측정하고 표시할 뿐만 아니라, 라이딩 후 분석할 수 있는 정보를 저장하여 경기력 향상을 위한 트레이닝 방법을 결정하는 데 큰 도움을 제공합니다. 물론 파워미터와 트레이닝 앱에 어지럽게 표시되는 데이터가 벅차게 느껴질 수도 있습니다. 눈에 보이는 모든 숫자가 여러분의 트레이닝 목적에 맞는 의미를 갖고 있는 것이 아닐 수도 있습니다. 지나치게 많은 데이터가 오히려 혼란을 초래하여 퍼포먼스가 저하될 가능성도 분명 존재합니다. 바로 이것이 제가 이 책을 쓴 이유입니다. 어떤 데이터를 주의 깊게 살펴봐야 하는지, 앞으로 더욱 크게 성장(여러분이 진지한 사이클리스트라면 경기력 향상이 보다 정확한 표현일 것입니다)하는 데 분명히 도움이 되는 유용한 정보를 어떻게 활용하여 훈련을 계획할 것인지 알려드리기 위해 저는 이 책을 썼습니다. 이 책이 여러분을 다음 단계로 나아갈 수 있도록 도와줄 것이라 믿고 희망합니다.

이 책을 번역해 주신 진현주 교수님의 노고에 깊이 감사드립니다. 최신의 스포츠과학 이론이 반영된 자전거 훈련서는 한국에서 처음 출판되는 것이라고 들었습니다*. 저의 이 책이 앞으로 한국의 사이클링 저변 확대에 크게 기여하리라 기대합니다.

2024년, 조 프리엘

* 원저자의 서문을 받았을 당시 한국에는 사이클 파워미터 관련 서적이 전무하였다.

Contents

■ **일러두기** ....

이 책의 각주는 모두 '역자 주'이다.

PART I

파워미터란 무엇인가? 파워미터가 나를 어떻게 도울 수 있는가?

1

왜 파워미터를 사용해야 하는가?

왜 트레이닝을 하는가? 이 질문에 대답하기 전에, 우리가 같은 이야기를 하고 있는 건지 확인하고 싶다. '훈련'과 '트레이닝'이라는 단어를 이 책에서 자주 접하게 될 것이다. 운동선수들이 흔히 사용하는 어휘다. 여기서 말하는 훈련과 트레이닝이란 목적을 가지고 운동한다는 뜻이다. 그 목적은 퍼포먼스(스포츠 수행 능력/경기력)를 향상시키는 것이다. 이 책에서 퍼포먼스란 철인3종 경기, 도로 경기road race, 독주 경기time trial, 산악자전거 경기 및 센츄리 경기*와 같은 자전거 관련 종목 경기력을 말하는 것이다.

조금 더 깊이 들어가보자. '퍼포먼스'란 경쟁적인 라이딩을 말하는 것으로, 여러분이 참가했던 이전 시합의 기록을 개선하거나, 더 높은 순위를 차지하기 위해 더 강해지도록 준비해서 더 빨리 달리게 되는 것을 말한다. 어떤 선수들은 다른 선수들과 경쟁하는 반면, 어떤 선수들은 이전의 퍼포먼스를 개선하기 위해 오직 자기 자신과 경쟁한다. 어느 쪽이든 다 괜찮다. 둘 다 체력 향

* 센츄리 경기: 160km[100마일]를 하루에 달리는 경기.

상을 위한 목적의식적인 워크아웃*이 필요하다.

만약 워크아웃의 목적이 자전거 퍼포먼스가 아니라면, 예를 들어 체중 감량이나 건강 증진(둘 다 가치 있는 목표이다)이라면, 내 생각에 그건 운동이지 트레이닝은 아니다. 파워미터는 원하는 결과를 달성하기 위한 모든 요구에 유용할 수 있다. 그러나 우리가 여기서 더 자세하게 살펴볼 목적이란 바로 트레이닝, 더 나은 시합 퍼포먼스를 위한 목적이 분명한 워크아웃이다.

파워미터는 트레이닝을 위한 강력한 도구로, 자전거에 장착할 수 있는 그 어떤 장비보다 여러분을 더 강하고 빠르게 만들어줄 수 있다. 오랜 시간 동안 스포츠를 해왔고, 가능하다고 생각한 모든 체력 수준을 달성했다 할지라도, 당신이 더 나아갈 수 있는 곳이 있다는 것을 보장한다. 몇 년 내내 중간 팩에서 경기를 마치다가, 파워미터로 훈련을 시작한 후 한 시즌 안에 시상대로 올라간 선수들을 나는 코치해왔다. 여러분도 할 수 있다고 확신한다. 스포츠에서 퍼포먼스 잠재력의 상한은 놀라울 정도로 높고, 거의 모든 운동선수들은 그 부분이 미개발되어 있다. 바로 여기가 파워미터가 차이를 만들어낼 수 있는 지점이다.

파워미터를 가지고 있으면서도 파워미터를 통해 확연한 발전을 이루지 못하는 사람을 알고 있을 수도 있다. 흔한 일이다. 파워미터는 마법이 아니다. 자전거에 파워미터 하나 올려놓는다고 해서 갑자기 뿅 하고 더 빨라지는 것이 아니다. 처음 사용했을 때 그건 여러분이 힘들게, 혹은 쉽게 타는지에 따라 변하는 핸들바 위에 놓인 숫자일 뿐으로 무척 단순해 보인다. 그리고 어쩌면, "뭐가 그렇게 대단하지?"라고 생각하는 자신을 발견하게 될 수도 있다. 파워미터를 처음 사용하는 사람들이 이렇게 말하는 것을 정말 많이 들었다. "숫자는 흥미로운데, 그래서 어떻다는 거죠?" 컴퓨터 소프트웨어로 다운받은 데이터를

* 워크아웃(worktout): 운동, 운동 프로그램, 훈련 프로그램으로 많이 번역되는데, 이 책에서는 워크아웃이라는 번역어를 사용했다. 워크아웃은 특정한 목적의 달성을 위해 루틴을 갖고 수행되는 신체활동으로 운동(exercise)과는 개념이 다르다. 가령, 그냥 자전거를 타는 것은 운동의 아주 좋은 형태이지만 그것을 워크아웃이라고 할 수는 없다. 또한 운동/훈련 프로그램이 긴 호흡을 가진 계획인 것에 비해, 워크아웃은 보다 구체적인 오늘의 운동 프로그램을 지시한다.

보기 시작한 이후에야 마법이 일어난다. 모든 숫자가 의미하는 것이 무엇인지 여러분이 알 수 있다면 말이다. 라이딩 후 데이터를 살펴본 적이 있다면, 내가 무슨 말을 하는지 알 것이다. 좀 벅찰 수는 있다. 라이딩 중에 핸들바에서 본 변화무쌍한 숫자들이 그래프, 표, 차트로 변한다. 그게 다 무슨 뜻일까? 어떻게 파워미터가 나를 더 강하고 빠르게 만들어줄 수 있을까?

우선은 그렇게 될 것이라고 하는 내 말을 믿을 필요가 있다. 하지만 책을 읽고 난 후 기본 개념을 적용해보고 나면, 변화를 목도하게 될 것이다. 새 파워미터는 여러분이 더 좋은 라이더가 되도록 도울 것이다. 어떻게 하는지에 대한 자세한 내용은 다음 장에서 이야기하겠다. 먼저 퍼포먼스 향상을 위해 파워미터가 무엇을 할 수 있는지, 왜 그것이 다른 트레이닝 도구보다 더 훌륭한지 살펴보겠다.

왜 파워인가?

더 강해지고 더 빨라지려면, 시합을 준비하면서 신체적 변화뿐만 아니라 정신적인 변화까지 일어나야 한다. 파워미터는 두 가지 모두에 도움을 줄 수 있다. 일단 어떻게 사용하는지 알게 되면, 파워미터로 훈련을 개선해 퍼포먼스 성과를 향상시킬 수 있는 5가지 방법이 바로 여기에 있다.

훈련을 정확하게 시합의 요구 사항에 맞춰라

의심의 여지없이 이것이 바로 파워미터를 사용하는 가장 중요한 이유이다. 효과적인 훈련을 위해서는 체력을 시합에 딱 맞추기 위한 정밀함이 필요하다. 당연한 질문은 "무엇을 위한 체력인가?"이다. 6시간 철인3종 경기이든, 45분 크리테리움*이든 모든 하이-퍼포먼스 이벤트에는 특정한 유형의 체력이 필요

* 크리테리움(criterium): 일반도로와 비슷하지만, 폐쇄적인 형태의 여러 특정 구간으로 구성된 코스를 의미한다.

하다. 이는 핵심 워크아웃의 시간과 강도를 제대로 맞추는 것에 달려 있다. 운동 시간을 맞추는 것은 쉽다. 스톱워치나 주행기록계로 할 수 있다. 그러나 운동 강도는 다른 이야기이고, 당신의 훈련에 매우 중요한 이슈들을 제기한다.

첫 번째의 운동 강도 이슈는 목표 시합의 특정한 요구와 관련되어야만 한다. 어느 정도의 강도일까? 다시 말해 얼마나 빡셀까? 예를 들어 6시간 철인3종 라이딩과 같은 몇몇 이벤트는 일정하지만 상대적으로 낮은 강도를 장시간 유지해야 한다. 대조적으로 45분 크리테리움 시합은 극도로 높은 강도와 낮은 강도 사이에서 요동친다. 이 두 경기를 그저 동일한 강도로 훈련하는 것은 통하지 않는다. 핵심 워크아웃은 반드시 여러분의 체력을 해당 시합에서 요구하는 정확한 운동 강도 수준에 딱 맞춰야 시합에 맞는 몸을 제대로 만들 수 있다.

파워미터가 없다면, 핵심 워크아웃을 얼마나 힘들게 하는지는 추측할 수밖에 없다. 추측이 틀려서 너무 높은 강도였거나 낮은 강도였다면, 형편없는 퍼포먼스를 하게 될 것이다. 파워미터를 사용하면 이벤트에 필요한 운동 강도를 정확하게 파악해서 훈련할 때 그 강도를 똑같이 따라할 수 있다. 그런 다음에는 몇 주 동안 필요한 강도로 정밀하게 훈련함으로써 워크아웃을 점점 더 목표 이벤트처럼 만들 수 있다. 시합 당일에는 놀랄 일이 없을 것이다. 여러분의 몸은 이벤트의 요구를 충족시킬 준비가 되어 있을 것이다.

시합에서 안정 상태를 유지하라

독주 경기나 철인3종 경기 같은 안정 상태 이벤트steady-state events에서 성공하려면, 에너지를 반드시 잘 계산된 방식으로 소비해야 한다. 이것을 '페이스 조절'이라고 부른다. 스포츠에서 경험 많은 베테랑들조차도 페이스 조절을 제대로 하기가 어렵다. 대부분 스타트에서 너무 빨리 나가고, 후반에는 속도를 크게 줄임으로써 대가를 지불하게 된다. 안정 상태 이벤트에서 일어나는 가장 흔한 실수이다. 매번 시합 때마다 이런 일이 일어나는 것을 본다. 이런 일은 파워미터를 이용하면 심박수 모니터보다 훨씬 더 정밀한 방법으로 쉽게 고칠 수 있다. 사실 심박수 모니터는 페이스 조절을 형편없이 하게 할 수 있다. (이걸 보면서 고개를 갸우뚱할지 모르지만 사실이다. 이 장의 마지막 부분에서 그 이유에 대해 설명할 것이다.)

적절한 페이스 조절은 스타트 때 너무 빨리 앞으로 튀어나가는 흔한 문제를 훨씬 뛰어넘는 것이다. 페이스 조절은 작은 언덕을 포함한 업힐, 역풍이나 순풍 및 코스 전체에 걸친 에너지 소비 관리를 통해 피니시를 강하게 마무리할 수 있는 것 모두와 관련되어 있다. 파워미터를 사용해 이런 작업들을 간단하게 처리하는 방법을 4장에서 배우게 될 것이다.

한계를 인지하고 넘어서라

크리테리움, 도로 경기 및 산악자전거와 같이 다양한 페이스로 이루어지는 레이스에 참가하는 경우에도 비슷한 문제가 발생하지만 조금 다른 점이 있다. 여기서의 문제는 다른 라이더들이 종종 당신의 페이스 전략을 지시한다는 것이다. 이러한 유형의 시합에서는 브레이크어웨이*, 스프린트, 공격적인 힐 클라임hill climb과 같은 짧은 에피소드가 종종 결과를 결정짓는 경우가 많다. 보통 2분을 채 넘지 못하지만 매우 결정적인 순간이다. 이러한 에피소드를 선두 선수들과 함께 할 수 있다면, 여러분은 '선택'을 하고, 좋은 위치를 차지하고, 어쩌면 승리할 수도 있을 것이다.

핵심은 이러한 에피소드의 강도, 지속 시간, 빈도에 대해 무엇을 예상해야 하는지 아는 것이다. 비슷한 시합의 전형적인 파워 프로파일 기록으로 무장한다면 이러한 상황이 발생했을 때 무엇을 할 수 있는지 정확히 알 수 있으며, 더 나아가서는 이에 대응할 수 있도록 훈련할 수 있다. 심지어는 여러분이 먼저 페이스 전략을 시작하고, 다른 사람들을 힘들게 몰아붙이는 라이더가 되도록 훈련할 수도 있다. 이러한 개념에 대해서는 4장에서 훨씬 더 자세히 설명하겠다.

시합 시즌을 조직하라

시합 시즌을 계획하는 것을 '주기화'라고 한다. 이 개념은 1960년대부터 사용

---

* 브레이크어웨이(breakaway): 펠로톤(도로 경기에서 무리를 지어 달리는 그룹)에서 이탈하여 앞으로 치고 나오는 행위.

되었고, 전 세계 거의 모든 엘리트 선수들이 여전히 사용하고 있기 때문에 많은 사람들이 주기화라는 개념에 익숙할 것이다. 이에 대해서는 나의 책 '트레이닝 바이블'* 시리즈에 자세하게 써두었다. 요약하자면, 주기화는 중요한 시합(내가 A 순위라고 부르는)이 있는 시즌에 높은 수준의 체력을 생산하기 위한 훈련량과 훈련 강도를 조작하는 것과 관련된 것이다. 파워미터를 사용하면 '훈련 스트레스 점수(TSS Training Stress Score)'라는 기능을 사용하여 A 순위 시합을 중심으로 시즌을 조직할 수가 있다. 이 방법은 주간 훈련 시간이나 주간 훈련 거리를 사용하거나 운동 강도를 추정하는 것보다 훨씬 더 정교하다. 이에 대해서는 7장에서 다룰 것이다.

체력의 변화를 측정하라

선수들이 시즌 내내 답을 찾기 원하는 두 가지 질문이 있다. 첫 번째로 가장 기본적인 질문은 "내가 더 강해지고, 빨라지고 있는가?"이고, 두 번째 질문은 "경쟁자들과 비교해서 어떻게 해야 하는가?"이다. '경쟁자'란 지난 시즌 같은 경기에서의 자신이 될 수도 있고, 출전이 기대되는 다른 선수일 수도 있다. 이 질문에 대한 대답을 통해 여러분이 시합에서 무엇을 예상할 수 있는지에 대한 통찰을 얻을 수 있다. 파워미터를 갖게 되면 두 질문 모두에 답할 수 있다. 6장에서 그 방법을 보여주겠다.

파워미터의 다른 이점

앞에 열거한 다섯 가지 이점은 시작에 불과하다. 이 책에서는 다음의 내용을 포함하여 더 많은 이점을 소개할 것이다.

- 원하는 시합 퍼포먼스와 직접적으로 관련된 구체적인 목표 설정하기

---

* 조 프리엘은 로드 사이클, 트라이애슬론, 산악 자전거 훈련서를 '트레이닝 바이블' 시리즈로 출판하였다. 이 중 로드 사이클 훈련서는 『사이클 트레이닝 바이블: 중 · 장거리 사이클선수 훈련지침』으로 대한사이클연맹에서 2000년도에 번역되었으나 절판되었다. 나머지 2권(『The Triathlete's Training Bible』, 『The Mountain Biker's Training Bible』)은 아직 한국에 번역되지 않았다.

- 개인 파워존power zone을 사용하여 효율적으로 훈련하기
- 퍼포먼스 진행 상황 측정하기
- 적확한 시기에 맞춰 폼을 끌어올리는 계획을 수립해 시합에서 피크 찍기
- 피로를 정량화하고 관리하는 방법 이해하기
- 워크아웃이나 시합에서 자신이 소비하는 칼로리 양을 파악하여 영양 회복에 집중할 수 있는 역량 함양하기
- 파워와 심박수를 비교하여 효율성 향상하기
- 워크아웃과 시합에서 수행한 작업에 대해 코치와 더 잘 소통하기
- 더 열심히 훈련할 수 있는 동기 부여하기(내가 코치하는 선수들이 파워미터를 처음 사용해봤을 때 그들이 지나치게 흥분하는 것을 저지해야 할 필요도 때로는 있었다.)
- 최고의 시합 퍼포먼스 달성하기

결론은 파워 트레이닝 방법을 배우면 여러분의 훈련을 개선하고 시합 성적을 향상시킬 수 있다는 것이다. 그러나 훈련 방식을 바꾸고 싶지 않다면 그 혜택을 누릴 수 없을 것이다. 만일 오랫동안 '느낌'으로 훈련해왔고 한 가지 훈련 방식에 갇혀 있다면, 파워 기반 훈련의 많은 이점을 활용하지 못할 것이다. 변화 없는 성장은 없고, 이제부터 배우게 될 내용은 트레이닝에 대한 확실한 인식의 변화가 필요하다. 그렇게 할 의지가 없다면, 파워미터는 아무 소용이 없다.

내가 지난 10년 동안 지도했던 많은 선수들은 내가 파워미터를 사용하도록 요구하기 시작한 이후로 상당수가 때때로 믿기 어려울 정도의 퍼포먼스 변화를 보였다. 그들 모두가 발전했다. 몇몇은 선두 그룹에서 훨씬 뒤쳐진 곳에서부터 단시간에 시상대까지 올라갔다. 그들이 자전거에 파워미터를 장착하고 다음 장에서부터 설명한 대로 사용하기 전에는 절대 발생하지 않았던 일이었다. 그들처럼 해보는 것이 여러분에게도 큰 변화를 줄 수 있을 것이라고 확신한다.

왜 심박수, 속도, 느낌은 안 될까?

왜 파워미터를 사용할까? 그거 하나를 사기 위해 돈을 왕창 썼는데, 여러분이 지금까지 본 것이라고는 핸들바 위에서 오르락내리락하는 숫자와 상당히 혼란스럽게 보이는 몇몇 소프트웨어뿐이었다. 게다가 더 나쁜 것은, 이것 때문에 훈련 방식을 바꿔야 한다는 것이다. 그냥 몇 년 동안 사용해왔던 심박수를 계속 사용하는 것은 어떨까? 여러분은 스포츠 활동의 먼 길을 걸어오는 동안 그렇게 해왔다. 아니면 그냥 속도를 이용하는 것은 어떨까? 우리가 추구하는 것은 당연히 오로지 더 빨리 달리는 것이다. 핸들바에 장착하는 속도계는 파워미터나 심박수 장치에 비해 저렴하다. 그럼 그냥 그중 하나를 사용하는 것은 어떨까? 아니면 정말 전통적인 방식을 선호해서 자전거에 표시되는 그 어떤 숫자도 좋아하지 않을 수 있다. 단지 느낌으로 라이딩하고 시합에 나가고 싶을 수도 있다. 수년간 이런 질문에 답해왔기 때문에 나는 여러분의 마음을 잘 알고 있다. 만일 여러분이 더 높은 수준의 퍼포먼스를 원한다면, 왜 파워가 더 나은 선택인지 그 이유를 간단히 살펴보겠다.

심박수

운동선수들 대부분의 믿음과는 반대로, 심박수는 능동적이지 않고 피동적이다. 다시 말해 심박수는 근육이 하는 일에 대한 반응 결과이다. 심박수는 근육이 더 열심히 일하도록 만들지 않는다. 심박수는 '엔진'이 아니라 단순히 '연료 펌프'에 불과하다. 언덕을 오를 때 엔진(근육)이 더 열심히 일하면, 심장은 근육이 계속 움직일 수 있도록 더 많은 혈액을 펌핑하는 것으로 반응한다. 심박수만을 기준으로 훈련하는 것은 자동차 연료 게이지를 사용하여 운전 속도를 측정하는 것과 같다. 그렇게 할 수는 있지만, 그건 '불편하게 거꾸로 하는 짓'이다.

오해하지 마라. 연료 펌프(심장)는 퍼포먼스에 꽤 소중하다. 엔진(근육)은 펌프 없이 작동할 수 없다. 펌프가 얼마나 열심히 작동하는가는 퍼포먼스와 간접적으로 관련이 있으므로 알아두면 좋은 정보이다. 엔진이 많은 연료를 요구한다면, 무언가 힘든 일이 일어나고 있을 것이다. 따라서 펌프는 더 많은 연료를 공급할 수 있는 것이 좋다. 그러나 카레이서 중 연료 펌프를 퍼포먼스의 성능을 결정하는 수단으로 사용하는 사람은 아무도 없을 것이다. 빠른 자동차 레이싱의 중심에는 엔진이 있다. 연료 펌프는 기껏해야 부차적으로 중요하다.

마찬가지로, 우리 같은 자전거 레이서들은 펌프가 얼마나 열심히 작동하는지보다는 엔진이 무엇을 생산하고 있는지 살펴보는 것이 더 낫다. 사실 훈련은 엔진과 근육을 만드는 데 초점을 맞춰야 한다. 심박수 모니터를 사용하는 선수들이 믿는 것과는 반대로, 거의 모든 체력 변화가 일어나는 곳은 근육이다. 근육으로 혈액이 공급되는 그 속도에만 집중하는 것은 가장 효과적인 훈련 방법이라고 할 수 없다.

여러분은 스포츠를 시작했을 때부터 계속 심박수 모니터를 사용했을 확률이 더 크긴 할 것이다. 심박수 모니터는 1970년대 후반부터 사용되었기 때문에, 운동선수들은 심박수 모니터에 꽤 익숙해져 있다. 그리고 심박수 모니터는 많은 사람들의 퍼포먼스를 향상시키는 데 상당히 도움이 되었다. 그러나 내가 위에서 설명한 펌프-엔진의 관계를 제외해도 심박수 기반 훈련에는 여전히 상당한 한계가 있다. 심박수는 식단, 시합 당일의 흥분, 심리적 스트레스와 같은 '외부'의 요인에 영향을 받는다. 예를 들어, 카페인 음료나 심지어 설탕 한 숟갈도 여러분이 얼마나 자신을 힘들게 몰아붙이는지에 상관없이 심박수를 상승시킬 수 있다. 특히 시합에서 다른 선수들과 그냥 함께 있는 것만으로도 심박수가 부자연스럽게 높아질 수 있다. 심지어 상사와의 말다툼, 세금 문제 및 기타 걱정거리 등 귓가에서 웅얼거리는 일들도 라이딩 강도와 무관하게 심박수에 영향을 끼친다. 게다가 인터벌 트레이닝을 할 때는 심박수가 느리게 반응하기 때문에, 각 인터벌의 처음 몇 분 동안은 얼마나 강하게 달리는지 추측할 수밖에 없다. 이 모든 것이 워크아웃과 시합에서의 페이스 조절을 형편없게 만든다. 특히 독주 경기나 철인3종 경기와 같이 안정적인 페이스로 진행되는 레이스에서 자기 실력만큼의 성적을 내지 못하는 이유가 바로 이것일 수도 있다.

하지만 가장 큰 한계는 심박수가 현재의 퍼포먼스에 대해 아무것도 알려주지 않는다는 점이다. 심박수는 연료와 산소에 대한 엔진의 요구를 기반으로 엔진이 얼마나 열심히 작동하고 있는지를 간접적으로 알려줄 뿐이다. 정말 효과를 보려면 심박수를 반드시 다른 지표와 비교해야 한다. 6장에서 파워와 심박수를 비교하는 방법과, 이 둘의 관계가 훈련에 어떻게 유용하게 활용될 수 있는지 보여주겠다.

속도

몇 년 전, 나는 시합 준비의 마지막 단계에 있는 철인3종 선수 두 명과 함께 토요일 오전에 장거리 라이딩을 하자는 초대를 받았다. 그들에게는 파워미터가 없었다. 주차장을 빠져나가자마자 그들은 즉시 속도를 시속 40km로 끌어올린 후 그대로 유지했다. 워밍업이나 대화도 없었다. 우리는 곧바로 전력을 다했다. 그렇게 몇 분이 지나고 나서 나는 그들 중 한 명 옆으로 가서 무슨 일이냐고 물어보았다. 왜 이렇게 빠르죠? 그는 내게 이렇게 말해줬다. 자신들은 평균 속도 35km를 목표로 하고 있는데, 언덕도 있고 바람이 불어올 가능성도 있기 때문에 아직 쌩쌩할 때 평속을 올려놓아야만 한다고 말이다. 두어 시간이 지나자 피로가 몰려들면서 라이딩은 점점 죽음의 행진으로 가는 것처럼 느려졌다. 그들은 그날의 스피드 목표를 달성하지 못했는데, 그건 그들이 다음 주말에는 더 빠른 속도로 출발해야 한다는 것을 의미했다. 정말 이상한 훈련 방식이 아닌가.

자전거의 속도는 바람과 언덕에 의해 거의 결정된다. 오르막길을 달리거나 역풍을 맞고 있다면 느려진다. 내리막길에서 순풍이 불면 빨라진다. 워크아웃이 끝났을 때 라이딩 동료들의 평균 속도는 그들의 체력이 아니라 환경 조건에 따라 설명해야 한다. 바람이 많이 부는 날이었나? 라이딩을 시작했을 때나 라이딩 중에 바람이 얼마나 세게 불었나? 업힐이었나 아니면 다운힐이었나? 언덕이 얼마나 가파랐는가? 시합 당일 풍속은 얼마나 좋으려나? 시합에서 가장 긴 언덕을 탈 때 순풍이 불까, 역풍이 불까? 만약 속도가 운동 강도의 척도라면, 퍼포먼스 요구 사항을 예측하고 대비할 수 있는 방법이 전혀 없다.

파워미터를 사용하면 언덕과 바람은 아무런 문제가 되지 않는다. 시합에서 다른 사람들이 얼마나 빨리 언덕을 오르고 얼마나 바람을 맞을지 추측하는 동안, 파워미터를 장착한 라이더는 심플하게 미리 정해진 파워를 유지하는 것만으로도 만족한다. 파워는 속도보다 훨씬 더 쉽고, 훨씬 더 정확하게 운동 강도를 측정한다.

느낌

최근에 블로그에 올린 '파워미터가 필요한 이유Why You Need a Power Meter'라는 글에 한 라이더가 댓글을 달았다. 그는 자신이 파워미터와 심박수 모니터, 심지어 핸들바에 속도계도 안 달고 있는 엘리트 사이클리스트와 함께 훈련했다고 말했다. 그리고 그의 친구는 정말 체력이 좋고 빨랐다고 했다. 그래서 그는 이제 오로지 자신의 느낌에 따라 라이딩하는 것이 올바른 훈련 방법이라고 믿게 되었다. 스포츠 과학자들은 이러한 훈련 방법을 '운동 자각법perceived exertion'이라고 부른다. 스포츠 과학자들은 이를테면 0에서 10까지 등급을 매기는 척도를 사용하는데, 10이 가장 높다. 들어가는 노력이 얼마나 힘들게 느껴지는지에 숫자를 부여하여, 스포츠 과학자들은 '운동자각도(RPErating of perceived exertion)'라고 알려진 주관적인 정량화 시스템을 만들었다.

사실 이러한 사고방식에도 많은 장점이 있다. 만일 시합 당일 파워미터나 다른 기기의 배터리가 방전되더라도, 그 장치 없이 효과적으로 레이스를 계속할 수 있어야 한다. 느낌으로 시합을 하는 것, 즉 운동자각도는 지난 세기 초의 모든 라이더가 했던 방식이다.

앞에서 언급한 엘리트 라이더는 의심할 여지없이 내가 '예술가-선수'라고 부르는 타입일 것이다. 엘리트들은 보통 이 범주에 속한다. 예술가-선수들은 숫자를 경멸하는데, 왜냐하면 숫자는 '진짜 시합을 방해'하기 때문이다. 수단이 뭐든 간에 예술가들의 사고방식은 이렇다. 그들의 행동은 전적으로 주관적이다. 그 당시에는 그저 옳은 일처럼 보였다.

내심 자신이 예술가-선수라고 생각하는 많은 비엘리트 중에서도 오로지 느낌으로만 시합을 하고 싶어 하는 사람들이 많다. 일부는 이를 성공적으로 해낼 수 있다. 하지만 모든 선수들이 그렇게 잘할 수 있는 것이 아닌데, 그 이유는 느낌으로 하는 라이딩은 아주 차분하게 시합에 집중할 것을 요구하기 때문이다. 그런데 우리 대부분은 감정에 따라 레이스를 한다. 흥분한 나머지 너무 빨리 스타트를 하고, 결국엔 폭발한다. 템포,* 인터벌, 반복해서 언덕 타기 등 인내심과 정확성이 요구되는 다른 훈련 라이딩을 할 때도 마찬가지이다. 우리는 너무 빨리 출발하고, 스멀스멀 사라진다. 우리에게는 적절한 강도가 어떤 느낌인지 알려주는 파워미터나 심박수 모니터 같은 장치라도 필요하다. 일단 적절한 운동 강도에 대한 지식이 몸에 배면, 느낌으로 하는 시합이 가능해진다.

또 다른 종류의 운동선수로는 '과학자-선수'가 있다. 이 유형의 운동선수들은 자신에게 가장 잘 맞는 것을 찾기 위해 개인 실험을 시도하고 결과를 측정함으로써 퍼포먼스를 향상시킬 수 있도록 훈련한다. 여러분이 이들 중 하나라면, 파워미터와 함께 성장할 것이다. 왜냐하면 파워미터는 사이클리스트의 과학 실험을 위한 최고의 도구이기 때문이다.

어떤 사람들은 예술가와 과학자가 혼합되어 있다. 랜스 암스트롱이 그 예이다. 전성기 시절 랜스 암스트롱은 소비 칼로리부터 옷에 걸리는 바람 저항, 다양한 자전거 디자인에 따른 파워까지 훈련의 모든 것을 실험하고 정밀하게 측정하는 것을 좋아했다. 그러나 그는 시합에 있어서는 피곤한 척하거나 사나운 눈초리로 오르막 구간에서 경쟁자들을 날려버리는 등 경쟁자를 속일 줄 아는 예술가이기도 했다.

지금쯤 여러분은 자신이 어떤 유형의 선수인지 알고 있을 것이다. 훈련과 시합을 느낌으로 완전히 파악하고 잠재력이 최고조에 달한 상태에서 하는 상황이 아닌 이상, 파워미터가 도움이 될 수 있다고 확신한다. 선수 유형에 상관없이, 내가 파워 기반 프로그램으로 코치한 모든 선수들의 경기력이 향상되는 것을 보았다.

* 템포: 파워존 3의 명칭으로 20~60분 정도를 일정한 속도로 라이딩할 수 있는 강도를 의미한다.

멀티시스템 훈련

지금까지 읽은 내용으로는 내가 심박수, 속도 및 RPE(운동자각도)를 무시하라고 조언하는 것으로 생각될 수 있다. 그렇지 않다. 각자 나름대로 중요하며, 라이딩하는 동안 모니터해야 하는 것들이다. 다만 파워라는 렌즈로 라이딩을 보면, 저 세 가지 다른 것들로부터 보고 경험하는 모든 것을 더욱 잘 이해할 수 있게 된다. 파워가 이 세 가지를 더욱 관련 있고 의미 있게 만든다. 파워를 통해 훈련이라는 세계를 그 어느 때보다 훨씬 더 완벽하게 볼 수 있다. 이건 영

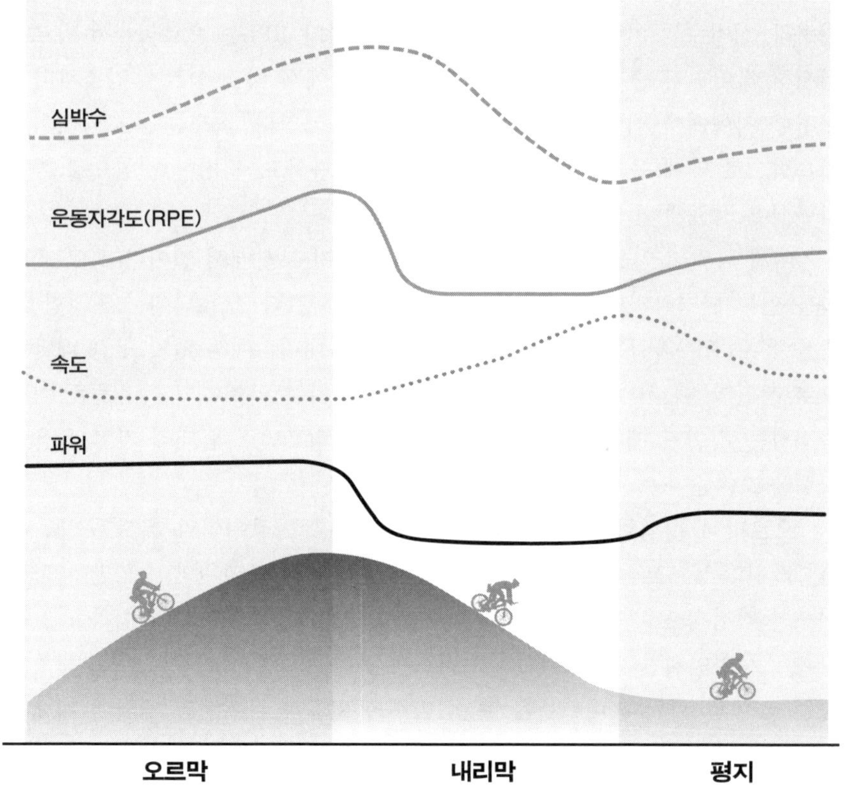

그림 1.1 언덕을 오를 때/내려올 때/평지에서 페달링할 때의 심박수, 운동자각도(RPE), 속도, 파워의 반응

화를 3D와 2D로 보는 차이와도 같다. 3D에서는 모든 것이 더 선명하고 더 의미가 있다.

그림 1.1은 나의 견해를 설명하고 있다. 이 그림은 라이더가 꾸준히 언덕을 오르고 나서, 다른 쪽으로 내려가 평탄한 지형에서 다시 페달을 밟기 시작하는 동안 심박수, RPE, 속도, 파워에서 어떤 일이 일어나는지 보여준다.

언덕을 꾸준히 올라갈 때 속도와 파워가 꽤 일정하게 유지되는 반면, 심박수와 RPE는 상승하는 것을 주의해서 보라. 라이더가 언덕을 내려갈 때 속도는 증가하고, 심박수, RPE, 파워는 감소한다. 라이더가 업힐을 시작할 때에는 심박수 반응 속도가 느리다가 다운힐 초반까지 계속 심박수가 증가하는 것에 유의하라. 심박수의 이런 지연은 아주 흔한 현상이다. RPE는 오르막에서 피로가 서서히 쌓이면서 증가한다. RPE는 다운힐 부분에서 다소 빠르게 감소하다가 평평한 지형에서 페달링이 재개되면서 다시 증가한다. 속도는 오르막에서는 지속적으로 낮게 유지되다가, 내리막에서는 증가하고, 평평한 지형으로 돌아가면서 일정하게 안정화된다.

이제 파워 라인을 보자. 파워는 다른 세 가지 부분에서 일어나고 있는 변화를 일부 반영하지만 그 변화의 속도가 매우 빠르다. 오르막에서 일정한 수준을 유지하던 파워는 오르막에서 내리막으로, 내리막에서 평지 구간 페달링으로 전환할 때 거의 즉각적으로 반응한다. 파워는 라이더의 아웃풋을 직접 측정하는 것이기 때문에, 파워 라인은 선수의 퍼포먼스에 대해 가장 유용한 그림을 보여준다.

오르막과 평평한 지형에서의 파워가 높을수록 라이더의 퍼포먼스도 더 훌륭해진다. 속도도 마찬가지라고 말할 수 있다. 오직 파워와 속도만이 퍼포먼스와 직접적으로 연관되어 있다. 심박수와 RPE는 라이더가 경험하고 있는 상황이 무엇인지만 반영할 뿐, 퍼포먼스에 관해 우리에게 아무 것도 말해주지 않는다. 다만 파워와 비교했을 때, 심박수와 RPE가 라이더의 체력에 대해서 어느 정도 알려주는 것들이 있다. 같은 언덕에서의 이전 라이딩에 비해 파워가 높고 심박수와 RPE는 상대적으로 낮다면, 그 선수가 더 강해지고 빨라졌다는 것을 알 수 있다.

아웃풋과 인풋

앞의 마지막 단락에서 내가 확실하게 해두고 싶은 것이 있다. "오직 파워와 속도만이 퍼포먼스와 직접적으로 연관되어 있다. 심박수와 RPE는 퍼포먼스에 관해 우리에게 아무 것도 말해주지 않는다." 이건 라이더가 경험하는 바를 그대로 반영하고 있다.

여기서 내가 설명하려고 하는 것은 아웃풋과 인풋이다. 파워와 속도는 아웃풋의 척도이다. 이것은 우리에게 라이딩 동안 무엇이 성취되고 있는지 말해준다. 심박수와 RPE는 인풋이다. 이것은 우리에게 아웃풋을 만들어내기 위해 어떤 노력이 필요한지 알려준다.

이것은 중요한 차이이다. 시합은 아웃풋(누가 제일 먼저 결승선에 도달했는가)에 근거해 상을 수여한다. 인풋(누가 거기까지 제일 열심히 했는가)에 대한 상은 없다. 사실 한 카테고리 경기에서 모든 사람들이 시합에서 이기려고 노력한다면 인풋은 전체 분야에서 거의 같을 것이다. 모두가 열심히 노력할 것이다. 모두의 인풋이 높을 것이다. 하지만 그럼에도 불구하고 결승선을 가장 먼저 통과하는 사람은 단 한 명뿐이다. 그 사람이 가장 높은 아웃풋을 냈을 것이다.

두 가지 요소 모두 중요하지만, 실제의 결과를 만들어내는 것은 한 가지 요소뿐이다. 아웃풋과 인풋의 관계가 어떻게 훈련에 중요한 지표가 될 수 있는지 6장에서 보여줄 것이다.

경고!

파워미터는 완벽하지 않다. 파워 트레이닝에는 분명한 단점이 있다. (파워미터에 관한 책에서 이런 말을 하는 것이 이상하게 들리지 않는가? 이에 대해 설명하겠다.)

앞부분의 '느낌'이라는 제목이 달린 부분에서 이미 한 가지를 언급했다. '안전' 자전거(거대한 앞바퀴가 달린 '페니 파딩penny-farthing' 자전거의 후세대 모델)와

자전거 경주는 19세기 후반부터 어떤 형태로든 존재해왔다. 그 대부분의 시간 동안 자전거 훈련과 시합은 거의 전적으로 예술의 한 형태였다. 선수들은 당시에는 거의 전적으로 자신의 느낌에 따라 옳다고 생각하는 대로 행동했다. 그것이 훌륭하게 그들의 신체에 들어맞기도 했다. 선택의 여지가 없었다.

그런데 오늘날의 운동선수들이 '레이싱의 예술'이라는 감각을 잃어가고 있는 것은 아닌지 두렵다. 자전거 관련 스포츠는 지난 30년간 확실히 더 많이 과학화되었고, 덜 예술화되었다. 아마도 모든 스포츠가 그렇겠지만, 사이클 관련 스포츠에서는 특히나 더 그렇다. 심박수 모니터에서부터 이런 추세가 시작되었지만, 파워미터로 완전히 새로운 단계에 올라섰다. 자전거 도로 경기는 대부분 정형화되지 않았기 때문에 여전히 느낌과 예술에 크게 의존하는 측면이 있고, 경기가 진행됨에 따라 경기 상황과 신체의 요구도 빈번하게 변화한다. 느낌과 예술에 대한 감각을 발달시킬 수 있는 유일한 방법은 시합 그 자체를 통해서만 가능한데, 시합은 우리에게 변화하는 상황을 경험할 수 있는 가장 좋은 기회를 제공하기 때문이다.

그럼에도 불구하고 도로 경기를 위한 훈련은 확실히 과학이 되었다. 독주 경기나 철인3종, 혹은 산악자전거 경기처럼 안정된 상태를 지속하는 자전거 시합은 어느 정도까지는 모든 경우에서 완전한 과학에 훨씬 가까워지고 있다.

나는 아마도 훈련의 과학화를 가장 강력하게 지지하는 사람 중의 한 명일 것이기에, 내가 이런 한탄을 하는 것이 이상하게 들릴 수도 있다. 하지만 운동선수들이 스포츠를 준비하고 경쟁하는 방식이 바뀌면서 나는 약간의 상실감을 느꼈다.

훈련과 시합에 대한 예술적인 감각을 갖는 것은 몸이 경험하는 것이 무엇인지에 대한 더 큰 통찰로 우리를 이끄는 가치 있는 특성이다. 나는 우리가 그런 능력을 어느 정도 잃어가고 있는 것은 아닌지 걱정된다. 이러한 상실을 면하기 위해 간헐적으로 일주일에 한 번 정도는 라이딩을 할 때나 일부 구간 동안 숫자를 보지 않는 것이 선수로서의 총체적인 성장에 도움이 될 수 있다. 핸들바에 달려있는 기기가 무선이라면 이런 시간을 위해서 기기를 분리해 뒷주머니에 넣으면 된다. 이렇게 하면 여전히 데이터 수집이 가능하기에, 라이딩 시의 '느낌'이 어떻게 나타나고 있는지 나중에 분석할 수 있다. 기기가 무선이 아닐 경우에는 화면 위에 테이프를 붙여놓으면 된다.

여기서부터는 걱정이 아니라 경고다. 일부 라이더들(주로 과학자-선수)에게 숫자는 중독성이 있고, 심지어 매우 높은 동기부여가 된다. 그들에게 훈련이란 숫자의 생산, 특히 높은 숫자의 생산이 전부이다. 훈련이 도전적인 날이라면 괜찮다. 그러나 회복일이라면 그닥 좋지 않다. 회복 워크아웃에서 높은 숫자를 유지하려고 노력하는 것은 역효과를 낳는다. 만약 널널한 날에도 '체력 수준'을 유지하는 것에 집착하고 있는 것이 발견되면, 기기를 주머니에 넣거나 테이프를 붙여버리는 것이 가장 좋다. 그런 날에는 RPE 이외의 수치에는 연연하지 말고 그냥 편하게 타라.

파워미터를 가지고 처음 라이딩을 시작하면 핸들바에 나오는 숫자를 읽는 것에 사로잡힐 수 있다. 수많은 숫자가 표시되고 끊임없이 변하기 때문이다. 그 화면에 집중하느라 도로에서 주변 차량에 대한 집중력을 잃기 쉽다. 그렇기 때문에 파워미터를 사용하는 처음 몇 번의 워크아웃에서는 교통이 혼잡하지 않고 교차로가 거의 없는 구간에서 라이딩을 하라. 일단 파워미터를 쓸 줄 알게 되면, 다시 평상시의 루트로 돌아갈 수 있다. 그러나 파워미터가 표시하는 수치보다는, 언제나 주변 상황에 집중하며 라이딩하라.

가끔은 훈련에서 자신의 몸이 어떻게 느끼고 반응하는지에 집중할 수 있도록 파워미터를 잠시 내려놓는 것이 좋지만, 자전거를 타는 대부분의 시간 동안 이 새로운 기기를 사용하는 것이 여러분을 예전보다 더 강하고 빠르게 만들어줄 수 있는 잠재력을 갖고 있다는 것을 다시 한 번 강조하고 싶다. 다음 장에서 설명하겠지만, 파워미터의 기본 사용법을 제대로 이해하고 나면 퍼포먼스가 크게 향상될 것이다. 그것이 바로 당신이 파워를 가지고 훈련해야 하는 '이유'의 결론이다. 이제 파워가 무엇인가로 넘어가보자.

2

파워란 무엇인가?

1장을 통해 왜 파워미터가 그렇게 가치 있는 도구인지, 왜 그것이 모든 자전거 관련 스포츠 선수들에 의해 널리 사용되고 있는지 더 잘 이해했기를 바란다. 이 장에서는 파워가 의미하는 모든 것에 대해 설명할 것이다. 이 설명이 때때로 약간 기술적인 내용이 될 수 있다는 점을 미리 경고한다. 하지만 이 장이 끝나면, 라이딩 파트너에게 파워미터가 무엇을 측정하고 어떻게 측정하는지 대략적으로 설명할 수 있게 될 것이다. 또한 그들에게 여러분이 더 강해지고 더 빨라지기 위해 파워미터를 어떻게 사용하는지도 말할 수 있게 될 것이다.

파워의 기초

이제 파워에서 가장 일반적으로 사용되는 단위 용어인 와트watt로 이 논의를 시작해보자. 파워미터에서는 핸들바 기기에 표시되는 숫자를 '와트'라고 부른다. 와트는 주행 중에 얼마나 많은 에너지를 소비하고 있는지, 그리고 다음에서 볼 수 있듯이 얼마나 빨리 에너지를 소비하고 있는지를 나타낸다. 파워와 에너지의 관계에 대해서는 6장에서 다시 언급할 것이다.

파워의 단위는 스코틀랜드의 발명가이자 기계 공학자인 제임스 와트James Watt(1736~1819)의 이름을 따서 명명되었다. 그는 1765년에 증기 엔진을 더 강력하고 효율적으로 만드는 방법(정확히 우리가 자전거 퍼포먼스를 위해 추구하는 것)을 발견하여 18세기 후반과 19세기 초반의 산업 혁명을 가능하게 한 천재였다. 그는 또한 마력의 개념을 개발하고, 파워 측정을 위한 기초 수학을 공식화했다.

물리학에서의 파워

파워를 더욱 폭넓게 이해하는 것을 돕기 위해, 물리학에서 파워를 어떻게 설명하는지 살펴보자. 파워의 개념은 결국 물리학에서 비롯된 것인데, 파워 중에서도 특히 여러분의 개인 파워 출력이 사이클링 퍼포먼스 향상의 핵심이다. 다음 내용 중 일부는 처음 읽었을 때 이해하기 좀 어려울 수도 있지만, 조금 더 나와 함께 힘내보자. 결국에는 파워미터를 사용해 라이딩을 할 때 어떤 일이 일어나는지 더 깊이 이해하게 될 것이다. 나는 최대한 간단하고 힘들지 않게 설명할 것이다. 자, 해보자.

와트는 일이 수행되는 속도('시간'이라고 생각하라)를 계산하여 결정되는 파워의 측정값(척도)이다. 여기서 '일'이란 직업을 의미하는 것이 아니라, 헬스장에서 무거운 바벨을 어깨에 지고 스쿼트 운동을 하면서 일어서는 것같이 무언가를 움직이는 신체적 움직임을 의미한다. 그것을 일이라고 한다. 스쿼트를 빨리하든 천천히 하든 상관없다. 여러분이 무게를 여기에서 저기로 옮긴 것이고, 시간이 얼마나 오래 걸렸든 간에 일의 양은 똑같다.

파워는 바로 얼마나 많은 일을, 얼마나 빨리 하느냐 그 자체다. 여러분이 더 빨리 일어날수록(동작 시간을 단축할수록), 스쿼트를 하면서 더 많은 파워를 생산하게 되는 것이다. 물리학자들은 파워power, 일work, 시간time의 관계를 다음의 공식으로 표현한다.

$$P = W/t$$

간단히 말해 파워(P)는 일(W)을 시간(t)으로 나눈 값이라는 뜻이다.

일에 대해 더욱 잘 이해해보자. 일이란 외부의 힘force(예: 스쿼트 자세에서 일어서면서 다리를 곧게 펴는 것)이 물체(바벨)를 일정한 거리distance(낮은 스쿼트 자세에서 완전히 선 자세까지)로 이동시킨 결과이다. 따라서 이를 바탕으로 일은 힘(force)에 거리를 곱한 값이라고 말할 수 있다. 공식으로 표현하면 다음과 같다.

$$W = F \times d$$

이제 일이 무엇인지 알았으니, 첫 번째 공식(P=W/t)으로 돌아가서 일(W)에 힘 곱하기 거리(F×d)를 대입하면 동일한 의미이므로, 힘을 표현하는 또 다른 방법이 생긴다.

$$P = F \times d/t$$

이 공식에 따르면 '힘'(F: 바벨을 들어 올리는 힘)에 거리(d: 바벨을 얼마나 멀리 움직였는지)를 곱하고 이를 '시간'(t: 일어서는 데 걸린 시간)으로 나눈 값으로 파워가 결정된다. 예를 들어, 바벨에 무게를 더 추가하고 이전과 같은 높이(d)에서 이전과 같은 시간(t) 동안 스쿼트 일어서기(F)를 한 번 더 하면 발생하는 파워가 증가한다. 이는 힘이 증가했기 때문이다. 또는 바벨의 무게는 이전과 동일하게 유지한 채로 같은 높이(d)까지 일어서되(F), 더 빠르게(t) 일어설 수도 있다. 이 경우에도 시간이 줄어들었기 때문에 파워가 증가한다. 이처럼 파워는 힘, 거리, 시간의 상호 작용에서 비롯된다.

이해가 잘 되는가? 그렇다면 이를 더 단순화할 수 있는지 살펴보자.

거리를 시간으로 나눈 것을 '속도velocity'*라고 하는데, 우리가 흔히 '스피

---

* 속도(velocity): 이 책에서는 필드 행위자의 언어를 반영해 velocity와 speed를 모두 '속도'로 번역했으나, 물리학적으로 여기서의 속도 개념은 속력과 동등하다.

드'라고 부르는 것이 바로 이 속도다. 자동차에서는 스피드를 시간당 마일miles로 이야기한다. 이는 거리miles를 시간time으로 나눈per 값이다. 따라서 속도(v)가 거리를 시간으로 나눈 값(d/t)과 같다면, 마지막 공식에서 d/t 대신 v를 대입해볼 수 있는데 이렇게 하면 자전거를 탈 때의 파워를 특히 더 간단하게 표현할 수 있다.

$$P = F \times v$$

이것이 최종 공식이다. 파워는 힘 곱하기 속도이다. 물리학의 관점으로 파워를 이해하는 다소 우회하는 길로 여러분을 안내하고 싶었던 곳이 바로 여기다. 자전거 라이딩에 있어서 힘과 속도는, 우리가 처음에 출발한 지점이었던 일을 시간으로 나누는 것보다 이해하기 쉽다. 자전거에서 힘은 페달을 누르는 것이고, 속도는 페달을 얼마나 빠르게 돌리고 있는가를 의미한다. 이제 방금까지 했던 어려운 부분은 버리고, 자전거를 탈 때 힘과 속도의 상호작용을 통해 파워가 어떻게 생산되는지 알아보도록 하자.

사이클링에서의 파워

자전거 페달을 밟을 때 힘과 속도는 항상 존재하며 얼마나 많은 파워를 만들어내는지를 결정한다. 페달을 밟을 때, 여러분은 힘(F)을 가하고 있다. 여러분이 세게 밟을수록 더 많은 힘이 가해지고 따라서 더 큰 파워를 생산하게 된다. (물리학에서는 회전하는 페달에 가해지는 이 회전력을 '토크torque'라고 부른다. 이건 파워를 이해하는 데에는 그다지 중요하지 않지만, 파워미터 소프트웨어에서 이 단어를 우연히 접하게 될 수도 있다.)

자전거 페달을 밟을 때, 회전하는 페달의 속도는 '분당 회전 수' 또는 'RPM'이라고 불린다. 여러분에게는 이미 익숙한 용어이다. 여러분은 이것을 '케이던스cadence'라고 부를 수도 있다. RPM이나 케이던스가 증가하면, 즉 페달을 더 빨리 밟으면 파워가 증가할 가능성이 있다. 내가 가능성이라고 말한 이유는, 그 증가가 기어 변속 여부에 달려있기 때문이다. 같은 기어에서 더 높은 케이던스로 페달링하면 페달 속도(v)가 증가하기 때문에 더 많은 와트가 산출된다.

이 모든 것이 의미하는 것은 라이딩 중 파워를 올리려면 페달에 가하는 힘(F)을 높이거나, 케이던스(v)를 늘려야 한다는 것이다. 실제 자전거 라이딩에서 힘을 높이는 방법은 더 높은 기어로 변속하고 케이던스는 그대로 유지하는 것이다. 예를 들어 케이던스를 유지하면서 53×17에서 53×16으로 기어를 변속할 수 있다. 이렇게 되려면 힘이 증가해야만 한다(페달을 더 세게 밟아야만 한다). 그러면 파워 출력이 높아지고, 높아진 파워 출력은 자전거의 속도를 빨라지게 할 것이다. 혹은 기어를 변속하지 않고 힘을 동일하게 유지하는 대신에 케이던스를 높여 페달을 더 빠르게, 예를 들어 85RPM에서 90RPM으로 밟을 수도 있다. 이렇게 하면 일을 하는 데 걸리는 시간이 줄어들어 파워가 증가한다.

파워미터의 작동 방식

따라서 파워미터가 감지하는 것은 힘force과 케이던스cadence이다. 케이던스 부분은 계산하기 쉽다. 크랭크가 완전히 한 바퀴를 도는 데 걸리는 시간을 측정하기만 하면 된다. 일부 파워미터에서는 크랭크 암에 자석을 부착하고 프레임에는 자석 센서를 부착하여 케이던스를 측정한다. 다른 파워미터는 크랭크가 회전할 때 발생하는 사인의 파동을 전자 신호로 감지해, 한 파형의 길이를 측정하여 케이던스를 결정한다. 힘(실제로 측정되는 것은 토크)은 계산하기가 조금 더 까다로운 편이다.

힘을 계산하기 위해 파워미터에는 '압력 전달계strain gauge'라는 것이 내장되어 있다. 이건 파워미터에서 가장 비싼 부품으로, 파워미터 가격의 대부분을 차지한다. 파워미터는 그 종류에 따라 크랭크, 바텀 브래킷bottom bracket, 뒷바퀴 허브rear hub 또는 페달에 장착되어 있다. 보다 정확한 수치를 측정하기 위해 파워미터에는 보통 여러 개의 압력 전달계가 달려있다. 좋은 파워미터는 일반적으로 오차 범위가 ±2% 이내이다.

압력 전달계는 금속 호일 패턴이 새겨진 얇고 탄성 있는 소재의 스트립이다. 페달에 힘(토크)이 가해지면 압력 전달계가 약간 늘어나면서 금속 호일 패턴의 모양이 바뀐다. 이 패턴이 변형되면 전기 저항이 변한다. 이 변화의 양은 얼마나 많은 힘(토크)이 가해지고 있는지를 나타낸다.

그렇다면 P=F×v로 돌아가보자. 이제 파워미터가 여러분의 힘과 속도에 대해 알게 되어, 여러분이 생산해 내는 파워(와트)의 양을 파악해 핸들바 장치에 표시할 수 있다. 간단하지 않은가?

파워를 사용해 더 강해지고 빨라지기

따라서 파워가 힘 곱하기 속도라면(P=F×v), 힘을 더 키우거나 페달링 속도(케이던스)를 높이기 위해, 혹은 둘 다를 높이기 위해서는 무엇을 해야 할까? 강력한 사이클리스트들은 일반적으로 두 가지 방법을 모두 수행한다. 퍼포먼스가 필요한 경우, 그들은 높은 기어 혹은 높은 케이던스 페달링을 선택할 수 있다. 예를 들어 스프린트가 주특기인 프로 도로 경기 선수는 53t 체인 링과 11t 톱니로 변속하면서도 105~115RPM으로 페달을 돌릴 수 있다. 이렇게 하면 1,500~1,800와트 정도의 매우 높은 파워 출력을 낼 수 있다. 이것이 바로 사이클리스트들이 매우 빠르게 스프린트를 할 수 있는 이유이다. 대부분의 취미 라이더들은 훨씬 더 낮은 기어와 케이던스를 사용하여 약 600~1,000와트로 스프린트한다. 프로 철인3종 경기 선수는 지구력 측면에서 53t 체인링과 14~16t 정도의 톱니로 85~90RPM을 선택해서 4시간 반 동안 평균 290와트 정도를 유지할 수도 있다. 실제 수치는 다양하지만, 최고의 선수들은 높은 기어와 높은 케이던스를 동시에 사용할 수 있는 능력이 있다. 여러분이 그 정도 수준은 아닐 공산이 크다. 아직까지는!

약 9,100m의 정상까지 올라가는 데 무엇이 필요한지, 혹은 적어도 현재 생산할 수 있는 것보다 더 높은 수준의 파워에 도달하기 위해 무엇이 필요한지 살펴보자. 우리는 힘과 케이던스의 향상을 다 살펴볼 것이다. 후에 파트 III에서는 여러분의 스포츠 활동에 초점을 맞춰 더 빠르고 강해지기 위해서 보다 효과적으로 훈련하여 파워를 향상시킬 수 있는 구체적인 방법을 자세히 살펴볼 것이다. 위에서 설명한 물리학에서의 파워와 내가 예전에 쓴 책인 『사이클 트레이닝 바이블: 중·장거리 사이클 선수 훈련지침The Cyclist's Training bible』, 『The Triathlete's Training Bible』, 『The Mountain Biker's Training Bible』에서 설명한 훈련의 생리학을 결합하여 설명할 것이다.

힘

내가 수년간 코치한 대부분의 선수들에게 힘Force은 더 큰 파워의 열쇠이다. 이들에게는 더욱 많은 '유산소성 활동' 근육이 필요했다. 이러한 근육은 주로 지근섬유slow-twitch fiber 혹은 1형type I 근섬유로, 예전에 읽은 적이 있을 것이다. 지근은 지구력을 향상시키는 근육이다. 지근은 확실히 2형type 2인 속근fast-twitch보다 파워풀하지는 않지만 지치기 전에 여러 번 수축할 수 있다. 우리의 몸에는 이 두 가지 유형이 모두 존재하는데, 그 비율은 유전에 따라 달라진다. 지구력이 좋은 운동선수들은 1형이 많은 반면, 스프린터들은 2형이 더 많다. 2형 근육은 매우 파워풀하지만, 굉장히 빨리 지친다. 2형 근육은 1형 근육보다 몇 배 더 빠르게 수축할 수 있어 스프린트에는 매우 좋지만, 지구력 라이딩에는 그닥 좋지 않다.

2형에는 '2a'와 '2x'라고 불리는 두 가지 하위 유형이 있다. 2a 섬유는 1형과 일부 동일한 특성을 가지고 있지만, 주로 빠르게 수축한다. 2x 근육(예전엔 2b라고 불린)은 2a와 비슷해질 수 있는 잠재력을 가지고 있는데, 이것은 지구력의 질이 향상될 수 있다는 것을 의미한다. 적절한 훈련은 힘을 생산하는 것에 능한 속근 섬유를 지구력에 적합하게 맞추게 할 수도 있고, 지근 섬유를 힘 생산에 능하도록 만들 수도 있다. 이 모든 잡다한 생리학적 수사의 결론은, 좋은 훈련 프로그램은 더 많은 힘을 발휘하도록 해, 더 많은 파워를 산출할 수 있도록 돕는다는 것이다. 파트 III에서 자세하게 설명할 것이다.

케이던스

매우 높은 기어에서 매우 낮은 케이던스로 페달링을 하는 것은 파워를 생산하는 데 좋지 않은 방법일 뿐만 아니라 매우 비효율적이다. 사이클링 스포츠를 처음 하는 사람들은 보통 이렇게 시작한다. 초보자들은 큰 체인 링과 작은 톱니바퀴로 기어를 맞물려 60~70RPM의 케이던스로 짓이기듯이 밟으면서 수렁에 빠진다. 반면 경험이 풍부한 라이더는 훨씬 더 높은 케이던스로 크랭크를 돌릴 수 있는 기어를 주로 사용하며, 잘 훈련된 라이더는 일반적으로 85~95 RPM을 사용하는 것이 일반적이다. 연구에 따르면 이러한 케이던스가 숙련된 사이클리스트에게 효과적이면서도 효율적이라고 한다. 파트 III에서는 각 경기 종목별로 케이던스 향상을 위해 특화된 워크아웃을 더욱 자세하게 다룰 것이다.

기초 훈련

파워미터를 사용하든 사용하지 않든, 훈련의 기본 철학은 동일하게 유지된다. 일단 파워를 사용하기 시작할 때 달라지는 것은 방법론이다. 어떻게 라이딩 강도를 측정하고, 워크아웃을 설계하고, 워크아웃과 시합을 분석할 것인가? 훈련-철학의 공통 분모는 스트레스 상태를 유지하는 것이다.

페달을 더 힘 있게 밟거나, 더 높은 케이던스로 굴리려면 반드시 신체에 스트레스를 주어야 한다. 다시 말해, 워크아웃을 할 때에는 이전에 했던 것보다 약간 더 도전적인 것들을 해야만 한다. 그리고 하루 정도 휴식을 허락해야 한다. 도전이 과하게 힘들지 않았다면 휴식하는 동안 신체는 새로운 수준의 스트레스에 적응하기 시작한다.

이러한 변화는 운동생리학 교재에서 설명된 체력fitness을 결정하는 세 가지 결정 요인인 유산소 능력aerobic capacity, 무산소 역치(ATanaerobic threshold), 경제성economy에서 발생한다. 훈련에 따른 이 세 가지 변화의 조합이 궁극적으로 체력과 속도를 결정하므로, 각 요인에 대해 간단히 살펴보자.

유산소 능력

'최대산소섭취량(VO_2max)'이라고도 불리는 유산소 능력은 높은 수준의 파워를 생산할 때 신체가 사용할 수 있는 산소의 양과 관련된 체력 지표이다. 몇 분 동안 최대 강도로 운동할 때 사용되는 산소의 양이 많을수록 파워가 높아지고 체력도 좋아진다. 최대산소섭취량은 분당, 체중(kg)당 사용되는 최대 산소량(ml O_2/kg/min)을 반영하는 수치로 표시된다. 세계 정상급 남성 사이클리스트의 최대산소섭취량은 일반적으로 70ml/kg/min 이상이다. 우리 나머지 평범한 사람들은 이 수치가 다소 낮다. 여성의 경우 이 수치는 10% 정도 더 낮으며, 나이가 들수록 감소한다.

우리는 최대산소섭취량을 지구력을 측정하는 하나의 척도로 보는데, 그 이유는 페달에 파워를 공급하는 데 필요한 에너지는 지방을 연소시켜야 하기 때문이다. 지방 대사는 산소의 활용을 기반으로 한다. 최대 지구력 운동 부하에서 더 많은 산소가 사용되면 더 많은 지방이 연소된다. 그리고 더 많은 파워가 생성된다. 파워미터를 사용하여 훈련하면 최대산소섭취량을 높일 수 있도록 워크아웃을 설계할 수 있으며, 이에 따른 퍼포먼스 향상 결과를 매우 정확하게 측정할 수 있다. 파워미터 없이는 두 가지 모두 불가능하다.

무산소 역치

무산소 역치(AT)는 사이클링을 열심히 할 때 한계에 가까워지기 시작하는 지점을 말한다. 이 지점을 '젖산역치'라고 부르기도 한다. '환기역치' 또는 'OBLA onset of blood lactate accumulation'(혈액 내 젖산 축적 시점) 및 'MLSS maximum lactate steady state'(최대 젖산염 안정 상태)에 관한 내용을 읽어봤을 수 있다. 스포츠 과학자들은 이러한 운동 강도 지표 간의 차이점을 재빨리 지적할 것이다. 하지만 여기서는 이 모든 것을 '한계점'(장기적이고 지속 가능한 노력의 한계에 도달하는 시점)에 도달하기 시작하는 지점인 최대하 강도와 관련이 있다고 간단히 설명하겠다. 이 강도에 도달하면 호흡이 가빠지고 이러한 노력을 오래 지속할 수 없다는 것을 깨닫게 된다. 0부터 10까지의 운동 자각 척도(RPE)에서 10을 최대라고 했을 때, 무산소 역치에 도달하면 약 7 정도가 된다.

무산소 역치는 일반적으로 최대산소섭취량의 백분율로 표시된다. 체력이 매우 좋은 라이더의 무산소 역치는 최대산소섭취량의 85% 정도이다. 예를 들어, 최대산소섭취량이 60이고 무산소 역치가 82%인 체력 좋은 아마추어 라이더는 무산소 역치에 도달했을 때 49ml O_2/kg/min의 비율로 산소를 사용한다. 체력이 덜 좋은 선수는 무산소 역치 비율이 더 낮을 것이다. 무산소 역치가 최대산소섭취량에 가까워질수록 더 강해질 것이고, 더 빠르게 라이딩할 수 있다. 숙련된 선수의 경우 최대산소섭취량은 1년 동안 약간 상승할 뿐이지만, 훈련이 효과적일 경우 무산소 역치는 훨씬 더 많이 상승할 수 있다.

다시 말하지만, 파워미터를 사용하면 무산소 역치, 또는 그 근처에서 라이딩하는 데 필요한 것이 무엇인지 정확히 알 수 있으므로, 신체에 스트레스를 가해 궁극적으로 무산소 역치를 개선시킬 수 있다. 간단히 말해, 무산소 역치가 높아지면 시합 속도가 빨라진다. 다음 장에서 파워 훈련에 대해 논의하면서 무산소 역치에 대해 더 많이 언급할 것이다.

경제성

여러분은 자동차의 '경제적' 등급, 즉 리터(*l*)당 주행거리를 이해하고 있을 것이며 이 용어에 익숙할 것이다. 1*l*의 휘발유로 더 많은 거리를 갈 수 있을수록 경제성이 높은 차량이다. 자전거를 탈 때도 경제성 등급이 있는데, 산소 ml당 m 단위로 표시된다. 최대하 파워 와트값에서 페달을 돌리는 데 필요한 산소가 적을수록 더 경제적이라는 뜻이다. 시합이 길어질수록 경제성은 더욱 중요해진다.

철인 경기를 하는 트라이애슬리트에게 경제성은 퍼포먼스를 결정짓는 엄청난 요소이다. 45분 크리테리움에 출전하는 로드 사이클리스트의 경우, 경제성은 여전히 중요하지만 결과에 미치는 영향은 그다지 크지 않다. 그 이유는 철인 자전거 라이딩이 45분 크리테리움보다 훨씬 낮은 파워 출력으로 진행되기 때문이다. 크리테리움은 무산소 역치와 최대산소섭취량 사이의 강도로 경기가 진행된다.

따라서 이러한 체력 표지는 철인 경기와 같은 퍼포먼스에서 아주 중요하다. 철인은 무산소 역치의 약 70%에서 시합을 한다. 그렇게 긴 시합 시간 동안 소화관이 음식과 음료를 처리할 수 있는 에너지의 양에는 한계가 있기 때문에, 라이더는 에너지를 낭비할 여유가 없다. 낮은 경제성으로 인해 에너지가 소비되는 속도가 섭취 속도보다 빠르면 선수는 '벽에 부딪히게' 된다. 크리테리움 레이서는 에너지의 일부를 낭비할 수 있는 여유가 있는데, 시합 결과가 얼마나 많은 에너지를 낭비했는가에 의해 결정되지 않기 때문이다. 그렇게 짧은 시합이라면 사용 가능한 저장된 연료가 충분하며, 시합 종료 전에 연료를 교체할 필요가 없다.

자전거를 탈 때, 경제성 효율은 20~25% 정도인데, 이는 소모하는 칼로리의 75~80%는 파워를 생산하지 못한다는 의미이다. 이렇게 손실된 에너지의 대부분은 발산하는 열로 소비된다. 에너지가 많이 손실되는 것처럼 보일 수 있지만 흔한 일이다. 흥미롭게도 연구에 따르면, 유산소 능력이 높은 선수는 유산소 능력이 낮은 (다른 능력은 비슷한) 선수보다 경제성이 떨어지는 경향이 있다고 한다.

경제성은 많은 요인에 의해 좌우되는데, 예를 들어 허벅지 뼈의 길이(다리 길이에 비해 대퇴골이 긴 사람이 짧은 사람보다 페달을 더 경제적으로 밟음), 지근과 속근의 비율(지근이 더 경제적임) 등의 여러 요인들이 있다. 이 중의 일부는 우리가 통제할 수 없는 요소이다. 이는 주로 부모님이 누구인지에 따라 결정된다.

우리 스스로 통제할 수 있는 경제성의 가장 중요한 측면은 페달을 밟는 방식이다. '매셔mashers'(낮은 RPM에서 큰 기어를 사용하는 라이더)는 '스피너spinners'(높은 RPM으로 페달을 돌리는 라이더)보다 경제성이 떨어진다. 페달에 토크를 얼마나 빠르게 가하는지가 퍼포먼스에 큰 영향을 미친다. 파워미터를 사용하면 가장 경제적인 케이던스 범위를 파악할 수 있다. 이것은 퍼포먼스에 아주 중요한 정보이다.

결론은 파워미터를 구매하기로 한 것은 올바른 결정이라는 것이다. 파워미터는 여러분의 파워 레벨을 보여주고, 훈련이 진행됨에 따라 파워가 향상되는 것을 모니터링하는 데 도움이 되는 유일한 기기이다. 다시 말해, 파워미터는 훈련에 들어간 노력을 추적하고 관찰할 수 있는 가장 좋은 방법이다. 파워미터를 사용한다면 더 똑똑한 라이더가 될 뿐만 아니라, 이전 어느 때보다도 강하고 빠른 사람이 될 것이다. 그것을 사용할 줄만 안다면 말이다. 이것이 바로 우리가 다음 장에서 이야기할 내용이다.

3

파워미터 시작하기

이 장의 목적은 파워미터에 익숙해져서 파워미터를 효과적으로 사용할 수 있도록 돕는 것이다. 물론 파워미터는 마법이 아니다. 파워미터를 자전거에 장착했다고 해서 갑자기 훈련 방식이 달라지고, 하룻밤 새에 포디엄에 오를 수 있는 경쟁 선수contender가 되는 것이 아니다. 파워미터는 그런 식으로 작동하지 않는다. 다른 도구와 마찬가지로 파워미터를 최대한 활용하려면 적응을 좀 해야 하고, 배우기도 해야 한다. 적응하고 배워야 할 것이 많다. 파워미터는 다소 복잡한 장치이다. 앞의 두 장을 읽었다면 어느 정도 감을 잡았을 것이다. 지금까지 우리는 표면만 살짝 건드렸을 뿐이다.

파워미터는 자전거용 모바일 장치로 새롭게 등장했지만, 지난 수십 년 동안 거추장스럽게 큰 고물차같은 파워미터가 운동생리학 실험실에서 사용되었다. 스포츠 과학자들은 파워미터를 사용해 유산소 능력, 무산소 역치, 경제성 등 퍼포먼스와 관련하여 상상할 수 있는 거의 모든 것을 연구해왔다. 기본적으로 여러분이 자전거 위에 올려둔 것은 강력한 과학적 도구이다. 파워미터가 여러분을 훨씬 더 좋은 라이더가 되도록 도울 수 있다는 것에는 의심의 여지가 없지만, 우선은 그것을 어떻게 사용하는지 알아야 한다.

핸들바에서 무슨 일이 일어나고 있는가?

파워미터 훈련을 진지하게 시작하기 전에, 먼저 7~10일 정도는 새 파워미터로 그냥 라이딩을 해보는 것이 좋다. 이 기간 동안에는 평소와 같이 훈련하라. 워크아웃 강도를 조절하기 위해 심박수나 운동 자각을 사용했다면 계속 그렇게 하라. 그렇게 하면 파워미터 메뉴를 탐색하는 방법을 파악하고, 파워, 심박수, RPE와 속도 간의 관계를 실제로 확인할 수 있는 시간을 가질 수 있다. 이 기간 동안 파워미터 화면을 관찰하기만 해도 워크아웃 중에 무엇을 하고 있는지에 대해 확실히 아주 많은 것을 배우게 될 것이다. (다시 한 번 당부하지만, 교통이나 노면 상태를 무시하면서까지 숫자를 보는 것에 너무 집중하면 안 된다.)

매번 워크아웃이 끝나면, 데이터를 컴퓨터에 다운 받아 그래프와 차트를 살펴보라. 지금 바로 심도 있는 분석에 들어갈 필요는 없다. 자세한 분석 방법은 나중에 설명하겠다. 지금은 강하고 빠르게 라이딩할 때, 저속으로 천천히 지속할 때, 업힐, 스프린트, 시합, 그룹 라이딩을 할 때 파워에서 어떤 일이 일어나는지 살펴보면서 파워미터의 레이아웃에 익숙해져라.

일주일 정도 지나면, 눈에 보이는 결과를 바탕으로 워크아웃을 조절할 준비가 되어 있어야 한다. 처음에는 핸들바 장치에서 나온 파워 판독값을 사용하여 심박수로 해본 것과 거의 동일한 방식으로 워크아웃 강도를 조절하는 것만으로도 충분하다. 이 장을 잘 읽고 따라해 파워 트레이닝의 미묘한 차이에 익숙해지면 훈련과 시합 방식에 다른 변화를 줄 수도 있을 것이다. 그 변화는 사뭇 드라마틱하다. 파워 수치를 보면서 얼마나 열심히 운동하고 있는지 확인하게 될 것이다. 만약 지금까지 심박수를 보거나 운동 자각을 관찰했었다면, 처음에는 파워미터에 익숙해지는 데 다소 시간이 걸릴 것이다. 시간이 지나면서 그 변화는 점차 작아지고 정제되어갈 것이다. 결국 훈련과 시합에서 파워를 노련하게 다루게 될 것이다. 한 번에 한 걸음씩 나아갈 수 있도록 내가 도와줄 것이다.

첫 번째 단계는 '헤드 유닛head unit'이라 불리는 핸들바 장치의 디스플레이를 이해하는 것이다. 디스플레이에 표시되는 내용은 파워미터의 유형에 따라 다르다. 어떤 파워미터에는 헤드 유닛이 고정되어 있다. 그런 장치를 갖고 있다면, 장치에 장착된 특정 헤드 유닛을 사용해야만 한다. 파워 측정 장치와 헤드 유닛이 케이블로 연결되어 있다면, 장치와 함께 제공된 채로 사용해야 하는 것에 선택의 여지가 없다.

다행히 오늘날 대부분의 파워미터는 무선이며, 헤드 유닛에 더 많은 옵션이 제공된다. 많은 무선시스템이 'ANT+' 기술이라고 불리는 것을 사용한다. 이것은 핸들바 기기와 크랭크, 바텀 브래킷, 페달과 뒷바퀴 허브에 있는 파워 측정 장치 사이의 무선 통신 유형이다. 이는 일반적인 표준이 되고 있다. ANT+ 파워 헤드 유닛은 ANT+와 호환이 가능한 모든 파워미터와 함께 사용할 수 있는데, 시스템 유형을 변경하지 않고도 핸들바 디스플레이와 사용자 인터페이스를 선택할 수 있다. 파워미터 사용 설명서를 확인하여 어떤 통신 방식을 사용하는지 확인해야 한다.

헤드 유닛 간의 주요한 차이점 중 하나는 한 번에 표시할 수 있는 정보의 양이다. 단순하게 3개의 데이터 필드만 표시되는 제품도 있고, 최대 8개의 데이터 필드를 동시에 표시하는 제품도 있다. 많은 경우 사용자가 스스로 디스플레이를 지정할 수 있다. 이것은 새 파워미터를 구매할 때 고려해야 할 훌륭한 특징이다. 어떤 것은 터치스크린인 반면, 어떤 것은 인터페이스의 버튼을 눌러야 한다. 미니 디스플레이minidisplay 기술로 가민Garmin의 손목시계 버전까지 출시되었는데, 이 버전은 ANT+와 호환되어 달리기 데이터와 함께 파워미터 데이터를 표시해준다. 또 수영용 방수기능까지 있는데, 자전거와 달리기 데이터를 한 곳에 저장하는 트라이애슬리트라면 이것이 좋은 선택이 될 것이다.

이러한 모든 옵션과 관계없이, 파워미터 헤드 유닛에 표시되는 가장 일반적인 항목은 다음과 같다. 모든 헤드 유닛이 내가 여기서 설명하는 것과 동일한 디스플레이 약어를 사용하는 것은 아니므로, 사용 중인 파워미터와 함께 제공된 사용 설명서를 참고해야 할 수도 있다.

파워

파워는 여러분이 헤드 유닛에서 보고 싶어 하는 가장 기본적인 정보이다. 헤드 유닛의 디스플레이를 원하는 대로 꾸밀 수 있다면, 현재파워나 순간파워('WATTS'나 'PWR'로 표시됨) 정보를 왼쪽 상단과 같이 눈에 잘 띄는 곳에 배치하여 라이딩 중에 한 눈에 볼 수 있도록 하라. 이 필드를 다른 어떤 필드보다 많이 참조하게 될 것이다.

심박수

파워미터를 가지고 있다는 것이 심박수를 잊어도 된다는 것을 의미하는 것은 아니다. 심박수는 여전히 가치 있는 정보이다. 6장에서는 유산소 체력의 변화를 정확하게 측정하기 위해 파워와 심박수를 비교하는 방법을 알려줄 것이다. 헤드 유닛의 화면 디스플레이를 스스로 꾸밀 수 있다면, '심박수(HR)'를 파워 옆에 배치해서 쉽게 보고 비교할 수 있도록 하는 것을 권장한다.

지속(시간/거리)

각각의 워크아웃에서 강도(와트와 심박수) 이외에 또 다른 중요한 요소는 지속 시간이나 지속 거리, 또는 얼마나 길게 라이딩했는가이다. 이것 또한 헤드 유닛에서 눈에 잘 띄는 위치에 표시해야 한다. 이 필드에서는 '시간TIME'이나 '거리MILES/KM'를 선택할 수 있다. 이 장의 뒷부분에서 설명할 킬로줄(KJ) 같은 옵션이 있을 수도 있다. 나는 시간 설정을 사용하는 것을 선호하는데, 파워를 가지고 비교했을 때 시간이 거리보다 더 가치 있는 정보라고 믿기 때문이다. 예를 들어, 나중에 보게 되겠지만, 인터벌 트레이닝은 보통 거리가 아닌 시간을 기준으로 디자인된다. 그리고 특정한 파워 출력을 유지할 수 있는 시간의 길이도, 주어진 거리가 아니라 주어진 시간과 밀접한 관련이 있다. 하지만 이 필드를 거리로 설정하고, 라이딩의 지속을 거리라는 용어로 생각하고 싶다면 논쟁하지는 않겠다.

케이던스

업힐이나 스프린트 같은 상황에서 너무 높은 기어를 자주 사용하는 선수들을 코치할 때, 나는 그들이 보다 낮은 기어로 높은 케이던스를 사용하면 더 좋은 퍼포먼스를 할 수 있다고 생각해서, 헤드 유닛에 케이던스('RPM'이나 'CAD'로 표시됨)를 눈에 띄게 표시하기를 권장했다. 자신에게 이런 문제가 없다면 다른 데이터 필드를 사용할 수 있다.

해발고도

언덕 클라이밍은 자전거를 타는 모든 선수들의 주요 도전 과제 중 하나이다. 대부분의 ANT+ 헤드 유닛은 고도 변화를 피트나 미터('ALT'나 'ALT MT'로 표시됨)로 표시하는 필드를 설정하여 클라이밍을 모니터할 수 있다. 경사도('% GRADE') 또는 워크아웃 중 얼마나 많은 업힐('FT GAIN', 'MTR GAIN')을 했는지 설정할 수 있는 옵션도 있다.

일부 헤드 유닛은 이 기능에 GPSGlobal Positioning System를 사용하는 반면, 기압을 사용하는 헤드 유닛도 있다. 신호 정지등에서 정차 시 고도 수치가 상당히 들쑥날쑥한 것을 알 수 있을 것이다. 이는 두 시스템 모두에서 공통적으로 나타나는 현상으로, 새로운 GPS의 출현이나 온도 또는 기압(기압계) 변화로 인한 정보의 이관 때문이다. GPS와 기압계 중 어느 것이 해발고도를 더 정확하게 확정할 수 있을까? 전문가들 사이에서는 이 문제에 대해 상당한 의견 차이가 있다. 자전거를 타는 입장에서 이 문제는 중요하지 않다. 우리가 원하는 것은 신뢰성이다. 예를 들어 욕실의 저울이 온스 단위까지 절대적으로 정확하지는 않더라도, 0.5kg의 변화가 표시되면 저울이 아니라 내가 바뀐 것이라고 확신할 수 있는 신뢰성이다. 우리가 파워미터에게 원하는 신뢰도 바로 이런 종류의 것이다.

라이딩 후 데이터를 다운로드할 때, 헤드 유닛에 표시되는 획득 고도, 상승 고도의 시작과 종료 지점의 해발 고도 값이 소프트웨어의 설명과 일치하지 않을 수도 있다. 이것 또한 일반적인 현상으로, 각 소프트웨어가 고도를 계산할 때 사용하는 알고리즘과 관련이 있다. TrainingPeaks와 WKO+ 같은 일부 소프트웨어는 GPS를 사용할 때 미국지질조사국(USGSU.S. Geological Survey)의 데이터베이스 좌표에 근거해 고도 프로파일을 수정한다. 물론 해발 고도 데이터의 가장 중요한 부분은 라이딩 중의 상승 고도이지 특정 지점에서의 실제 고도가 아니다. 어쨌든 소프트웨어에 표시되는 고도를 신뢰하고 워크아웃 분석에 항상 사용하는 것을 추천한다.

속도

속도에 관심이 없는 사이클리스트는 여태까지 본 적이 없다. 대부분의 라이더는 파워미터 헤드 유닛에 속도('KPH' 혹은 'MPH'로 표시됨)가 나오도록 설정한다. 하지만 사실 속도를 모니터해야 하는 이유에는 얼마나 빨리 달렸는지 확인하는 단순한 스릴 말고도 다른 좋은 이유가 있다. 5장에서는 파워와 함께 속도를 사용하여 독주 경기나 철인3종 경기 같은 안정적 상태의 레이스에서 견실하게 페이스를 유지하는 방법을 보여줄 것이다.

기온

일부 헤드 유닛은 필드에 기온('TEMP'로 표시됨)을 표시할 수 있는 옵션을 제공하는 반면, 어떤 헤드 유닛은 온도를 측정하기는 하지만 실시간으로 표시하지는 않고 소프트웨어에 다운로드한 후에 볼 수 있는 것들도 있다. 기온 측정은 얼마나 따뜻하고 쾌적하게 라이딩할 수 있는지와 관련이 있을 뿐만 아니라, 고도 표시를 위해 기압계에 의존하는 경우 헤드 유닛의 고도계를 조정하는 데에도 사용된다. 구형 파워미터는 온도 변화에 큰 영향을 받았지만, 최근에 나오는 자동 보정 모델은 이러한 부정확성이 많이 줄어들었다.

기타

파워미터의 세팅 방식과 종류에 따라 다양한 데이터 필드를 헤드 유닛에 표시할 수 있다. 예를 들어 체중당 와트(W/KG), 현재파워존(ZONE), 표준파워(NORM PWR), 훈련 스트레스 점수(TSS), 강도 지수(IF)와 같은 옵션이 제공된다. 다음 장에서 각각에 대해 설명하겠다. 이것들은 퍼포먼스 성과를 반영하는 중요한 데이터이다. 이러한 데이터들에 대해 더 많이 알 수 있게 될 때까지 기다렸다가, 어떠한 정보를 헤드 유닛에 표시할지 결정해도 된다.

사용 중인 파워 시스템에 따라 더 많은 옵션이 있다. 어떤 데이터 필드는 시간당 수직도 상승(VAM), 시간당 킬로줄(KJ/HR), 좌우 페달 밸런스(L-R)를 표시해주기도 한다. GPS 기반 헤드 유닛은 자동차를 운전할 때 사용하는 것과 매우 유사한 지도와 내비게이션 기능도 제공한다.

사용할 수 있는 기능이 많기 때문에 핸들바 디스플레이 설정은 어려운 작업이 될 수 있다. 우선은 제품 출고 시 설정된 기본값을 그대로 유지하기를 원할 수도 있다. 나중에 이 모든 기능이 무엇을 의미하는지 이해하게 되면, 자신의 필요와 취향에 맞게 디스플레이의 설정을 바꿀 수 있을 것이다.

킬로줄(kj), 평균파워, 표준화된 파워

헤드 유닛에 있는 몇몇 필드는 바로 알기 쉽지는 않지만, 일부 워크아웃과 나중에 하게 될 데이터 분석의 기초가 되는 중요한 내용이다. 다음 장에서 이러한 항목이 자전거 훈련과 시합에 어떻게 적용되는지 설명할 것이다. 이 책이나 헤드 유닛 또는 소프트웨어에서 이러한 용어들을 봤을 때 좀 혼란스럽다면 이 책 맨 뒤에 있는 용어집을 참조하라.

킬로줄(kj)

2장에서 상술했듯이, 와트(파워의 측정 단위)는 라이딩 동안 얼마나 많은 에너지를 쓰고 있는지 나타내는 지표이다. 얼마나 많은 힘을 생성하고 있는지, 그리고 케이던스가 얼마나 빠른지를 설명하는 데 와트를 다루는 것이 이상한 방법처럼 보였을 수도 있다. 하지만 실제로 이 둘은 같은 개념이다. 힘과 케이던스의 조합으로 인한 파워가 클수록 페달을 밟는 데 더 많은 에너지가 소요된다.

인간으로서 우리는 보통 소비되는 에너지를 칼로리 단위로 생각한다. 1Cal는 1,000cal와 같고, 우리가 소모하는 칼로리의 과학적 단위는 kcal(킬로칼로리)이다. 일상의 대화에서 이 구별은 무의미하지만, 훈련에는 유용하다. 자전거 위에서 생성되고 파워미터 센서가 감지하는 기계적 에너지가 '킬로줄

(kj)'로 표현되기 때문이다. kj은 파워미터가 측정하고 헤드 유닛에 표시하는 단위이다. kcal와 kj의 관계를 통해 연소된 연료의 양을 파악할 수 있으며, 이는 영양 섭취 계획을 세우는 데 도움이 될 수 있다.

그 관계는 다음과 같다. 1kcal는 약 4kj이다(실제로는 4.184kj이지만 여기서 그렇게 정확할 필요는 없다). 인간의 페달링 효율은 대략 25%로, 이건 다소 좀 높긴 하지만, 우리의 목적을 위해서는 25%로 계산해도 괜찮다. 이는 라이딩 중에 발생하는 생체 에너지(kcal)의 약 1/4만이 자전거를 움직이는 기계 에너지(kj)로 변환된다는 뜻이다. 나머지는 더운 날이나 추운 날에 관계없이 대부분 신체에서 발산하는 열로 손실된다. 따라서 기계 에너지 생성의 관점에서 효율이 25%라면, 1kcal가 4kj이니, 1kcal의 생체 에너지가 연소될 때마다 실제로는 약 1kj만 기계 에너지로 현실화된다. 이 모든 것이 의미하는 바는 라이딩이 끝날 때 헤드 유닛에 500kj이라는 표시가 나타나면 약 500kcal를 사용했다는 것이다. 이는 실체 수치보다 약 10% 정도 높을 수 있지만, 라이더 개개인의 차이가 매우 크기 때문에 이 숫자는 훈련 목적으로는 충분한 근사치이다. 그리고 뒤에서 보게 되겠지만, 이 수치는 매우 유용하다.

평균파워

라이딩을 할 때 속도계나 심박계를 사용해왔다면, 평균 속도와 평균 심박수를 다루는 데 익숙할 것이다. 평균파워Average Power는 비슷한 계산 구조로 되어 있다. 평균파워는 라이딩 중 생성된 모든 와트의 총합을 데이터가 수집된 시간 단위(예: 분)로 나눈 값이다. 이 계산은 헤드 유닛에서 항상 진행되며, 라이딩 중이나 라이딩 후에 소프트웨어 다운로드에서 확인할 수 있다. 평균파워는 매우 간단한데, 너무 간단하기 때문에 평균파워가 항상 우리의 목적에 가장 유용한 측정값은 아니다. 잠시 후에 알게 되겠지만, 대부분의 분석에 표준파워(NPNormalized Power)를 사용하고 싶어 하게 될 것이다.

표준화된 파워(NP)*? 왜 평균파워가 아닌가?

뒷장에서 평균파워를 계산 기준으로 사용하기도 하지만, 훨씬 더 많이 참고하게 되는 것은 표준파워로, 표준파워가 라이딩에서의 실제 경험을 훨씬 더 잘 반영한다. 표준파워란 간단히 말해 라이딩 시의 여러 변수를 조정한 평균파워의 표현이기 때문에, 평균파워보다 라이딩의 노력 정도나 신진대사 비용을 더 잘 반영한다. 그렇다면 '표준화normalized'란 무슨 뜻일까?

데이터를 표준화하는 한 가지 방법은 한 집합을 다른 집합으로 나누는 것이다. 예를 들어 여러 라이더의 파워를 체중에 따라 표준화할 수 있다(실제로 뒷장에서 이렇게 할 것이다). 예를 들어 라이더 A의 체중이 82kg, 라이딩 평균파워가 210와트라고 한다면, 그의 체중(kg)당 표준파워는 2.6w/kg(210÷82=2.6)이 된다. 같은 코스를 타는 라이더 B의 데이터를 이것과 비교해볼 수 있다. B의 체중이 54kg이고 그녀의 평균파워가 150와트라면, 그녀의 체중(kg)당 표준파워는 2.8w/kg(150÷54=2.8)이 된다. 그래서 우리는 A가 B보다 평균파워가 훨씬 더 높지만, 실제로는 B의 체중당 파워가 더 강력하다는 결론을 내릴 수 있다. 이런 관계는 언덕을 오르는 것과 같은 일부 상황에서는 매우 중요해진다. 다음 장에서 보게 될 것이다. 지금은 표준화의 의미에 대해서만 설명했을 뿐이다.

표준파워(NP)는 라이딩 동안 파워의 변동성 범위를 라이딩의 평균파워와 비교한다. '표준화'라는 단어를 보면, 측정의 기준척도를 변경했다는 힌트를 얻을 수 있다. 이 개념을 잘 이해할 수 있을지 살펴보자.

자신의 파워 차트를 다운받아 볼 기회가 있었다면, 차트에 튀어 오르는 숫자가 많이 있다는 것을 알아차렸을 것이다. 같은 라이딩의 파워 차트와 심박수 차트를 비교해본다면, 심박수는 거의 치솟지 않았음을 알 수 있다. 파워의 생성은 매우 가변적이고 파워미터는 변화에 매우 민감하기 때문이다. 반면 심박수는 이렇게 크게 변하지 않는다. 만일 여러분이 기계라면 꾸준하고 균일한 파워를 낼 수 있도록 설계할 수 있다. 하지만 우리는 기계가 아니라 인간이며,

* 표준파워(NP): NP는 국내에서는 '노멀파워'로 통용되고 있으나, 표준파워로 번역했다. NP란 파워의 변동성 범위를 기준으로 파워값을 조정(통계학적 정규화)하여 평균파워와 비교할 수 있도록 하는 개념이기 때문이다. "normal"이라는 영단어를 직역한 표현으로는 파워 변동의 비교값이라는 의미를 이해하기 어렵다. 같은 한자 문화권인 중국과 일본도 '표준파워'라는 번역어를 채택하고 있다.

인간은 오르락내리락하면서 에너지를 소비한다. 매번 파워가 급상승할 때는 급상승 없이 완벽하게 안정적으로 라이딩했을 때보다 더 많은 에너지를 소비하고 있는 것이다. 평균파워는 파워의 이러한 미세한 변화와 그로 인해 페달링에 들어간 에너지의 변화에 대해 설명하지 않는다. 표준파워는 이것을 설명한다.

표준파워의 개념은 변동성을 고려하여 라이딩에서의 실질적인 노력을 드러내기 때문에, 파워미터 훈련에 있어서 굉장히 중요하다. 다음 장 전체에서 표준파워를 자주 언급할 예정이므로, 이해를 돕기 위해 내가 최근에 했던 두 차례의 라이딩을 통해 표준파워의 실제 예시를 들어보겠다.

얼마 전까지만 해도 나는 다른 업무 사이에 운동할 시간이 1시간밖에 없었다. 다른 책임을 다하면서 틈날 때마다 짧게라도 자전거를 타야 하는 이러한 상황을 우리는 모두 잘 알고 있다. 나는 마침 경사도가 5% 정도 되는 1.6km 정도 길이의 언덕 꼭대기에 살고 있다. 나는 1시간 동안의 짧은 워크아웃을 하면서 언덕을 오르는 것을 반복했다. 짧은 급가속을 몇 번씩 하면서 정상까지 힘들게 탔다. 일단 정상에 도착하면 돌아서서 페달을 밟지 않고 다시 아래로 내려갔다. 1시간 후 나의 평균파워는 141와트였다. 다음 날 나는 전날의 심한 운동으로 조금 피곤해서 평탄한 코스에서 적당한 강도와 일정한 속도로 라이딩을 했다. 흥미로운 점은 이때의 평균파워 또한 141와트였다는 것이다. 이 두 번의 라이딩은 평균파워가 같다는 것을 빼면 거의 같은 것이 없다. 나는 평지 라이딩보다 언덕을 오르내리면서 훨씬 더 많은 칼로리를 소모했다. 사실 표준파워는 이 차이를 반영한다. 언덕을 오르는 워크아웃에서의 표준파워는 176와트였다. 적당한 강도의 라이딩에서의 표준파워는 149와트였다. 만약 평균파워만 놓고 비교했다면, 이 두 라이딩에서의 노력과 신진대사 비용이 같다고 추정했을 것이다. 그러나 그렇지 않다는 것을 표준파워는 바로 드러낸다.

따라서 표준파워가 실제로 우리에게 말하고 있는 것은 워크아웃에서의 진짜 느낌으로, 표준파워는 단순하게 라이딩 시의 평균파워를 측정하는 것보다 훨씬 더 많은 훈련의 구성 요소를 드러낸다. 내가 든 예시에서 언덕을 반복하는 것은 평지에서 적당한 강도로 타는 것보다 훨씬 더 어렵게 느껴졌고, 표준파워는 평균파워가 측정할 수 없는 차이를 반영했다. 또한 표준화된 파워는 우리에게 라이딩의 에너지 비용을 훨씬 더 정확하게 파악할 수 있게 해준다. 언덕에서 했던 가속은 적당한 강도로 타는 것보다 훨씬 더 많은 칼로리를 소모했다. 그렇기 때문에 우리는 대부분의 라이딩 분석에 표준파워를 사용할 것이다. (아직 표준화된 파워가 의미하는 것이 무엇인지 잘 모르겠다면 몇 분만 시간을 들여서 이 부분을 다시 읽어보라.)

파워와 시간 및 심박수와의 관계

앞서 헤드 유닛을 세팅할 때 지속(시간/거리)과 심박수를 현재파워나 순간파워에 가깝게 배치하는 것을 제안했는데, 그 이유는 이것들이 두 번째로 중요한 데이터 필드이기 때문이다. 새 파워미터를 달고 일주일 정도 라이딩을 하다 보면, 파워와 시간, 파워와 심박수 사이의 관계에서 몇 가지 흥미로운 점을 발견할 수 있다. 이 관계는 훈련과 시합에 매우 중요하며, 이 책의 뒷부분에서 자세히 탐색해볼 것이다. 우선은 그 상호작용에 대해 알아보자.

파워와 시간

이제 파워 훈련 방법에 대해 어느 정도 이해하기 시작했을 것이다. 앞부분을 읽었다면 핸들바 위에 놓인 파워 데이터가 자전거를 타는 동안 당신이 들인 노력과 소비한 에너지와 밀접한 관련이 있다는 것을 이제는 이해했을 것이다. 파워는 워크아웃이나 시합, 또는 이 둘 중 일부의 지속 시간과도 밀접한 관련이 있다.

최대의 노력, 또는 그에 가까운 노력을 할 경우 시간이 지날수록 파워는 감소한다. 파워미터로 몇 번의 라이딩을 해봤다면 이 사실을 이미 잘 알고 있을 것이다. 워크아웃이나 시합의 어느 시점에서 몇 초간의 짧은 스프린트를 했다면, 헤드 유닛이나 그 세션을 다운로드한 소프트웨어 차트에서 파워가 뾰족하게 치솟은 모양으로 나타났을 것이다. 이런 스프린트 파워를 한 시간 동안 유지할 수 있을까? 절대 불가능하다. 몇 분만이라도 그 스프린트 파워를 유지할 수 있을까? 다시 말하지만, 그 스프린트가 단지 몇 초 동안에만 이루어진 최대의 노력이었다면 절대 불가능하다.

개인 파워 레벨은 출력 지속 시간에 따라 다르다. 힘들게 라이딩을 한다면 워크아웃 시간이 길어질수록 표준파워와 평균파워가 감소한다. 이것은 시합에서 더욱 현저하게 드러난다. 인터벌 훈련에서도 마찬가지인데, 다음 장에서 더 자세히 살펴보겠다. 파워와 시간은 반비례한다. 하나가 변하면 다른 하나는 반대 방향으로 변한다. '5% 룰'이 이를 설명한다.

5% 룰에 따르면 한 세션(혹은 그 일부분)의 지속 시간이 두 배가 되면, 더 긴 시간 동안 최대 힘으로 라이딩할 수 있는 파워는 약 5% 감소한다. 예를 들어 20분이 걸리는 짧은 독주 경기를 뛰고 곧 40분이 걸릴 것으로 예상되는 다른 시합을 하게 된다면, 긴 시합에서의 파워가 짧은 시합에서보다 약 5% 줄어들 것으로 추정할 수 있다. 따라서 20분 시합에서의 평균파워가 240와트였다면, 40분 시합의 예상 평균파워는 228와트(240×0.05=12, 240-12=228)가 된다. 5% 룰은 이미 알고 있는 지속 시간을 통해 새로운 지속 시간을 계산해 자신이 낼 수 있는 최대 노력에 필요한 파워값을 추정하는 데 유용하다. (이 룰에는 흥미로운 예외 상황이 있는데, 이에 대해서는 4장의 'FTP를 결정하는 방법'에서 설명할 것이다.)

파워와 심박수

여러분은 아마도 오랫동안 심박계를 사용해서 훈련해왔을 것이다. 심박계는 1970년대 후반부터 사용되어 왔으며, 시합의 스타트라인에 선 거의 모든 라이더들이 심박계를 착용하고 있는 것을 발견할 수 있다. 심박계를 최대한 잘 활용하기 위해 심박존heart rate zone을 설정했을 것이다. 다음 장에서는 심박존을 설정한 것과 거의 동일한 방식으로 파워존power zone을 설정하는 방법에 대해 보여줄 것이다. 그러나 많은 운동선수들이 라이딩 중의 심박존과 파워존을 비교하기 시작할 때 혼란스러워하기 때문에, 우선은 이 두 세트 사이의 관계를 확실히 이해하고 넘어가야 한다.

본격적인 훈련을 시작한 지 1년 정도 지나면 유산소 체력이 좋아지면서 심박존이 안정된다. 일단 구간이 안정화되면, 한 시즌 동안의 테스트에서는 오직 약간의 변화만 발견될 것이다. 그 변화는 테스트를 할 때 얼마나 피곤했는지, 얼마나 휴식을 취했는지에 따른 결과일 가능성이 더 높으며, 체력보다는 식단, 기온, 동기 부여와 같은 요인에 의한 것일 수도 있다. 심박존은 상당히 일정하다. 거의 변하지 않는다.

이와 대조적으로 파워존은 한 시즌 동안 많이 달라질 수 있다. 이건 좋은 현상이다. 지구력이 향상되면 주어진 심박수에서 더 높은 파워 출력을 달성할 수 있다. (7장에서는 이러한 변화를 사용해 유산소 체력 향상을 측정하는 방법을 보여주겠다.) 즉, 체력이 변화함에 따라 파워존은 크게 변하지만, 심박존은 변하지 않는다. 체력이 낮은 시즌 초반에는 두 구간이 거의 같을 수 있다. 즉, 시즌 기초기에는 심박존 2에서 라이딩할 때 파워도 파워존 2에 있을 것이다. 비록 이들이 완벽히 일치하지는 않을지라도 말이다. 그러나 시즌 강화기가 되어 첫 번째 목표 시합이 얼마 남지 않았을 때에는 심박존 2, 파워존 3이 되어 있을 것이다. 당황하지 마라. 이것은 좋은 현상이고, 대부분의 훈련에서 심박수 대신 파워존을 사용하여 운동 강도를 측정하는 이유를 이해하는 데 도움이 될 것이다.

이 모든 것을 이해하기

파워 훈련을 하는 최고의 장점 중의 하나는 워크아웃이 끝난 후에 바로 그래프를 검토할 수 있다는 것이다. 이렇게 함으로써 스스로 설정한 시합 준비 상태의 지표를 달성하고 있는지 확인할 수 있다. 이러한 질문에 대한 대답도 할 수 있다. “내가 더 강해지고 있는가?”, “다음 훈련에서는 무엇을 해야 하는가?” 이것이 바로 분석이다. 분석은 특정 그래프를 흘낏 살펴보는 매우 간단한 과정일 수도 있고, 라이딩을 하는 동안 데이터가 생성되는 데 걸린 시간만큼이나 많은 시간이 소요되는 매우 복잡한 작업일 수도 있다. 분석을 전혀 하지 않는다면 파워미터를 사용할 이유가 거의 없다. 분석을 하지 않는다면 파워미터는 핸들바에 달린 값비싼 액세서리에 불과할 뿐이다.

파워 소프트웨어가 필요한가?

그 질문에 대한 답은 "예스"이다. 파워미터를 더 나은 경기력을 위한 완벽한 도구로 활용하려면 소프트웨어가 반드시 필요하다. 이 책의 나머지 부분에서는 워크아웃 데이터를 빠르게 확인하여 자신의 훈련 상태를 확인할 수 있는 방법을 보여주겠다. 어렵지도, 혼란스럽지도, 복잡하지도 않다. 무엇을 찾아야 하는지, 컴퓨터를 할 수 있는 사람이라면 누구나 할 수 있다. 데이터를 보는 데 많은 시간이 걸리지도 않는다. 라이딩 후, 아니면 며칠에 한 번씩 5분만 투자해 몇 가지 주요 기록을 살펴보면 필요한 모든 정보를 확인할 수 있다.

더 큰 문제는 어떤 소프트웨어를 사용해야 하는가이다. 부록 C에 이 책을 집필하고 있는 현재 사용 가능한 모든 파워 소프트웨어의 목록을 제시해두었다. 파워미터에 분석 소프트웨어가 딸려 있을 수도 있고, 어쩌면 여러분이 이미 소프트웨어를 다운로드해서 워크아웃 일부를 좀 살펴봤을 수도 있다. 그 데이터들은 분명 아주 헷갈릴 것이다. 하지만 포기하지 마라. 시간이 지나면 모든 것이 이해되기 시작할 것이다. 이 책이 도움이 될 것이다.

모든 소프트웨어가 다음 장에서 설명할 모든 것을 표시하지는 않는다는 점을 이해하라. 그리고 소프트웨어의 일부 차트는 여기서 다루지 않는다. 이 책에 설명된 모든 계산 방법은 TrainingPeaks와 WKO+ 소프트웨어(이 두 가지 모두 trainingpeaks.com에서 이용 가능)에서 찾을 수 있다. 이 책에서 다루는 내용을 정확하게 보여주는 소프트웨어를 사용하려면 이 두 가지 소프트웨어를 사용하는 것이 좋다. TrainingPeaks는 온라인 소프트웨어 서비스이기 때문에 모든 데이터는 해당 서버에 저장된다. 이 서비스를 이용하려면 인터넷에 접속해야 하지만, 모든 컴퓨터에서 이용이 가능하다. WKO+는 데스크탑 어플리케이션으로 컴퓨터의 하드 드라이브에 데이터가 저장된다. WKO+를 사용한다면 컴퓨터에 문제가 발생할 경우를 대비해 TrainingPeaks에 데이터를 백업해둘 수도 있다. WKO+는 PC에서만 호환된다. 맥킨토시Mac에서 윈도우Window를 실행할 수 있는 가상 소프트웨어가 없다면 Mac에서는 사용할 수 없다.*

코치가 필요한가?

일부 라이더는 분석과 관련된 모든 것을 극도로 싫어한다. 그들은 자신이 어떻게 훈련하고 있는지, 어떻게 하면 더 강하고 빨라질 수 있는지 알고 싶어 하면서도 소프트웨어 차트와 그래프를 쳐다보는 것조차 싫어한다. 내 아내도 그런 사람(매우 맹렬한 라이더이면서 분석에는 전혀 관심이 없는) 중의 한 명이다. 그녀는 나에게 도와달라고 한다(이것이 그녀가 나와 결혼한 유일한 이유가 아니기를 희망한다). 도움이 필요하다면 훈련 계획과 데이터 분석을 담당할 코치를 고용하는 것을 적극 추천한다. 나는 수백 명의 사이클, 철인3종, 산악자전거 코치에게 여기에 설명된 방법을 사용하도록 교육시켰다. 이 웹사이트(cycleops.com/coaches)에서 그 코치들을 찾을 수 있다.

이 책의 Part I을 읽었다면 이제 파워미터가 무엇인지, 파워미터가 어떻게 더욱 강한 사이클리스트를 만드는 데 도움이 되는지에 대한 기본적인 이해를 갖게 되었을 것이다. 이제 II부로 넘어갈 때이다. 어떻게 하면 파워미터로 훈련과 시합을 시작하여 더 강하고 빨라질 수 있는지 알아보자.

---

* 현재는 4.0 버전이 나와 있고, 윈도우와 맥킨토시 시스템 버전 모두 제공하고 있다.

PART II

파워미터를 사용하여 더 효과적으로 훈련하려면 어떻게 해야 하는가?

4

당신의 파워존

이제 파워미터의 작동 방식과 파워미터를 통해 얻을 수 있는 이점에 대해 충분히 이해했을 것이다. 이 4장과 다음 부분에서 우리는 파워미터를 사용하여 더 훌륭한 체력을 만들어내는 방법에 대해 알게 될 것이다. 이 장을 다 읽고 나면 파워 훈련 구간(파워존)을 설정하고, 워크아웃과 시합에서 해당 구간을 어떻게 사용해야 하는지에 대한 기본 사항을 알게 될 것이다.

파워존

파워존power zones은 아주 간단한 훈련 도구이다. 파워존은 훈련을 계획하고 실행하는 데 사용하는 다양한 파워 강도를 말한다. 심박계를 사용해봤다면 훈련을 위해 심박존을 설정하는 과정에 익숙할 것이다. 파워존도 비슷한데, 우리는 7개 구간을 사용한다. 적극 회복(존 1), 유산소 지구력(존 2), 템포(존 3), 젖산역치(존 4), 최대산소섭취(존 5), 무산소 능력(존 6), 스프린트 파워(존 7). 심박존과 파워존의 주된 차이는 심박수의 백분율이 아니라 파워를 사용한 기능역치파워(FTPFunctional Threshold Power)의 백분율로 7개의 구간을 설정한다는 점이다.

그런데 기능역치파워란 도대체 무엇일까? 이렇게 질문한다면 아주 기쁠 것이다. 사이클링 체력을 기르기 위한 가장 확실한 방법에 대한 답을 계속 읽어보자.

FTP(기능역치파워)- 가장 중요한 숫자

처음 심박존을 설정할 때 두 가지 방법을 사용할 수 있다. 심박계 사용 초기에는 '최대심박수(MHR maximum heart rate)'를 사용해서 심박존을 설정했을지도 모르겠다. 그 수치를 알면 최대심박수의 백분율을 사용해서 구간을 배정할 수 있다. 최근에는 '무산소 역치' 심박수라고도 하는 '젖산역치 lactate threshold' 심박수의 백분율을 기준으로 심박존을 정하는 방식으로 바뀌고 있다. 후자는 한계점에 도달하기 시작하는 시점을 기준으로 하기 때문에 훨씬 더 정확하게 구간을 설정할 수 있다. 이 중요한 정보는 나만의 고유한 정보이며, 높은 수준의 시합에서 최대심박수보다 더 많이 적용된다.

최대심박수가 같은 선수 두 명의 '젖산역치 심박수(LTHR)'가 반드시 동일하지는 않다. 여기에 문제가 있다. 만일 같은 최대심박수 구간에 근거해 훈련을 한다면, 그 둘은 노력에 대한 같은 감각을 경험하지 못할 것이다. 젖산역치 심박수가 낮은 선수는 젖산역치 심박수가 높은 선수보다 더 힘들게 몰아붙여질 것이다. 젖산역치 심박수가 낮은 선수에게는 최대심박수와 상관없이 더 낮은 훈련 구간을 설정해야 한다. 이러한 이유로 젖산역치 심박수에 기반한 훈련 구간 설정이 현재에는 표준이 되고 있다.

젖산 혹은 무산소 역치(환기역치, 혈중 젖산 축적 시점, 최대 젖산 안정 상태 등으로 언급되기도 하는)에 기반한 훈련 구간이라는 도전은 과학적으로 왈가왈부되는 혼란 요소이다. 이 용어는 사용자 친화적이지도 않고, 비과학자에게는 명료하지 않다. 이 모든 용어가 무엇을 의미하는지 아는 운동선수는 거의 없기 때문에, 그들은 이 구간을 설정하기 위해서는 실험실이나 클리닉에 가서 검사를 받아야 한다는 강박관념을 갖게 된다. 실험실 테스트 데이터가 나온 이후에도 젖산역치가 의미하는 바에 대한 과학적 정의가 다르다는 것을 알게 되는 경우도 있다. 그래서 그 데이터는 종종 쓸모없게 되어버린다. 돈만 낭비하고 여전히 구간 설정은 하지 못하는 것이다.

이어지는 장에서 나는 생리학을 이해하거나 실험실이나 클리닉에 비싼 비용을 지불할 필요가 없는 비교적 새로운 파워존 설정 방법에 대해 설명할 것이다. 이건 '기능역치파워(FTP)'라고 불리는 간단한 개념이다. 스스로 FTP를 알아낼 수 있는 몇 가지 방법을 살펴보고, FTP의 백분율로 자신의 파워존을 설정해 볼 것이다.

FTP란 무엇인가?

기능역치파워(FTP)는 스포츠과학자이자 로드 사이클리스트인 앤드류 코건 Andrew Coggan 박사의 창안으로 탄생했다. 그는 2000년대 초에 이 아이디어를 생각해냈다. 코건 박사가 파워존을 설정하는 방법은 매우 간단하고 우아하다. 이는 건강한 운동선수가 젖산역치 강도를 약 1시간 동안 유지할 수 있다는 개념에 기반하고 있다. 따라서 그는 운동선수가 실험실이나 클리닉에 가서 젖산역치 파워를 직접 측정하는 대신, 운동선수가 60분 동안 지속할 수 있는 파워를 발견하여 이를 찾는 아이디어를 생각해냈다. 정말 훌륭하다!

간단함 이외에도 젖산에 대한 과학적 모호함이나 실험실 또는 클리닉 테스트와 관련된 본인 부담 비용을 모두 없앨 수 있기 때문에 나는 이 방법을 좋아한다. 또한 이 방법은 실제적인 솔루션으로, 도로에서 레이스를 해야 하는 현실에 바로 적용할 수 있다. 시합은 실험실이나 클리닉의 고정된 에르고미터로 진행되지 않는다. 코건 박사의 개념은 이러한 모든 것을 피하고, 여러분이 이미 타봤던 도로에서 측정하는 것을 선호한다.

FTP 확정하기

코건 박사의 FTP 측정 방법이 완벽한 것은 아니다. 가장 큰 문제는 60분간의 테스트를 해야 한다는 점이다. 이런 필드 테스트는 고통을 견디는 능력에 대한 엄청난 도전이다. 도로로 나가든, 인도어 트레이너에 올라타든(비포장 도로 산길은 이 테스트에 적절하지 않다) 대단한 집중력과 동기가 필요하고, 60분 동안 혼자 최대한 힘들게 달려야 한다. 다행히도 그렇게 오래 고통스러운 시간을 보내지 않고도 FTP를 찾을 수 있는 다른 방법이 있다. 다음은 가장 신뢰할 수 있는 대안에서부터 최소한의 신뢰를 할 수 있는 몇 가지 일반적인 방법이다.

시합. 거주 지역에서 열리는 독주 경기(타임 트라이얼), 특히 1시간 정도면 완주할 수 있는 시합이 있는가? 이런 이벤트에서의 평균파워가 바로 FTP를 계산하는 데 필요한 수치이다. 40km 독주 경기가 많은 선수들에게 적합하다. 그러나 철인3종 경기나 듀애슬론의 40km 구간은 적합하지 않은데, 달리기를 잘하기 위해 자전거 위에서 에너지를 억눌러야 하기 때문이다. 그렇게 되면 결과가 왜곡되고, 수치가 너무 낮아질 수 있다.

로드 사이클리스트에게 독주 경기만큼이나 좋은 방법은 1시간 크리테리움이다. 크리테리움 경기는 비록 안정적이지는 않지만, 일반적으로 힘든 시합의 경우 이런 레이스에 참가한 라이더의 표준파워(NP)는 FTP에 상당히 근접한다. 그러나 달리는 무리가 안정되고 브레이크어웨이가 이루어지면, FTP를 정교하게 예측할 수 없다. 유용한 측정 결과를 위해서는 꽉 채운 1시간 내내 힘들게 달려야 한다. 바로 이 지점이 표준화된 파워가 평균파워에 비해 정말 빛을 발하는 순간인데, 표준파워는 이러한 시합에서 흔히 볼 수 있는 파워 생산량의 오르락내리락하는 변동이 반영된 값이기 때문이다. 페이스가 안정된 독주 경기(페이스 조절에 대해서는 뒤에서 자세히 설명하겠다)의 경우 표준화된 파워와 평균파워의 차이는 미미할 것이다.

여러분이 참가한 시합이 1시간 미만의 독주 경기나 크리테리움일 수도 있다. 자세한 내용으로 들어가기 전에 여기 멈춰서 한 가지 중요한 점을 생각해보자. 테스트 시간이 1시간이 아닌 경우, FTP는 측정이 아닌 추정의 영역에 속하게 된다. 그건 오차의 문을 열어 재낀다. 테스트가 1시간에서 멀어질수록, 오차의 가능성도 커진다. 따라서 지금부터 이 장 전체에서 설명할 내용은 1시간의 레이스 테스트만큼 정확하지는 않다는 것을 명심하라. 하지만 우리가 그 차이를 30분 이하로 유지한다면, 그렇게 크게 빗나가지는 않을 것이다.

더 짧은 시합을 이용하여 FTP를 추정한다고 가정해보자. 이 경우 3장에서 설명한 5% 룰을 적용하면 된다. 기억을 되살리기 위해 5% 룰을 말해보자면, 최대 노력의 지속 시간이 2배 증가하면 파워는 약 5% 감소한다는 것이다. 즉, 30분 정도 소요되는 독주 경기나 크리테리움 레이스에 참가했다면, 5%를 빼서 FTP를 추정하면 된다.

예를 들어 30분 동안 20km의 독주 경기를 했는데 평균파워가 260와트라고 가정해보자. 5%(13와트)를 빼면, FTP는 247와트(260-13=247)로 추정된다. 비록 경기 시간이 딱 30분이 아닌 25분에서 35분 사이라고 해도, 어차피 추정치이기 때문에 동일한 결론을 도출할 수 있다. 여러분이 해야 할 일은 FTP의 정확성을 위해서 여러 다른 방법으로 FTP를 추정하고, 면밀히 모니터한 그 모든 결괏값에서 결론을 이끌어내는 것이다.

30분 테스트. 1시간 레이스가 FTP를 결정하는 가장 좋은 방법이긴 하지만, 60분보다 짧은 필드 테스트를 대신 수행할 수도 있다. 이것은 내가 지도하고 상담해주는 선수들에게 가장 일반적으로 사용하는 방법이다. 간단하다. 워밍업을 하고 도로(산악자전거를 타는 경우라도 산길이 아닌) 또는 인도어 트레이너에 올라서 30분 동안 당신이 할 수 있는 만큼 힘들게 타는 것이다(참고: 대부분의 라이더들은 이 테스트를 인도어 트레이너 위에서 하는 것이 훨씬 더 어렵다는 것을 알게 된다). 이때 위에서 설명한 대로 평균파워에서 5%를 빼지 않더라도 FTP를 추정할 수 있다. 방금 전의 설명과는 어긋나는 것처럼 보이는데, 이에 대해 설명해보겠다.

시합을 할 때는 언제나 워크아웃보다 자신을 더 힘들게 몰아붙이게 된다. 워크아웃에는 결승선이 없다. 상도, 시상대도, 격려도 아무 것도 없다. 그래서 우리는 레이스에서 할 수 있는 것만큼은 열심히 안 하게 된다. 약간이긴 하지만 우리는 워크아웃을 할 때 스스로에 대해 훨씬 더 안쓰럽게 생각해서 뒤로 물러서게 될 가능성이 높다. 우리는 얼마나 더 쉽게 라이딩하게 될까? 5% 정도다. 멋지지 않은가? 우리는 레이스 대신에 워크아웃 30분을 하는 것으로

5% 룰을 상쇄했다. 즉, 30분간의 단독 테스트가 평균파워 측면에서 60분간의 시합과 거의 동일하다는 뜻이다. 내가 단독이라고 말한 것에 주의하라. 30분 필드 테스트는 훈련 파트너나 단체와 함께할 수 없다. 그러면 모든 것이 달라진다. 만약 그 경우라면 5%를 빼야 한다.

이 테스트에서 페이스를 맞추는 것은 어려운데, 특히 처음 몇 번 해볼 때 그렇다. 30분 FTP 결정 테스트를 많이 해볼수록, 페이스를 조절하는 데 더 익숙해질 것이다. 그렇다 하더라도 처음에는 너무 빠르게 시작했다가, 테스트가 진행됨에 따라 점점 느려질 것이다. 그러면 평균파워가 부정확하게 나올 가능성이 높다. 테스트에서 페이스를 조절하는 방법은 다음과 같다. 최근의 레이스나 테스트 또는 다음에 설명된 기타 방법(체중 및 개인 요소를 기반으로 한 추정치 포함)을 사용해 자신의 FTP 값으로 생각하거나 알고 있던 수치에서 시작한다. 테스트의 첫 10분 동안 그 파워를 유지한다. 그 시점에서 유지하고 있는 파워가 힘든지 쉬운지 판단해서 그에 따라 파워를 높이거나 낮춘다. 그 후 테스트가 끝날 때까지 5분마다 파워 조절을 반복한다. 전체 30분 동안의 평균파워가 비교적 훌륭한 FTP 추정값이 될 것이다.

이 방법의 정확성을 높이려면, 테스트마다 조건을 비슷하게 유지해야 한다. 여기에는 도로 라이딩, 인도어 트레이너, 사용하는 코스, 테스트 시간, 워밍업, 장비(타이어 공기압 포함), 날씨, 휴식 상태, 라이딩 전 섭취한 음식과 음료 등의 변수가 포함된다. 테스트마다 몇 가지 조건이 변경될 수 있다. 특히 날씨가 그렇다. 하지만 정확성을 위해서 할 수 있는 한 많은 조건을 통제하라.

워크아웃. 라이딩을 하는 동안, 특히 언덕을 오를 때처럼 몇 분간 꾸준한 노력을 유지해야 할 때의 운동 자각에 주의를 기울여라. 운동 수준이 0(낮음)에서 10(높음) 범위에서 7 정도로 일정하게 유지된다고 느껴질 때마다 현재 와트를 확인하라. 자신의 FTP에 가까울 가능성이 높다. 워크아웃 후 소프트웨어의 라이딩 결과 그래프를 사용해 그 구간을 찾을 수도 있다. 이러한 추정치는 FTP를 찾을 수 있는 범위를 좁히는 데 도움이 된다.

심박수. 심박존으로 파워존을 설정하지 마라. 예를 들어 심박존 2에서 라이딩할 때 반드시 파워존 2에 도달하는 것은 아니다. 심박존은 비교적 안정적으로 유지되는 반면, 파워존은 체력 변화에 따라 크게 변하기 때문이라고 3장에서 말했던 것을 기억할 것이다. 체력이 낮은 훈련 시즌 초반에는 두 구간이 꽤 겹칠 수도 있지만, 체력이 상승함에 따라 겹치는 부분이 줄어들게 된다. 심박수와 파워 수치가 같거나 적어도 비슷할 수 있는 유일한 경우는 젖산역치 심박수(LTHR)와 FTP일 때뿐이다. 몇 분 동안 LTHR에서 꾸준히 라이딩할 때에는 자신의 FTP 근처에 있게 되기 때문에 이를 통해 간단하게 추정할 수 있다.

다음은 LTHR에 근거해 예상 FTP를 테스트하는 간단한 방법이다. 실내 자전거 트레이너에서 10~20분간 워밍업을 한다. 4분 운동-1분 휴식으로 구성된 인터벌을 몇 번 실시하는 점진적 운동부하 검사를 시작한다. 첫 번째 단계는 시합 데이터나 직전 테스트 또는 아래에 제시된 대략적인 추정치를 바탕으로 현재 자신의 FTP보다 약 80와트 정도 낮은 파워에서 시작한다. 이후 각 단계에서 10와트씩 올린다. 각 단계마다 정해진 와트를 유지할 수 있도록 헤드 유닛을 주의 깊게 봐야 한다. 기어비는 상관 말고, 그 파워를 낼 수 있는 기어에서 편안한 케이던스로 4분 동안 페달을 밟으면서 심박수의 반응을 관찰한다. 심박수는 처음 1~2분 동안 서서히 증가하다가 나머지 시간 동안 안정될 것이다. 4분 운동이 끝날 때마다 1분 동안 아주 쉽게 페달을 밟는다. 그런 다음에 다음 단계를 시작한다. 이 과정을 LTHR이 관찰되는 단계까지 계속한다. 4분 운동은 반드시 완료해야 한다. 마지막 단계에서의 평균파워가 자신의 FTP 값에 가까울 것이다.

추정. 이 방법은 가장 정확도가 낮은 방법일 수 있지만, 나는 이 수치가 많은 라이더들의 실제 FTP 값에 놀라울 정도로 근접한 것을 발견했다. 이는 주로 체중과 기타 개인적 요인에 근거한 추정치이다. 계산을 좀 해야 하므로 계산기가 필요할 수 있다. 이러한 방식에는 5단계가 있으며, 이 중 일부는 본인에게 적용되지 않을 수도 있다.

역자 주: 원문은 무게 단위로 파운드(lb)를 사용했다. 한국에서는 kg 단위를 사용하지만, 계산의 결괏값이 그대로 FTP가 되기 때문에, 원문의 파운드 단위를 그대로 사용해야 한다. 자신의 체중을 파운드로 변환하여 계산할 것을 권장한다. 1kg=2.2lb.

스텝 1. 체중(Ib)의 두 배. 이것이 기본값이다.
예: 체중이 150Ib(68kg)이라면 기본값은 300(150×2=300)이다.

스텝 2. 만일 여성이라면, 스텝 1에서 찾은 기본값에서 10%를 뺀다.
예: 체중이 120Ib(54.4kg)인 여성의 기본값은 216이다(120×2=240, 240-24=216).

스텝 3. 35세 이후부터는 매년 기본값에서 0.5%를 뺀다.
예: 스텝 1의 150Ib 라이더가 50세인 경우, 300에서 7.5%를 빼면 된다(50-35=15, 15×0.005=0.075).
이렇게 하면 기본값이 277로 수정된다(300×0.075=22.5, 300-22.5=277.5).

스텝 4. 약 1,524m(5,000ft)의 고지에 거주하는 경우, 추가로 5%를 더 뺀다. 고도가 1,524m에서 305m(1,000ft)씩 높아질 때마다 1%씩 또 뺀다.
예: 기본값이 277인 35세 라이더가 1,524m 고지 거주 시의 조정값은 263이다(277×0.05=13.85, 277-13.85=263.15).
높은 고지에 적응하는 첫 번째 달이라면, 두 배의 비율로 뺀다.
고지에 잠시 방문했을 때에도 FTP를 조정해야 한다는 것을 주의하라.

스텝 5. 일주일에 6번 미만으로 자전거를 탄다면, 한 번의 조정이 더 필요하다. 이건 로드 사이클리스트나 산악 바이커보다는 트라이애슬리트에게 더 큰 영향을 미칠 가능성이 높다. 라이딩 빈도가 적을

수록 FTP가 낮아질 가능성이 높다. 일주일에 5번 라이딩을 한다면 2%를 뺀다. 주 4회 라이딩을 한다면 4%를 뺀다. 일주일에 보통 3번 라이딩하는 경우 7%를 뺀다. 주 2회 라이딩하는 경우에는 10%를 뺀다.

예: 기본값이 277인 라이더가 주 3회 라이딩할 경우, 조정값은 258이다(277×0.07=19.39, 277-19.39=257.61).

마지막에 나온 숫자가 당신의 FTP 추정값이다. 그러나 이 수치는 실제와 크게 다를 수도 있다는 점을 기억하라. 특히 체중, 성별, 나이, 고도, 훈련 빈도 외에도 FTP에 영향을 미칠 수 있는 다양한 변수가 있기 때문에 이 숫자는 대략적인 추정치일 뿐이다. 예를 들어 체중의 유형도 FTP 추정값에 영향을 미칠 수 있다. 과도한 지방이나 근육, 특히 상체 근육은 결과를 왜곡할 수 있다. 지방이나 근육 어느 하나라도 상당히 많은 경우, 위 단계의 FTP 추정값이 너무 높을 가능성이 높다. 지방이 문제가 될 경우 체성분 측정을 통해 제지방량을 아는 것은 FTP를 예측하는 더 좋은 방법이다. 하지만 지나치게 근육이 많은 라이더에게는 도움이 되지 않는다. 자전거의 무게도 고려해야 한다. 위의 스텝에는 포함되지 않았지만, 자전거 무게는 확실히 문제가 된다. 무거운 자전거는 과체중과 마찬가지로 그것만 아니었다면 높았을 FTP를 떨어지게 할 수 있다. 자전거 무게는 체구가 작은 여성에게 특히 중요하다. 8kg 자전거는 45kg 라이더가 오르막길을 오르기에는 너무 무거운 짐이다. 시작하기 전에는 이 추정법에 의존하지 않는 것이 좋다. 첫 번째 측정 시에는 위에 제시한 가능한 방법들 중에서 더 정확한 측정을 사용하라.

FTP를 최신 상태로 유지하기

시즌이 진행되는 동안 위의 방법 중 몇 가지를 혼합하여 FTP를 추정할 수 있다. 모든 방법을 다 사용하겠지만, 어떤 방법은 다른 것보다 더 많이 사용하게 될 것이다. 함께 일하는 선수들에게 내가 가장 많이 사용하는 방법은 30분 테스트이다. 가장 중요한 것은 FTP를 최신 상태로 유지하는 것이다. 최소 6주에

한 번씩, 가급적이면 더 자주 체크하라. 이를 염두에 두고 연간 훈련 프로그램에 테스트나 시합 일정을 잡는 것도 좋은 생각이다. 테스트는 며칠간 휴식을 취한 후에 실시해야 한다.

간단하게는 워크아웃이나 시합에서의 파워 출력이 얼마나 힘들게 느껴지는지 그 변화를 주의 깊게 살펴볼 수도 있다. 예를 들어 정해진 워크아웃을 3~4주 정도 반복하면 훨씬 더 쉽게 느껴질 것이다. 이건 FTP가 체력과 함께 상승했다는 좋은 신호이니, 바로 이때가 FTP를 다시 측정할 시기이다.

FTP는 체력 변화를 가장 쉽고 정확하게 파악할 수 있는 방법이다. 시즌 동안의 가장 중요한 훈련 목표는 FTP를 가능한 한 가장 높은 수준으로 끌어올리는 것이다. 왜 그럴까? 이렇게 생각해보자. 최대 경쟁자의 최대산소섭취량이 당신과 똑같다면, FTP가 높은 사람이 레이스 당일에 승리할 것이다. 실제로 높은 FTP는 상대적으로 낮은 최대산소섭취량을 커버할 수 있다. 따라서 FTP가 높다면 다른 사람이 유전적으로 더 나은 점이 있더라도, 여러분이 더 잘 할 수 있다. 훈련의 핵심은 그야말로 FTP다.

개인 파워존

이 장에서 우리는 FTP를 기반으로 파워존을 설정할 것이다. 테스트나 시합을 해볼 수 없었다면, 위에서 설명한 대로 간단히 추정법을 사용하면 된다. 자신의 FTP를 이미 알고 있다면 이제 시작할 준비가 되었다.

파워존을 이용한 훈련은 심박존을 이용한 훈련과 매우 유사하지만 훨씬 낫다. 심박수는 운동 강도 증가에 느리게 반응한다. 파워미터는 거의 즉각적으로 변화를 보여줄 것이다. 이것은 인터벌 훈련을 할 때 매우 중요한데, 인터벌 간격이 짧을수록 더욱 중요해진다. 인터벌을 시작할 때 심박수에 의존해 강도를 측정하는 경우, 심장이 빨리 뛰기까지 2분 정도 기다려야 될 수 있다. 이 시간 동안 얼마나 힘들게 하고 있는지는 추측할 수밖에 없다. 대부분의 선수들은 너무 높게 추측하고, 심박수가 따라잡히고 나서야 속도를 줄여야 한다는 것을 알게 된다. 어떤 사람들은 심지어 심박수가 정해진 레벨에 도달하기 전까지의 인터벌은 시작도 하지 않은 것으로 치부해버린다. 그래서 3분 인터벌이 5분이 된다. 파워미터를 사용하면 이 중 어떤 문제도 발생하지 않는다. 세 번의 페달링 이내로 자신이 원하는 레벨에 도달했는지 알 수 있다.

일단 파워존을 설정하면 훈련을 시작할 준비가 된다. 즉, 파워미터의 이점을 수확할 준비가 된 것이다.

어떻게 파워존을 설정하는가?

심박존을 설정했을 때와 마찬가지로, 파워존도 고정 백분율을 사용하여 설정한다. 파워존의 경우 FTP를 기준으로 한다. FTP를 알고 있는 경우, 표 4.1의

표 4.1 파워존

구간	명칭	FTP%	RPE	내용
1	적극 회복	55 이상	2 이상	흔히 '편한 스피닝' 또는 '가볍게 밟기'라고 하는 매우 낮은 운동 강도. 최소한의 노력 또는 최소한의 피로감. 지속적인 대화 가능. 보통 힘든 워크아웃이나 시합 후, 인터벌 사이, 친목을 위한 적극적 회복 용도로 사용됨
2	유산소 지구력	56~75	2~3	'긴 거리를 느리게 달리는long, slow distance' 고전적인 훈련. 철인3종 경기에서 대다수 연령그룹이 사용하는 강도. 일반적으로 노력의 정도와 피로감은 낮지만, 이 강도로 장시간 꾸준히 라이딩을 하면 증가함. 노력 유지에 필요한 집중력은 일반적으로 이 구간의 상단 끝부분이나 장거리 라이딩 동안에만 요구됨. 지속적인 대화 가능. 이 구간에서 자주 훈련할 경우 90~120분, 혹은 더 적게 해야 잘 견뎌낼 수 있음. 장시간 훈련 후에는 적어도 24시간이 지나야 완전 회복됨

구간	명칭	FTP%	RPE	내용
3	템포	76~90	4~5	경쾌한 그룹 라이딩, 빠른 도로 경기의 시팅(앉은 자세) 펠로톤, 엘리트 철인3종 경기, 대부분의 연령대가 참여하는 하프 철인3종 경기, 장거리 산악 자전거 경기의 전형적인 강도. 20~60분 간의 안정적인 장시간 라이딩. 존 2보다 훨씬 더 큰 노력 수준과 피로감. 존 2보다 더 깊고 리드미컬한 호흡. 대화는 다소 끊어짐. 존 3 훈련 세션에서의 회복은 존 2 워크아웃 후보다 더 오래 걸림. 매번 훈련 시간이 길지 않다면 며칠 연속으로 존 3 훈련 가능
4	젖산역치	91~105	6~7	이 구간에는 FTP가 포함되어 있음. 보통 30~90분 사이의 독주 경기나 철인3종 경기의 자전거 부문에서 상용됨. 노력 정도와 피로감이 매우 강함. 호흡이 힘겹고, 대화는 어려움. 이 강도는 정신적인 도전임. 보통 이 강도로 인터벌 훈련을 하며, 훈련 시간은 6~20분의 라이딩과 1/4 정도의 회복 시간으로 구성됨. 존 4에서 며칠 연속 훈련은 가능하지만 흔치 않음. 존 4 훈련은 집중적인 회복이 필요함
5	최대산소 섭취 (VO_2max)	106~120	7~8	자전거 시합의 전형적인 급가속 강도. 트라이애슬리트는 드래프트 규정이 있는 경기 draft-legal event, 스프린트나 올림픽 거리에서의 짧은 업힐을 제외하고는 이 강도로 경기하는 일이 거의 없음. 이 강도의 인터벌 훈련이 가장 흔하며, 2~6분간 반복하고 회복하는 방식으로 사용됨. 노력의 정도와 피로감이 매우 높음. 한 번의 워크아웃에서 총 훈련시간이 20~30분 이상 넘어가는 것이 매우 어려움. 대화 불가능. 회복이 매우 중요함. 존 5의 연속 훈련은 굉장히 어려우며 거의 권장하지 않음

구간	명칭	FTP%	RPE	내용
6	무산소 능력	121~150	8 이하	이 강도의 짧은 에피소드는 크리테리움과 도로 및 산악 자전거 경기에서 흔히 볼 수 있으나 철인3종 경기에서는 매우 드묾. 이 강도의 훈련은 무산소 능력을 높이기 위한 짧은 시간(30초~2분)의 고강도 인터벌이 주요함. 노력의 정도와 피로감이 극도로 높고, 대화는 불가능. 존 6의 연속 훈련은 권장하지 않음
7	스프린트 파워	150 이하	최대	이 구간은 트랙에서 스탠딩 스타트를 하거나 도로 경기에서 30초 미만의 짧은 스프린트를 하는 것 같이 굉장히 짧은 고강도의 노력을 할 때 사용됨. 이 구간은 일반적으로 에너지 생산 시스템보다 근육에 더 큰 스트레스를 가함

출처: Adapted from http://freewebs.com/velodynamics2/traininglevels.pdf with permission of the author, Andrew Coggan, PhD.*

FTP% 열의 백분율을 사용하여 구간을 결정한다. 파워존과 연관된 'RPE(운동 자각도)'는 자각된 운동 단계로, 0(낮음)부터 10(높음)까지의 척도에 '최대' 단계를 더한 등급으로 나뉜다. '내용'란은 피로감, 워크아웃 유형 및 가장 일반적인 시합 범주에 이르기까지 각 구간에서 예상되는 사항에 대한 설명이다.

존 3

시즌 중 가장 중요한 훈련 목표는 FTP를 최대한 높은 수준으로 끌어올리는 것이라고 이미 말한 바 있다. 나는 FTP가 시즌 내내 운동생리학 실험실에 가서 많은 비용이 드는 광범위한 검사를 받는 것보다 체력 변화를 가장 잘 보여주는 지표라는 것을 알게 되었다. FTP라는 지표는 효과적이다.

* 현재 이 웹사이트는 접속되지 않는다. 앤드류 코건 박사의 파워존 구간표에 관한 보다 상세한 내용은 앤드류 코건이 2019년에 출판하여 2024년 한국에 출판된 『파워미터를 활용한 트레이닝과 경기력 향상(Training + Racing with Powermeter)』(정인영 번역)을 참고하라.

가장 중요한 훈련 목표가 FTP를 높이는 것이라면 어떻게 해야 할까? 바꿔 말해, 어느 구간이 FTP를 올리는 데 가장 적합할까?

FTP 향상에 있어 투자 대비 가장 큰 수익은 존 4에서 발생하는데, 특히 FTP 값에 맞추거나 FTP 근처에서 라이딩할 때 발생한다. 그러나 정신적 스트레스, 회복에 걸리는 시간, 부상 위험 등 그런 고강도의 훈련을 자주 하는 데 들어가는 '비용'이 대부분의 라이더에게 너무 크다. 실제로 라이더들은 일반적으로 존 4 훈련 세션 후 이틀 이상의 회복 기간을 거쳐야 존 4 훈련을 반복할 수 있는데, 이 비용이 정말로 크다. 존 4 인터벌 세션 사이의 회복 시간이 짧으면 피로가 빠르게 누적되고 의욕이 떨어진다.

따라서 일반적으로 존 4 훈련을 하는 것이 좋지만, 존 4의 강도로 이루어지는 레이스 준비를 위해서 FTP 강도의 워크아웃을 꾸준히 하는 것은 권장되지 않는다. 대신 나는 선수들을 훈련시킬 때 존 3을 자주 사용한다. 나는 존 3 훈련이 FTP 증가에 매우 효과적이라는 것을 발견했다. 존 3 워크아웃은 존 4 세션보다 훨씬 더 자주 할 수 있고, 워크아웃 시간도 더 길게 가져갈 수 있다. 워크아웃과 관련된 위험 또한 낮다.

이는 중간 강도의 워크아웃을 피하라는 일반적인 훈련 조언에 정면으로 부딪힌다. 신경 쓰지 마라. 워크아웃을 시도해보기 전까지는 나도 그렇게 생각했다. 나는 존 3, 특히 존 3의 높은 영역대가 FTP 개선에 매우 효과적이라는 것을 알게 되었다. 다음 장과 부록 A에 제시된 워크아웃에서 존 3 훈련이 광범위하게 사용되는 것을 볼 수 있을 것이다. 존 3을 피할 이유가 없다. 특히 일반 체력 강화에 중점을 두는 기초기 시기와 시합에 특화된 체력을 개발하는 강화기 동안 FTP를 유지하기 위해서는 존 3 훈련을 자주 해야 한다.

워크아웃과 파워존

FTP를 높이려면 훈련의 초점을 '유산소성 활동근'을 만드는 것에 맞춰야 한다. 즉, 근육의 산소 사용 능력을 향상시키는 훈련을 추구해야 한다는 것이다. 심장이 아닌 근육이 훈련의 초점이 되어야 FTP를 높일 수 있다. 생리학적으로 말하자면, 우리가 추구하는 유산소성 적응은 자전거에 동력을 공급하는 근육

안팎에서 다음의 요소를 증가시키는 것을 포함한다.

- 근육의 젖산 처리 능력
- 혈장량
- 유산소성 효소
- 근글리코겐 저장량
- 지근섬유(ST)의 크기
- 근육 모세혈관의 밀도
- 2x에서 2a*로의 근섬유 변화

유산소성 활동근을 향상시키려면 이 모든 것을 달성하기 위해 어떻게 훈련해야 할까? 이 질문은 훈련의 가장 기본적인 요소인 워크아웃이라는 주제로 우리를 데리고 간다.

단순화를 위해 모든 워크아웃을 '능력'이라는 6가지 범주로 나눌 것이다. 주어진 능력에 속하는 모든 워크아웃의 강도는 비슷한데, 이는 필요한 파워 요구량도 거의 같다는 의미이다. 다음은 6가지 능력과 각 능력에 대한 워크아웃의 예시이다. (이들 능력에 관한 자세한 설명을 나의 책 『사이클 트레이닝 바이블: 중·장거리 사이클 선수 훈련지침The Cyclist's Training Bible』, 『The Triathlete's Training

* 근섬유는 지근(ST)과 속근(FT) 두 가지 타입이 있다. 유산소 운동을 할 때에는 거의 지근섬유(ST)가 동원된다. 모든 사람의 ST 섬유와 FT 섬유의 비율은 다 다른데, ST 섬유 비율이 높으면 유산소 운동 종목에 두각을 드러내게 된다. 스포츠생리학 초기 연구에서는 트레이닝이 ST와 FT 섬유의 비율 변화를 일으킬 수 없다고 했지만, FT 섬유의 하위 형태에서 약간의 변화가 발견되었다. FT 섬유는 FTa와 FTb의 하위 형태를 갖고 있는데, FTa는 FTb보다 높은 유산소 능력을 갖고 있다. 훈련 시간이 길어지면 평소 유산소 운동 시에 사용되는 빈도가 적었던 FTb 섬유까지 동원되어 FTa 섬유의 역할을 하기에, 점차 일부 FTb 섬유가 FTa로 전환되는 일이 일어나게 된다는 것으로 알려졌다. 그런데 더욱 최근의 연구는 FT의 하위 형태가 2a, 2x, 2b 3개로 발견되었으며, 인간에게서는 2b 형태가 발견되지 않고, 인간이 유산소 운동을 했을 시에는 2x에서 2a로의 근섬유 변화가 일어난다는 것이 확인되고 있다. Jared Talbot과 Lisa Maves가 2016년에 《WIREs Developmental Biology》 저널에 발표한 논문 「Skeletal muscle fiber types: using insights from muscle developmental biology to dissect targets for susceptibility and resistance to muscle disease」 참조. https://doi.org/10.1002/wdev.230

Bible』, 『The Mountain Biker's Training Bible』에서 찾아볼 수 있다.) 7~10장까지는 종목에 따라 달라지는 각 능력의 미묘한 차이와 시즌 전반에 걸쳐 이러한 능력을 어레인지하는 방법, 즉 '주기화' 방법에 대해 설명할 것이다. 여기서는 능력의 개념을 소개하고 위에서 제시한 파워존과 능력 간의 관계에 대해서만 설명할 것이다. 이러한 워크아웃에 대한 더 자세한 예는 부록 A에서 확인할 수 있다.

유산소 지구력. 사이클리스트와 트라이애슬리트에게 유산소 지구력은 6가지 능력 중 가장 기본적인 능력이다. 모든 지구력 스포츠의 성공을 위해서는 유산소 지구력이 필수적이다. 유산소 지구력 워크아웃은 위에서 언급한 근육 대부분의 생리적 적응을 시작하는 데 매우 효과적이다. 이러한 워크아웃은 존 2, 혹은 존 3의 낮은 영역대에서 장시간 꾸준히 라이딩을 하는 것이다.

근력. 근력 또한 기본적인 능력이다. 근력 훈련의 목적은 페달에 힘을 가하는 근육의 능력을 향상시키는 것이다. 2장에서 파워는 힘 곱하기 속도의 결과(P=F×v)라고 했던 것을 기억해보자. 존 7에서 높은 기어(F)와 매우 낮은 케이던스(v)를 사용하여 매우 짧게 최대 노력을 반복하면 근력을 높일 수 있다. 흔한 워크아웃은 앉은 상태에서 53×14 같은 높은 기어비를 유지하다가 일어서서 8~12회 페달링을 하는 것이다. 이런 훈련은 필요한 힘을 높이기 위해 보통 언덕에서 진행한다.

근력 인터벌은 근육뿐만 아니라 관절, 특히 무릎에도 상당한 스트레스를 준다. 반드시 다리의 비정상적인 감각에 주의를 기울여야 하고, 어떤 이상한 감각이 느껴지면 바로 이 워크아웃을 중단할 대비를 해야 한다. 고강도 운동으로 원하는 결과를 얻으려면 근육이 완전히 회복되어야 하므로, 이런 강도 높은 반복 사이에는 3~5분 정도의 긴 존 1 회복 시간을 갖는 것이 일반적이다. 짧은 회복 시간과 피로는 훈련 효과를 감소시킨다.

스피드 스킬. 마지막 기본 능력으로, 스피드 스킬은 P=F×v에서의 v와 밀접한 관련이 있으며, 효율성과도 밀접한 관련이 있다. 초보와 고수의 일반적인 차이점은 후자가 페달을 더 부드럽게 밟는다는 것이다. 높은 케이던스로 리드미컬하고 힘들이지 않는 방식으로 페달에 힘을 가하는 것은 장거리 라이딩의 성공에 매우 중요하며 숙달되기 위해서는 수년간의 훈련이 필요하다. 나는 여태까지 낮은 케이던스로 페달을 뭉개거나, 엉성하게 페달링을 하는 높은 수준의 사이클리스트를 본 적이 없다. 페달을 부드럽게 회전시키는 능력은 최고 수준 라이더들의 공통적인 특징이다.

스피드 스킬 워크아웃은 일반적으로 고립된 다리 훈련과 높은 케이던스 스피닝과 같은 페달링 드릴drill(반복 연습)을 포함한다. 이런 페달링 드릴은 다른 능력에 중점을 둔 워크아웃에서의 워밍업이나 쿨다운에 포함시킬 수 있다.

파워 출력은 스피드 스킬 향상을 판단하는 좋은 척도가 아니다. 시즌 초반 몇 주 동안 페달을 뭉개면서 밟았다면, 점차적으로 더 높은 기어에서 케이던스를 높일 수 있어야 한다. 파워 출력은 근력과 스피드 스킬 훈련을 결합한 결과이다(다시 말하지만, P = F×v). 어떤 기어에서든 높은 케이던스가 의미하는 것은 당연히 더 큰 파워이다.

근지구력. 근지구력은 모든 지구력 종목에서 시합 성적과 밀접한 관련이 있는 고급 능력이다. 이 훈련의 목적은 위에 나열된 대부분의 생리적 적응, 특히 첫 번째 요인인 근육의 젖산 처리 능력을 향상시키기 위한 것이다.

여러분이 생각하는 것과는 달리, 보통 젖산lactic acid이라고 불리는 젖산염lactate은 피로의 원인이 아니며 근육통을 유발하지도 않는다. 그건 사라지지 않고 있는 신화다. 젖산은 운동 중 근육세포에 의해 생성되며, 실제로 근육에서 에너지를 생산하기 위해 재사용되어 페달을 계속 힘차게 밟을 수 있게 한다. 피로가 임박했다는 신호로 느끼는 타는 듯한 작열감은 격렬한 운동 중에 젖산이 근육에서 배어 나와 수소 이온이 혈액을 포함한 체액으로 방출되기 때문에 발생한다. 근지구력 워크아웃은 젖산을 재처리하여 더 많은 에너지를 생성하고 수소 이온을 빠르게 제거하는 근육의 능력을 향상시킨다.

근지구력 훈련은 존 3의 상단과 존 4에서 이루어진다. 존 3에서의 유산소 지구력 워크아웃과 근지구력 워크아웃의 차이는 파워존의 범위, 지속 시간 및 워크아웃 강도의 볼륨에 따라 달라진다. 근지구력은 존 3의 상단에서 유산소 지구력 훈련보다 더 길게 지속되고, 구간 범위도 더 큰 세션의 운동이다. 그리고 앞서 언급했듯이 근지구력은 존 4의 워크아웃 강도도 포함한다.

일반적인 근지구력 워크아웃은 존 3 상단에서 20분, 1구간에서 회복 5분 인터벌을 4회 반복하는 방식이다. 또 다른 방법은 존 4에서 6분, 존 1에서 90초 회복 인터벌을 5회 반복하는 것이다. 근지구력 인터벌은 언덕이나 평평한 지형에서 할 수 있다.

무산소 지구력. 이러한 고급-능력 워크아웃은 로드 사이클리스트와 산악 바이커에게는 매우 일반적인데, 이런 스포츠 레이싱에서는 FTP를 넘어서는 무산소성 노력이 자주 필요하기 때문이다. 트라이애슬리트는 최대산소섭취량을 개선하는 것 외에는 무산소 지구력 훈련을 할 가능성이 적다. 이 능력을 위한 워크아웃은 존 5와 존 6에서 이루어진다. 일반적인 세션은 존 5에서 3분, 존 1에서 3분 회복 인터벌을 5회 반복하는 것이다. 또 다른 방법은 존 6에서 30초, 존 2에서 30초 회복 인터벌을 5회씩 3세트로 진행하는 것이다. 세트 사이에는 존 1에서 5분 회복한다. 이 인터벌은 평평한 지형이나 언덕에서 할 수 있다.

스프린트 파워. 이 유형의 고급-능력 훈련은 로드 사이클링에서는 일반적이지만 다른 사이클링 관련 스포츠에서는 드물다. 그 이유는 도로 경주가 스프린트 피니시sprint finish로 마무리되는 경우가 많기 때문이다. 이 강도에서의 워크아웃은 집중적인 동기 부여가 필요한데, 많은 수의 근육을 모조리 동원하여 최대 파워를 내야 하기 때문이다. 그런 점에서 이 세션은 육체적으로도, 심리적으로도 큰 도전이다. 스프린트 파워 워크아웃의 예로는 존 7에서 딱 10번만 페달을 돌리고 5분 동안 회복하는 것을 5회 반복하는 것을 들 수 있다. 지형은 정해진 레이스에서 예상되는 상황에 맞게 다양하게 변경할 수 있다.

여기까지의 논의가 각 능력 발달을 위한 개별 워크아웃에 대한 설명이기는 하지만, 레이스의 요구 사항에 더 가깝게 시뮬레이션하기 위해서는 한 세션 안에서 개별 워크아웃들을 섞어서 수행하는 것이 좋고, 그것을 강력하게 제안하는 바이다. 이는 시즌의 강화기, 즉 A-순위 레이스 전 마지막 12주 정도 동안 매우 효과적이다. 예를 들어 워밍업 후 스피드 스킬 워크아웃을 포함해 무산소 지구력 인터벌, 안정적이고 긴 유산소 장거리 라이딩을 이어서 할 수도 있다. 여러 능력의 개발을 위한 워크아웃 조합 방식은 무궁무진하기에, 다가오는 레이스의 요구 사항에 맞게 개인의 창의력을 발휘하여 체력 요건을 맞추는 것이 가능하다.

이 6개 범주에서 설명하지 않은 유일한 다른 유형의 워크아웃은 회복과 테스트 진행을 촉진하기 위한 워크아웃이다.

회복. 상급자의 회복은 일반적으로 존 1에서 저강도로 라이딩할 때 가장 잘 이루어진다. 베테랑 라이더에게는 적극적인 회복이 소극적인 회복보다 훨씬 더 강도 높은 훈련으로의 복귀를 촉진하는 것으로 나타났다. 그러나 초보자는 정반대다. 초보자들은 회복일에 완벽하게 자전거에서 벗어나는 것이 훨씬 더 낫다. 그렇다고 해서 상급자가 하루도 쉬지 말아야 한다거나, 초보자가 가벼운 라이딩으로 회복해서는 안 된다는 뜻은 아니다.

측정. 훈련 시즌 내내 FTP를 최신 상태로 유지하려면 진행 상황을 자주 테스트해야 할 수 있다. 앞서 언급했듯이 테스트는 4~6주마다 수행되어야 하고, 사전 2~3일의 회복 시간을 두어야 한다. 물론 상술한 것처럼 테스트를 하지 않고도 FTP를 알아낼 수 있는 방법도 있다. 테스트를 실시하지 않더라도 몇 주마다 며칠 연속으로 회복하는 것은 도움이 된다.

이제 파워미터를 사용해 훈련을 시작할 준비가 되었다! 표 4.1을 사용하여 파워존을 설정하기만 하면 된다. 이제 이 장 앞부분에서 설명한 대로 자신의

FTP를 설정했다고 가정한다. 레이스나 테스트를 통해 FTP를 확인할 기회가 없었다면 추정 방법을 사용하라. 그러면 이제 이 장에서 설명한 유형의 워크아웃을 해볼 수 있게 될 것이다. 지금 바로 진지한 훈련을 시작하는 것이 불안하다면, 파트 III으로 건너뛰어 여러분이 현재 하고 있는 스포츠에 해당하는 장으로 갈 수도 있다. 파트 III에서는 준비하는 A-순위 시합을 위한 더 강하고 더 빨라질 수 있는 훈련 프로그램을 설계하는 방법에 대한 자세한 내용을 확인할 수 있다. 파트 III으로 건너뛰기로 했다면, 그 후엔 5장으로 돌아오라. 5장으로 돌아오면, 파워에 관한 몇 가지 아이디어들을 통해 훈련을 더욱 효과적으로 수행하여 레이스에서 더 빠르게 달릴 수 있는 방법을 배우게 될 것이다.

5

라이딩의 강도

이제 훈련 구간을 설정했으니, 파워에 기반한 워크아웃을 할 준비가 되었다. 이 장에서 나는 파워 이해의 다음 단계로 여러분을 안내할 것인데, 이건 바로 강도가 무엇인지 이해하는 것을 의미한다.

숙련된 사이클리스트의 경우 운동 강도가 무조건 훈련의 초점이 되어야 한다. 라이딩 길이가 중요하지 않다는 뜻이 아니라, 운동 강도가 더 중요하다는 뜻이다. 굳이 수치를 제시하자면, 레이스 체력의 약 60%는 운동 강도이고, 나머지 40%가 라이딩 길이라고 말할 수 있다. 얼마나 '힘들게' 훈련하는지가 레이스 퍼포먼스의 관건이다.

이 장에서 우리는 운동 강도를 파워와 관련하여 더 잘 이해할 수 있는 4가지 방법, 즉, 강도 지수Intensity Factor*, 피크파워 프로파일Peak power profiles, 페이스 조절pacing, 성냥match**에 대해 살펴볼 것이다. 먼저 자신의 워크아웃이 얼마나 '힘든가'를 생각해보는 것에서부터 시작해보자.

---

* 강도 지수(Intensity Factor): IF는 한국에서 사용되는 파워미터 장치에는 '강도 계수', 혹은 '운동 강도'로 표시되어 있다. 그러나 IF는 운동 강도를 나타내는 수치인 동시에, 전체 워크아웃의 내용을 결정하는 여러 사항 중의 한 요소(factor)이기도 하다. 이러한 이유로 같은 한자 문화권인 중국과 일본에

라이딩을 얼마나 힘들게 하는가?

상급 운동선수의 경우, 모든 훈련 프로그램에서 가장 중요한 요소는 운동 강도이다. 강도는 얼마나 오래 라이딩했는가를 말하는 것이 아닌데도 많은 선수들이 라이딩 시간을 더 훌륭한 체력을 향한 발전의 지표로 삼는다. 일주일에 얼마나 많이, 얼마나 길게 달렸는지는 개별 워크아웃의 강도보다 체력에 훨씬 적게 영향을 미친다. 강도를 정확하게 포착하면, 그냥 '허접하게' 많이 달리는 것보다 빠른 레이스라는 결과로 이어질 가능성이 훨씬 더 높다.

운동선수들이 발전의 지표로 지속 시간에 집중하는 이유는 아마도 쉽게 측정이 가능해서인 것 같다. 자전거에 달린 주행 기록계나 스톱워치만 있으면 되기 때문이다. 선수들이 운동 강도를 체력 발전의 척도로 삼는 것을 꺼리는 이유는 강도를 측정하고 정의하는 것이 훨씬 더 어렵기 때문이다. 여기서는 어떻게 파워를 사용하여 강도를 쉽게 설명할 수 있는지, 훈련 진행 여부를 측정하는 지표로 강도를 어떻게 사용하는지 보여주겠다.

강도 지수(IF)

만일 내가 표준파워(NP) 200와트로 90분 동안 라이딩을 했다고 말한다면 어떨까? 이것이 여러분에게 무슨 의미가 있을까? 나에게 쉬운 라이딩인지, 힘든 라이딩인지 알 수 있는가? 알 수 없을 것이다. 애초에 내가 얼마나 할 수 있는지를 여러분이 알지 못하면, 200와트의 의미에 대해 이해할 수 없다. 우리에게

서는 '강도 인자(强度因子)'라는 번역어를 사용하고 있다. 하지만 한국의 경우 '인자(因子)라는 표현이 오히려 해당 개념의 이해를 더 어렵게 하는 측면이 있기에, 'factor'의 의미를 다 담지는 못하더라도 '강도 지수'라는 번역어를 채택하였다. (기존에 사용된 '강도 계수'라는 번역어가 일본에서도 사용되기는 하지만, 계수는 비례 상수를 의미하는 표현이기에 번역어로 고려하지 않았다.)

** 성냥(match): match(매치)는 성냥의 의미와 시합의 의미를 동시에 갖고 있다. 때문에 영문 표현으로는 '성냥에 불을 붙이다', '시합에 불을 붙이다'라는 이중적인 의미로 인지되어, '매치(시합)에 완전 매치시켜서(성냥을 다 태워서) 불살라보자!'라는 의미로 감각된다. '성냥'이라는 한국어 번역으로는 이 이중의 의미를 살릴 수 없지만, 저자가 성냥이라는 재료로 강하게 불타오르지만 금방 꺼져버리는 '급가속 지속 파워'의 특징을 잘 설명하고 있기 때문에 성냥으로 번역했다.

는 비교를 위한 다른 수치가 필요하다. 파워미터가 있다면, 참조의 기준점은 기능역치파워(FTP)이다. 200와트를 나의 FTP와 비교하면 이 라이딩이 얼마나 쉬웠는지 또는 얼마나 힘들었는지를 알 수 있다. 그 결과 수치가 바로 나의 강도 지수(IF Intensity Factor)이다.

작동 방식은 다음과 같다. 나의 200와트 워크아웃을 FTP와 비교하기 위해 라이딩의 평균파워를 FTP로 나누면 내가 라이딩한 FTP의 비율을 구할 수 있다.* 예를 들어 내 FTP가 350이라고 가정해보자. 200을 350으로 나누면, 0.571이 나온다. 이건 내가 FTP의 57%로 라이딩했다는 뜻이고, 57%는 이 세션에서의 강도 지수가 되는 것이다. 따라서 이건 특별히 힘든 라이딩은 아니었다. 그러나 내 FTP가 227와트인 경우, FTP의 88%(200÷227=0.881)로 라이딩한 것이다. 그건 아주 힘든 워크아웃이다.

강도 지수를 사용하면 수행한 워크아웃이나 시합의 강도를 비교하거나 다른 라이더의 강도와도 비교할 수 있다. 그러면 자신이 얼마나 힘들게 라이딩했는지 알 수 있다.

강도 지수는 A-순위 시합의 예상 강도와 일치하는 워크아웃을 설계하는 데에도 사용할 수 있다. 표 5.1은 일반적인 시합 유형의 전형적인 강도 지수를 제안하여 이에 도움이 될 것이다. 시합 전 12주 동안은 워크아웃을 시합 예상 강도에 맞추도록 더욱 집중해야 한다. 이러한 모든 시합이 강도 지수가 비교적 안정적으로 유지되는 안정 상태 이벤트steady-state events는 아니라는 점에 주의하라. 독주 경기와 철인3종 경기는 안정적이지만, 도로와 산악자전거 경기

* 많은 한국의 독자들이 강도 지수(IF)의 산출 공식을 NP÷FTP로 알고 있을 것이다. 이 책의 135쪽에서도 NP÷FTP로 IF를 계산하는 것을 볼 수 있다. 그러나 FTP 개념의 창시자인 앤드류 코건은 FTP를 결정할 때 표준파워(NP)가 아닌 평균파워를 사용할 것을 강력히 제안한다. 코건 박사는 주행 지속 시간이 20분 이하일 경우, NP는 평균파워만큼 확실하지는 않다고 판단한다. 그렇기에 IF를 평균파워÷FTP로 산출하는 이 계산법은 옳다. 그러나 테스트의 상황을 고려할 때, 20분 동안의 평균파워와 표준파워는 거의 같은 수치이기에 IF 산출 공식으로 NP를 사용하는 것은 드문 일이 아니다. 또한 주행 시간이 20분 이상으로 길어질 경우에는 NP가 라이더가 생산하는 와트와 IF를 더 잘 반영한다. (IF의 산출 공식에 대한 추가 문의에서 저자인 조 프리엘이 직접 역자에게 답변함)

표 5.1 일반 시합의 강도 지수(IF)

시합 유형	일반적인 IF
철인(일반인)	0.60~0.70
철인(엘리트) 하프-철인(일반인)	0.70~0.79
하프-철인(엘리트) 장거리 도로 경기 산악자전거 마라톤	0.80~0.89
올림픽 및 스프린트 철인3종 경기 장거리 독주 경기 단거리 산악자전거 레이스	0.90~1.04
단거리 독주 경기	1.05~1.15

는 레이스 내내 엄청난 강도 변화를 동반한 급가속이 많다. 이러한 시합에서의 강도 지수는 극단적으로 높거나 낮은 파워의 평균이다. 이 변동성의 문제는 이 장의 뒷부분에서 다룰 것이다.

피크파워 프로파일

이제 파워를 사용하여 강도를 설명하는 또 다른 방법을 살펴보고, 이를 통해 훈련과 체력이 어떻게 진행되고 있는지 알아보자. 3장에서 파워와 시간은 반비례 관계에 있다고 말했다. 하나가 변하면 다른 하나는 반대 방향으로 변한다. 즉, 지속 시간이 증가하면 파워는 감소한다. 존 7에서는 몇 초 이상 머물 수 없지만, 존 1에서는 몇 시간이나 라이딩할 수 있다. 주어진 강도 수준에서 얼마나 오래 지속할 수 있는가는 사이클리스트로서의 당신에 대해 많은 것을 말해준다.

어떤 라이더는 1,500와트 이상의 매우 높은 강도로 몇 초 동안 스프린트를 할 수 있는 반면, 다른 라이더는 같은 시간 동안 절반의 스프린트 파워만 낼 수 있다. 그러나 낮은 스프린트 파워의 라이더가 300와트 이상으로 1시간 동안 라이딩할 때, 1,500와트 스프린터가 1시간 동안 250와트 밖에 감당할 수 없다면 결승선 저 멀리 뒤로 나가떨어지게 된다.

지속 시간 대비 파워는 체력과 퍼포먼스를 나타내는 훌륭한 지표이다. 주어진 시간 동안의 파워를 높일 수 있다면, 해당 시간에 더욱 핏하게 맞춰졌다고 안심하고 말할 수 있다. 특정 시간 동안 여러분의 파워가 다른 라이더보다 훨씬 더 크다면, 우리는 그 레이스에서 누가 우승할지 알 수 있다(물론 다른 모든 조건이 동일해야 함).

주어진 시간 동안 생성할 수 있는 최고의 파워를 '피크파워'라고 한다. 60분(P60), 30분(P30), 5분(P5), 1분(P1), 6초(P0.1)와 같은 일반적인 시간에 대한 개인별 피크파워 값이 있다. 여러분이 원한다면 특정 시간 당 피크파워를 세팅할 수도 있다. 이런 각각의 값은 운동선수로서 자신만의 고유한 것이다. FTP와 마찬가지로, 체력 변화에 따라 그 값이 변경된다.

이것은 흥미로운 문제를 야기한다. 라이더마다 고유한 피크파워 레벨이 있다면, 각 라이더를 정의하는 패턴 또는 프로파일이 반드시 존재할 것이다. 이 프로파일을 통해 현재 당신의 베스트 지속 시간이 얼마인지, 심지어는 정해진 지속 시간 동안 파워를 끌어올리기 위해 어떤 유형의 훈련이 필요한지도 알 수 있다. 40km 이벤트에서 잘 달리는 것이 당신의 목표라고 가정해보자. 그건 훈련의 초점을 P60 체력에 맞춰야 한다는 것을 의미할 것이다. 혹은 팀에서 당신의 역할이 스프린터일 수도 있다. 그렇다면 P0.1이 퍼포먼스에서 매우 중요하다. 이것을 차트에서 확인할 수 있다면 좋지 않을까? 정말 훌륭한 도구가 될 것 같지 않은가?

실제로 그런 차트가 있다. 이를 '파워 프로파일'이라고 한다. 각 라이더는 사이클리스트로서의 자신을 정의하는 데 도움이 되는 고유한 프로파일을 가지고 있다. 그림 5.1과 5.2는 다양한 피크파워를 가진 두 라이더의 프로파일을 보여준다. 이 차트는 전체 시즌 동안 해당 코스의 모든 시간에서의 최고 파워 출력을 나타낸다. 세로선(Y축)은 와트 단위의 파워로, 맨 아래 0으로 표시된다. 가로선(X축)은 시간이며, 왼쪽 끝에 1초로 표시된다. X축은 선형 보기가 아닌 로그 보기로 표시되는데, 대부분의 변화가 발생할 가능성이 있는 짧은

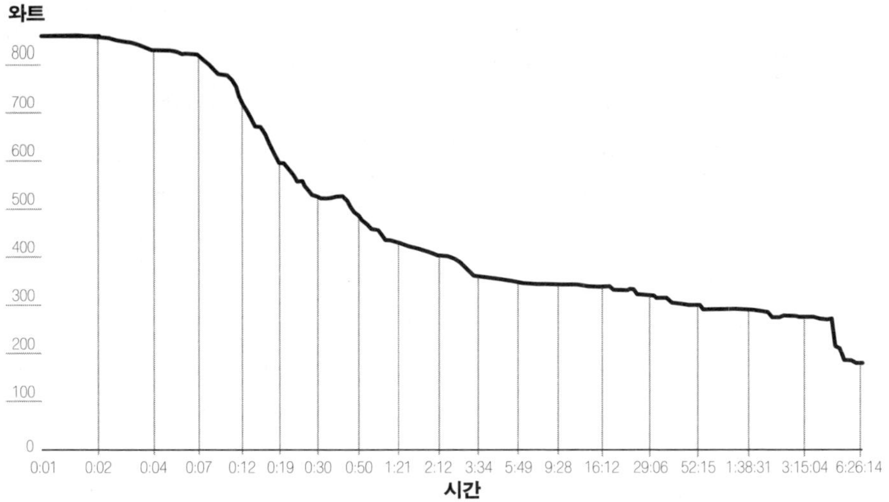

그림 5.1 프로 트라이애슬리트의 파워 프로파일

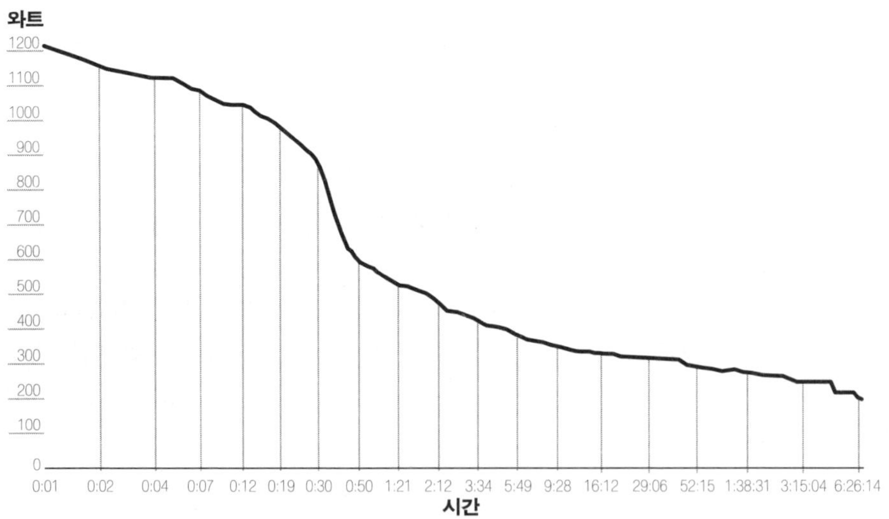

그림 5.2 로드 사이클리스트(카테고리 III)의 파워 프로파일

지속 시간을 더 강조한다. 처음 30분이 각 차트의 75%를 차지한다는 것을 알 수 있다. 라인이 높을수록 해당 시간 동안의 피크파워가 더 크다는 의미이다.

언뜻 보기에 이 두 차트는 매우 비슷해 보이는데, 둘 다 왼쪽은 지속 시간이 짧고 파워는 높고, 오른쪽은 지속 시간이 길고 파워는 낮다. 하지만 차트를 좀 더 자세히 살펴보면, 해당 종목의 요구 사항을 반영하고 있는 몇 가지 흥미로운 차이점을 발견할 수 있다. 그림 5.1에서 남자 프로 트라이애슬리트의 1초 피크파워는 약 860와트이고, 그림 5.2에서 남자 카테고리 III 로드 사이클리스트의 1초 최고 기록은 약 1,210와트임을 알 수 있다. 철인3종 경기의 결과는 스프린트 파워에 의해 결정되지 않지만, 도로 경기는 꽤 자주 그렇게 결정된다. 로드 사이클리스트는 이를 위해 훈련하며, 이는 그의 차트에서 명백하게 드러난다.

차트의 맨 오른쪽 끝, 약 4시간 30분에서 트라이애슬리트의 피크파워는 약 270와트, 로드 사이클리스트는 약 250와트라는 것을 알 수 있다. 다시 말하지만, 이는 해당 종목의 고유한 요구를 반영한다. 4시간 이상 파워풀하게 라이딩할 수 있는 능력은 철인 레이싱의 핵심으로, 특히 프로 레벨에서는 더 그렇다.

자세히 살펴보면 또 다른 차이가 있는데, 두 곡선의 모양이 분명히 다르다. 로드 사이클리스트의 그래프는 약 30초부터 급격하게 떨어진다. 트라이애슬리트는 약 7초에서 가장 큰 하락이 발생하는데 하락 폭이 그렇게까지 가파르지는 않다.

이러한 차이는 아마도 유전과 훈련의 자연스러운 조합의 결과일 것이다. 이러한 궁극적인 퍼포먼스 결정 요인의 정확한 배합은 모두가 짐작만 할 뿐이다. 유전은 바꿀 수 없지만, 훈련은 바꿀 수 있다. 예를 들어, 그림 5.1의 프로 트라이애슬리트가 로드 사이클리스트가 되기로 결심했다면, 차트 왼쪽의 낮은 지속 시간에 대한 훈련에 더 큰 비중을 두어야 할 것이다. 그건 짧은 인터벌과 폭발적인 스프린트 반복을 의미한다. 시간이 지남에 따라 로드 사이클리스트와 비슷하게 보이는 차트와 함께 파워 프로파일에서 체력 변화가 나타날 것으로 예상할 수 있다.

마찬가지로 여러분의 파워 프로파일은 지금 이 순간 사이클리스트로서의 당신의 모습을 반영하지만, 훈련으로 단련해 변형시킬 수 있다. 유전의 한계 안에서, 레이스의 요구 사항에 맞는 적확한 체력을, 적절한 강도 지수(IF)를 사용한 훈련에 집중함으로써 창조해낼 수 있다.

페이스를 얼마나 잘 조절할 수 있는가?

페이스 조절pacing은 가장 소중한 재화인 글리코겐을 소비하는 방법과 밀접한 관련이 있다. 글리코겐은 탄수화물의 저장 형태로 공급량이 제한되어 있다. 소비되는 글리코겐 저장량 보충에 능숙하다면, 글리코겐을 가득 채운 채로 레이스를 시작하게 될 것이다. 글리코겐을 가득 채운 상태는 개인의 신체 생리와 레이스 페이스에 따라 약 2시간 동안 지속될 것이다. 그 시간을 넘어서면 더 많은 당을 섭취해야 한다. 스포츠 드링크, 에너지 바, 에너지 젤, 에너지 블록 등 좋아하는 그 어떤 것이든 섭취하면 된다. 이러한 '외인성'(체외) 공급은 출발선 당시 근육과 간에 저장된 '내인성'(체내) 글리코겐만큼 신체에서 효율적으로 사용되지 않는다. 저장한 내인성 연료가 부족해지기 시작하면 피로 누적이 시작된다.

페이스 조절은 또한 신체의 산성화와 밀접한 관련이 있다. 파워 출력을 올릴 때마다, 신체는 더 많은 산을 생산하는데, 이것은 높은 강도에서 운동할 때 느끼는 작열감을 유발한다. 일정 시간 이상 FTP를 상회하게 되면, 많은 양의 산이 생성되어 레이스 후반에 피로를 느끼게 된다. 물론 얼마나 페이스를 잘 조절하는지에 따라 달라진다.

특정 시합에 대한 자신의 정확한 강도 지수(IF)가 얼마인지, 그래서 레이스에서의 파워는 어느 정도여야 하는지 파악했을 것이다. 그 레이스(독주 경기나 철인3종의 자전거 부분)를 시작할 때 여러분은 파워를 확인하고 미리 설정한 범위 내에서 파워를 유지할 것이다. 하지만 누군가가 여러분을 따라잡고 추월하기 때문에 잠시 속도를 높인다. 또는 언덕을 힘차게 오르기도 한다. 이러한 상황은 레이스 내내 반복적으로 발생할 수 있으며, 이러한 에피소드의 발생은 언제나 짧은 급가속을 동반한다. 게다가 여러 번의 가파른 내리막길에서도 목표 파워를 유지하려고 노력할 것이다. 곧 알게 되겠지만, 이것도 급가속이다.

급가속은 글리코겐을 낭비하고, 추가적인 산성화를 유발한다. 가속과 감속을 반복하면 꾸준히 라이딩할 때보다 더 빨리 달리지 못한다. 그럼에도 이러한 급가속은 불필요하게 아주 많은 글리코겐을 사용하게 하는 데다가 혈액의 산도를 증가시킨다. 레이스가 길어질수록 이 두 가지로 인한 피로 문제가 커진다.

하지만 당신은 목표했던 IF 범위에서 레이스를 완주했다. 그렇다면 왜 레이스의 마지막 부분에서 속도가 느려지고 고통스러웠을까? 자, 그건 여러분의 평균 IF가 적절한 범위(아마도 최고치 영역이었을 수 있는) 이내였음에도 불구하고, 페이스를 고르게 유지하지 못했기 때문이다. 경기의 후반부에서는 글리코겐이 부족해 근육이 산성의 바다에서 헤엄치고 있었을 것이다. 그것이 또 다른 고통의 구간인 것은 당연하다.

문제는 잘못된 파워로 달렸다는 것이 아니라, 지속적인 급가속으로 인해 레이스 내내 그 파워를 제대로 유지하지 못했다는 것에 있다. 따라서 안정 상태 레이스steady-state race에서 이러한 불안정한 라이딩을 식별하는 데 도움이 되는 도구가 필요해진다. 바로 변동성 지표(VIVariability Index)이다.

변동성 지표(VI)

독주 경기와 철인3종 경기 같은 안정 상태 레이스는 아주… 아주 정말 안정적으로 라이딩해야 한다. 레이스가 끝나면 표준파워(NP)와 평균파워를 비교한 변동성 지표(VI)를 확인하여 얼마나 안정적으로 레이스 페이스를 유지했는지 확인할 수 있다. NP는 라이딩 중 발생하는 신진대사 비용이나 피로감을 반영하여 표준화된 평균파워라는 점을 기억하라. 사실상 이 수치는 당신이 생성해내는 파워 스파이크에 더 많은 가치를 부여한다. 파워 스파이크가 많을수록, 그리고 그 스파이크가 클수록 NP는 높아진다. NP와 평균파워를 비교하면 스파이크가 발생한 부분을 분리하여 얼마나 안정적으로(혹은 불안정적으로) 라이딩했는지 알 수 있다. 이 비교는 NP를 평균파워로 나누어 계산하면 된다. 그 결과가 레이스, 워크아웃 또는 인터벌에서의 VI이다.

이해를 돕기 위해 예를 들어보자. 독주 경기나 철인3종 경기에 참가한 후 소프트웨어나 헤드 유닛의 시합 결과 수치를 확인하다가 자신의 NP가 256와트이고 평균파워가 245와트임을 확인했다. 이건 VI가 1.04(256÷245=1.04)라는 뜻이다. 좋은 건가, 나쁜 건가? 나의 일반적인 원칙에 따르면 안정 상태 레이스에서는 VI가 1.05 이하가 되어야 한다. VI가 1.0이면 완벽한 페이스 조절을 의미하는데, 그건 NP가 평균파워와 같다는 의미이다. 파워 스파이크가 거의 없고, 있었더라도 그 폭이 작았을 것이다. VI가 1.05를 초과했다는 것은 당신이 갑자기 파워를 급하게 올려서 에너지를 많이 낭비했고, 개괄적으로 말해 안정적으로 라이딩하지 않았다는 사실을 말해준다.

나는 얼마 전 지난 주말에 철인3종 경기를 끝낸 한 트라이애슬리트로부터 이메일을 받았다. 그는 자전거 시간 기록이 좋았음에도 불구하고 마라톤을 걸어서 완주해야 했기 때문에 낙담해 있었다. "뭐가 잘못되었던 걸까요?" 그가 물었다. 다행히 그는 파워미터를 사용하고 있었기 때문에, 나는 그의 시합 그래프를 볼 수 있었다. 그의 VI는 1.21이었다. 그건 언덕이 많은 1시간짜리 크리테리움에서 내가 예상하는 수치이다. 철인 자전거 부문치고는 너무 높은 수치다. 그는 레이스 내내 빈번하게 파워를 급하게 올리고, 에너지를 낭비하고, 많은 양의 산을 발생시켰다. 개피곤하다! 그가 마라톤에서 걷게 된 것도 당연하다.

VI는 도로 경기, 크리테리움이나 산악 바이크 이벤트처럼 일정하지 않고 다채로운 페이스로 진행되는 레이스의 분석과는 거의 관련이 없다. 이런 경기들은 본질적으로 매우 가변적이다. 이런 경기에서는 파워 스파이크와 급가속 없이는 안정적으로 라이딩할 수 없고, 경쟁자가 될 수도 없다. 당신의 VI가 낮다면, 그건 당신이 제일 마지막에 들어오는 사람이거나, 아니면 훌륭한 팀이 당신을 보호했다는 뜻이다.

그림 5.3과 5.4는 시합에서의 높은 VI와 낮은 VI의 예를 보여준다. 그림 5.4의 도로 경기 예시에서 모든 파워 스파이크를 보면 VI가 왜 그렇게 높은지

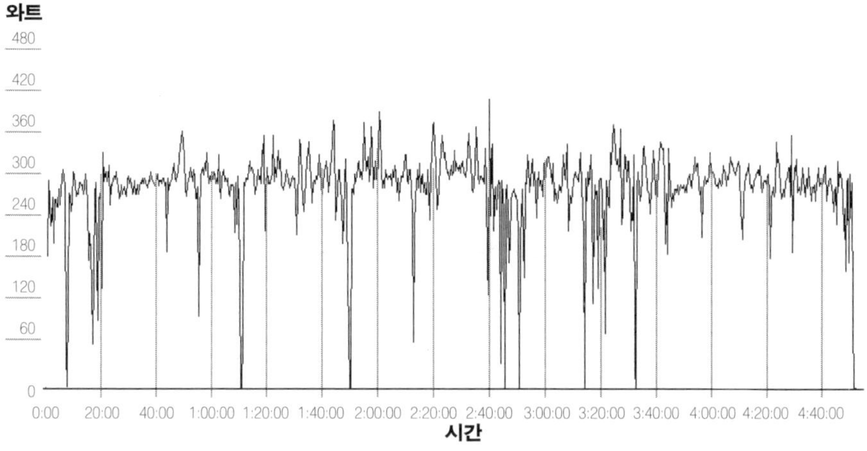

그림 5.3 철인3종 경기에서의 변동성 지표 예시. VI=1.04

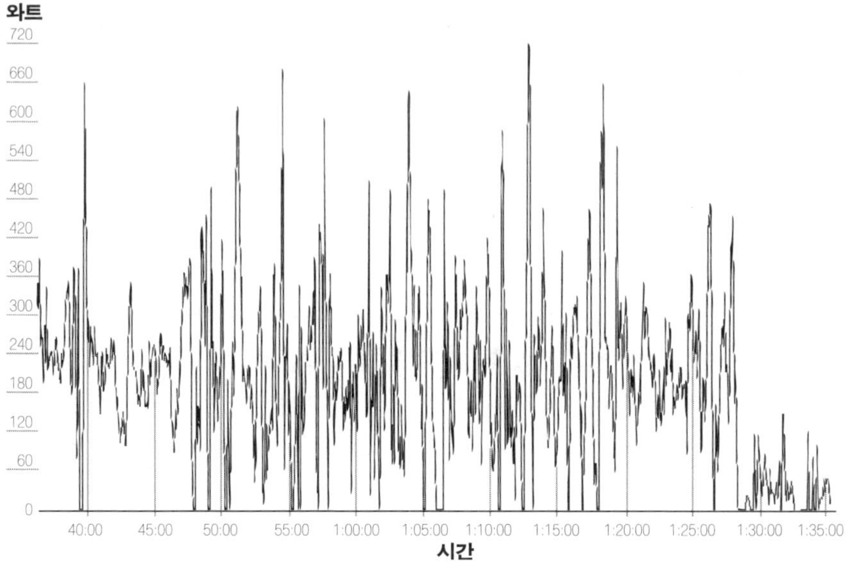

그림 5.4 도로 경기에서의 변동성 지표 예시. VI=1.31

쉽게 알 수 있다. 이와 대조적으로 그림 5.3을 보면서 트라이애슬리트의 파워 스파이크의 진폭이 얼마나 작은지, 얼마나 안정적으로 라이딩했는지 주목해 보라.

페이스가 안정된 시합

철인3종 경기와 독주 경기 선수들을 코치할 때, 나는 적절한 페이스를 유지하는 방법을 가르치는 것에 많은 훈련 시간을 바친다. 페이스 조절을 마스터하는 것은 어렵지만, 심박계나 운동 자각도를 이용하는 것보다는 파워미터를 사용하는 것이 훨씬 더 쉽다. 사실 파워미터로 하는 것은 거의 컨닝이나 마찬가지다. 안정 상태 이벤트에서 대부분의 선수들이 스타트를 너무 빨리 시작하는 반면, 파워미터를 사용하는 선수는 인풋보다 퍼포먼스와 훨씬 더 큰 상관관계를 갖고 있는 아웃풋을 모니터할 수 있다(시합에서의 인풋과 아웃풋에 대한 설명은 1장 참조). 시합 중에 사용할 파워 범위를 미리 결정하기만 하면 최고의 기록을 낼 수 있다. 파워 범위는 과거 경험을 추적하거나, 강도 지수(IF)를 사용하거나, 앞에서 설명한 대로 파워 프로파일의 피크파워 지속 시간 수준을 파악하는 것으로 주로 결정된다. 시합이 40km 독주 경기 또는 철인3종 경기인데 그 레이스가 약 1시간 정도 소요된다는 것을 알고 있다면, 레이스 내내 목표해야 하는 파워는 P60 정도라는 것도 알 수 있다. 사실 약간 더 높긴 한데, 대부분의 코스에는 오르는 데 몇 초가 걸리는 작고 구불구불한 언덕이 있고, 몇 분 동안 지속되는 가파른 오르막도 있기 때문이다.

한 트라이애슬리트가 철인 자전거 코스의 다운힐 구간에서 무엇을 어떻게 해야 하는지 물어본 적이 있다. 페달을 세게 밟아야 하는가, 천천히 밟아야 하는가, 밟지 않아야 하는가? 그것은 훌륭한 질문이었고, 적절한 페이스 조절의 핵심을 찌르는 것이었다. 페이스 조절은 저항력과 함께 가야 한다. 자전거가 빠르게 가거나 느리게 갈 때 얼마나 많은 바람 저항에 직면하게 되는가.

자전거는 속도가 선형적(예: 직선 방향으로 시속 32km에서 40km)으로 증가할수록, 더 빨리 달리는 데 필요한 파워가 기하급수적으로 증가한다. 이는 주로 공기 저항으로 인한 공기 역학적 저항력 때문이다. 그래서 시속 32km에서 시속 40km로 가는 것은 25%의 속도 증가에 불과하지만, 추가로 시속 8km를 달성하기 위해 필요한 에너지는 거의 2배로 증가한다. 속도가 증가하면 그 속도를 유지하기 위해 더 많은 에너지를 사용해야 하고, 증가한 역풍을 극복하기 위해서는 추가 에너지도 필요하다.

내가 왜 이런 이야기를 할까? 내리막길에서 속도가 증가함에 따라 페달을 밟지 않아도 되는 속도보다, 더 빨리 가려고 할 경우 추가되는 속도에 대한 에너지 '비용'이 막대하기 때문이다. 내리막길에서 페달을 세게 밟아 아주 빠르게 달리려고 하면, 소중한 탄수화물 저장고가 바닥나고 수소 이온이 증가해 혈액의 산성도가 높아지게 된다. 이 동작을 반복하면 곧 몸이 따라잡히게 된다. 결국 에너지 낭비와 산으로 범벅된 근육으로 인해 속도가 느려질 수밖에 없다. 레이스를 낭비하게 된다.

속도 조절을 위해서는 기본적으로 코스의 빠른 구간(다운힐)에서는 낮은 파워로 쉽게 라이딩하고, 코스의 느린 구간(업힐)에서는 높은 파워로 강하게 라이딩하라는 오래된 격언이 있다. 따라서 내리막길에서 빠르게 라이딩할 때는 오르막에서 라이딩할 때처럼 많은 에너지를 소비하지 마라. 빠르게 달릴 때는 파워 출력을 억제하라. 이것은 이벤트가 길어질수록 더 중요하다. 즉, 40km 독주 경기나 철인3종 경기보다는 20km 독주 경기나 단거리 철인3종 경기의 내리막길에서 훨씬 더 강하게 달릴 수 있다는 것이다.

이러한 개념에 관해 내가 들은 최고의 조언은 운동 생리학자이자 철인3종 경기 코치인 앨런 쿠젠스Alan Couzens의 것이다. 그는 이것을 철인3종 경기 선수를 위한 '50-40-30-20-10 룰'이라고 못 박았다. 이 개념은 약간만 수정하면 모든 안정 상태 사이클링 스포츠에 적용된다. 표 5.2는 그의 룰에 대한 설명이다.

물론 계획한 속도가 시속 30km가 아닐 수도 있다. 그러나 개념은 같다. 자전거가 빠르게 달릴 때(다운힐)에는 에너지를 절약하고, 자전거가 느리게 달릴 때(업힐)에는 에너지를 소비하라. 표 5.2의 숫자는 시합 목표에 맞춰 수정할 수 있다. 목표가 시속 40km라면, 시속 30km를 40km로 대체하고 나머지 부분도 그에 맞춰 조정하라.

표 5.2 50-40-30-20-10 룰

시합 목표 파워가 약 30km/h의 평균 속도를 낼 것으로 예상될 경우	
이 속도에서는	이렇게 해야 함
50km/h 이상	관성으로 활주: 에어로 자세를 취하고, 페달링 정지
약 40km/h	목표 파워 이하로 파워를 낮추기
약 30km/h	목표 파워로 안정적으로 라이딩
약 20km/h	목표 파워보다 조금 더 세게 페달 밟기
약 10km/h	목표 파워를 훌쩍 뛰어넘기

출처: 앨런 쿠젠스의 허락을 받음.

표를 세팅하는 것은 쉬운 부분이다. 성공의 진짜 열쇠는 리허설이다. 시합 같은 라이딩을 나갈 때마다 매번 이 개념을 탑재하라. 오르막에서는 약간 더 강하게, 내리막에서는 약간 더 쉽게, 차트에 표시된 자신의 최고 제한 속도보다 더 빠를 때에는 관성으로 활주하기. 이렇게 하면 에너지를 절약하고, 자전거 부문에서의 속도를 향상시킬 수 있다.

성냥 불태우기(매치 버닝Burning Matches)*

지금까지 나는 안정 상태 이벤트에서의 파워 페이스 조절에 대해서만 설명했다. 페이스 조절은 크리테리움, 도로, 산악자전거 경기 같은 다양한 페이스로 진행되는 레이스에서도 중요한데, 완전히 다른 방식으로 중요하다.

* 성냥 불태우기[매치 버닝(Burning Matches)]: 앞서 설명했듯이 'match'는 '성냥'과 '시합'의 의미를 동시에 가지고 있기 때문에, 원문 표현으로는 '성냥을 불태우다', '시합에 버닝하다'라는 이중의 의미로 감각된다. '성냥(match)'이라는 표현이 어색할 수 있지만, 저자가 성냥의 물리적 특징을 들어 페이스 강도에 대해 설명하고 있기 때문에, 성냥이라는 개념을 사용하지 않으면 이 부분을 제대로 이해하기 어렵다. 성냥을 최대파워 스프린트로 생각하기 쉬우나, 성냥은 '특정' 레이스를 위한 급가속 파워의 지속 시간이라는 개념이다. 개인의 스프린트 최대파워 값은 고정되어 있지만, 성냥은 고정된 값이 아니며 구체적인 레이스의 상황에 따라 변화하는 값이다.

성냥과 다양한 페이스의 시합

다양한 페이스의 시합에서 에너지 소비는 독주 경기나 철인3종 경기에서 흔히 볼 수 있는 양상과는 다르다. 도로 경기, 크리테리움, 산악자전거 레이스는 '다양한 페이스'로 이루어지는데, 이는 경기 내내 파워 출력이 크게 변화한다는 의미이다. 이러한 이벤트에서 특정 순간의 파워는 다른 사람들의 기록과 지형에 따라 크게 달라진다. 안정적으로 타면서 이런 레이스의 우승 경쟁자 contender가 되기를 기대할 수는 없다. 그룹이 속도를 높일 때 그룹에서 이탈하지 않고, 오르막에서의 파워 급상승을 잘 맞추는 것은 결과에 매우 중요하다. 위에서 설명한 것처럼, 이러한 레이스에서는 높은 변동성 지표(VI)를 예상해야 한다.

그런 의미에서 다양한 페이스의 시합에서는 스타트를 너무 맹렬하게 하게 될 가능성이 있다. 출발선에서 많은 긴장감을 경험하게 될 것이다. 출발 신호가 울릴 때 앞으로 치고 나가 잦은 급가속을 계속한다면 곧 녹초가 될 것이다. 이러한 모든 시합에서는 감정을 조절하는 것이 성공에 매우 중요하다. 초반 몇 분으로 레이스에서 이길 수는 없지만, 확실하게 지는 것은 가능하다.

스스로 레이스 초반에 감정을 조절하더라도 다른 사람들은 그러지 못할 가능성이 확실히 높다. 여러 라이더들이 선두로 나서서 페이스를 끌어올리면 많은 급가속이 발생할 것이다. 시합 경험이 적은 그룹일수록 이런 일이 발생할 가능성이 높다. 레이스 후반부에서는 일반적으로 급가속이 덜 발생하지만, 결과에는 더 중요한 영향을 미친다.

이러한 급가속은 보통 기껏해야 몇 초에서 최대 몇 분까지만 지속된다. 급가속은 일반적으로 라이더가 코너를 빠져 나오거나 언덕을 오를 때, 또는 브레이크어웨이를 시도할 때 발생한다. 좋은 성적을 거두려면 반드시 이러한 급가속에 잘 대응하거나, 적절한 타이밍에 자신이 먼저 급가속을 시작할 수도 있어야 한다.

극한의 급가속은 '성냥'이라고 부르는 것이 적절한데, 왜냐하면 그것은 몇 개만 가질 수 있고, 일단 쓰면 바로 없어져서 사라져버리기 때문이다. 주어진 체력 내에서, 스타트 라인에 서 있는 그날의 주어진 성냥은 한정된 몇 개뿐이다. 그 성냥을 불필요하게 낭비하면 형편없는 레이스를 하게 될 것이다. 하지만 적절한 순간에 적절한 양을 불태우면 좋은 성적을 거둘 수 있다.

성냥을 완벽하게 불태우는 것의 시작은 자신의 성냥 버닝이 무제한이 아니며 성냥은 강도, 지속 시간, 양으로 정의될 수 있다는 것을 인식하는 것에서부터 출발한다. 급가속 파워는 얼마나 높은가? 그걸 레이스에서 얼마나 오래 유지할 수 있는가? 레이스에서 얼마나 많은 성냥을 태울 수 있는가? 라이딩 후 WKO+ 소프트웨어를 사용해서 분석하면 이 모든 것을 찾아낼 수 있다. 자세한 내용은 다음의 '성냥을 찾기 위한 WKO+ 설정 방법'을 참조하라.

자신에게 적합한 방식으로 성냥을 정의할 수 있다. 나는 이렇게 한다. 도

성냥을 찾기 위한 WKO+ 설정 방법

'Fast Find'라는 WKO+ 소프트웨어 기능을 사용하면 시합이나 워크아웃에서 불태운 성냥을 찾을 수 있다(이 기능은 WKO+ 소프트웨어에서만 찾을 수 있다). 방법은 다음과 같다.

스텝 1. 시합 그래프를 열고, 상단 메뉴의 EDIT에서 FAST FIND를 선택한다. 팝업 창이 나타난다.

스텝 2. RANGE OF INTEREST를 클릭해서 성냥을 체크하기 원하는 관심 범위를 선택한다. 그래프 전체(전체 레이스) 또는 일부만 선택할 수 있다.

스텝 3. 'equal to or more than'이라는 라벨이 붙은 자리에 성냥의 최소 사이즈를 입력하여 LEADING EDGE를 설정한다.

스텝 4. 스텝 3과 동일한 숫자를 LESS THAN에 삽입해 TRAILING EDGE를 설정한다.

스텝 5. MINIMUM DURATION을 성냥을 정의하는 시간으로 설정하라.

스텝 6. MAXIMUM DURATION을 성냥을 태울 수 있는 가장 긴 시간으로 설정하라. 몇 분이 될 정도로 꽤 길 수도 있다.

스텝 7. FIND를 클릭하면 설정에 맞는 성냥 막대가 그래프에 표시된다. 차트 오른쪽 열에 FINDS 목록으로도 표시된다. 그림 5.5는 이것이 어떻게 보이는지 보여준다. 파워, 심박수, 지형까지 볼 수 있다.

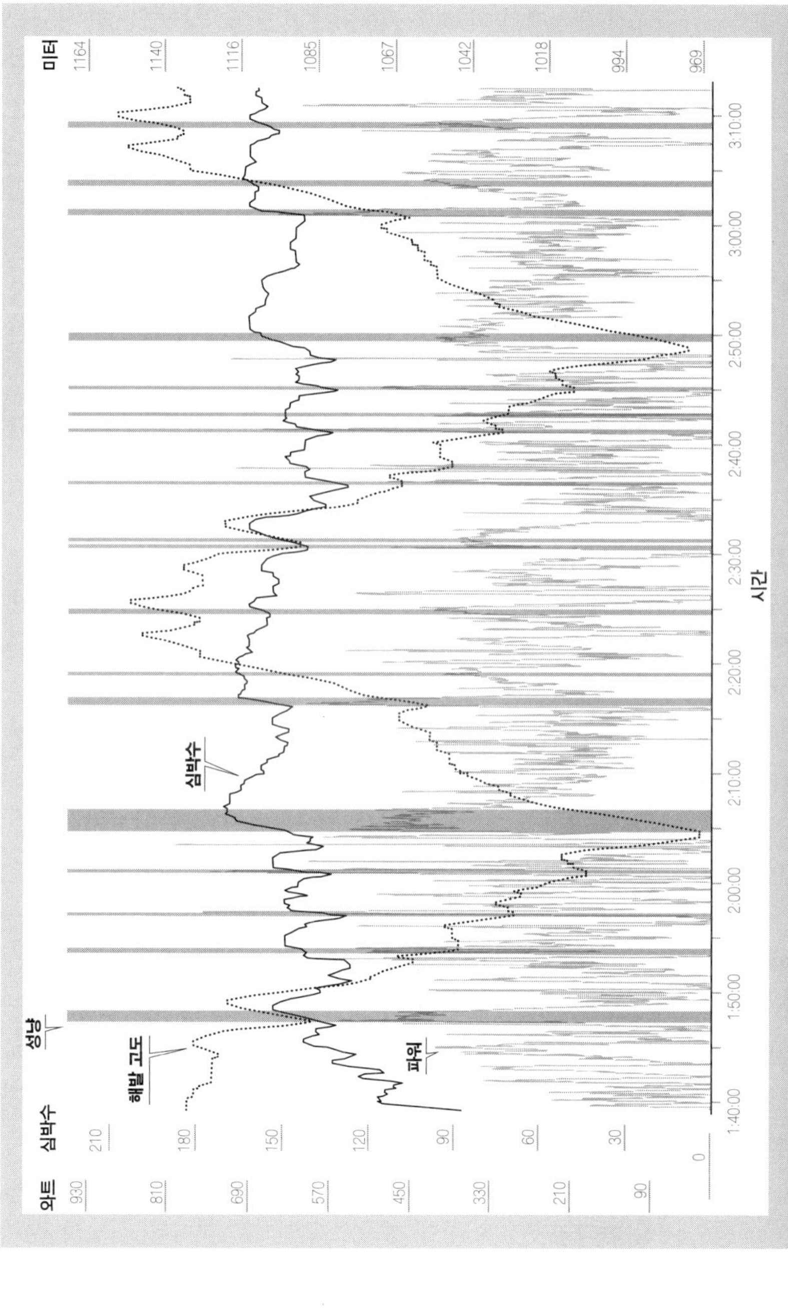

그림 5.5 도로 경기 | 그래프에서 발견된 성냥들(WKO+ 소프트웨어)

로 경기나 산악자전거 경기에서 나는 존 7(69쪽의 표 4.1을 보라)에서의 파워를 20초 이상 지속할 수 있는 급가속을 성냥으로 정의한다. 크리테리움에서는 라이더에게 누적적인 피해를 주는 짧은 급가속이 더 많이 발생할 수 있기 때문에 존 7 파워 10초로 단축해서 정의한다. 소프트웨어에서 이런 정보를 찾을 수 있다. 얼마나 많은 성냥을 태웠는지, 성냥이 평균적으로 얼마나 오래 지속되었는지, 가장 긴 성냥의 지속 시간은 얼마나 되는지, 평균파워는 얼마나 컸는지, 최고 파워는 얼마였는지가 그 검색에서 알고 싶은 정보일 것이다. 이 정보로 무장하면 더 많은 성냥, 더 긴 성냥, 더 큰 성냥을 불태울 수 있는 준비를 할 수 있도록 시합의 요구 사항을 모방한 워크아웃을 만들 수 있다. 또한 레이스의 페이스를 훨씬 더 잘 파악할 수 있는 감각을 갖게 되어 육체적으로뿐만 아니라 정신적으로도 준비될 것이다.

성냥과 안정 상태 레이스

독주 경기나 철인3종 경기에서도 성냥을 불태울 수 있지만, 이러한 유형의 레이스에서는 성냥의 정의가 훨씬 더 유연하다. 나는 보통 다양한 페이스로 달리는 시합에서는 성냥을 파워존 7로 정의하는데, 장시간의 안정된 레이스에서 그렇게 격렬하게 달리면 글리코겐 소모와 그로 인한 산성 과다로 인해 극심한 피로를 유발할 수 있다. 다양한 페이스의 레이스에서는 급가속 중간 중간 회복할 수 있는 기회가 있지만, 독주 경기와 철인3종 경기에서는 그런 기회가 없다. 레이스 내내 자신의 한계치에서 라이딩을 하게 된다. 존 7에서의 급가속은 '시합 중도 포기(DNF did not finish)'로 이어질 가능성이 높다.

이러한 경기에서 성냥은 일반적으로 언덕에서만 필요하고, 이벤트의 시간에 따라 정의된다. 내가 사용하는 가이드라인은 독주 경기 선수나 트라이애슬리트가 특정 시간 동안 자신의 목표 파워를 두 구간 이상 초과할 때 성냥을 태우고 있다고 정의하는 것이다. 설명해보겠다. 40km 시합에서 라이더는 대부분의 시간 동안 존 4에 머무를 가능성이 높으므로, 이 시합에서 성냥은 존 6이나 그 이상으로 잠깐 벗어나는 것이다. 철인 경기에 참가하는 트라이애슬리트가 존 2에서 경기를 한다면 존 4 이상을 성냥으로 인지할 것이다. 성냥의 길이

표 5.3 안정 상태 레이스에서의 버닝 구간, 버닝 지속 시간, 버닝 누적 시간에 의한 성냥 크기

레이스 목표 파워존	버닝 구간 (강도 상한선)	버닝 지속 시간 (다양할 수 있음)	권장 버닝 누적 시간 (다양할 수 있음)
존 4	존 6	1분 이하	5분 이하
존 3	존 5	2분 이하	10분 이하
존 2	존 4	5분 이하	20분 이하

는 정의하기가 좀 어렵다. 존 6보다는 존 4에서 훨씬 더 오랜 시간 지속될 수 있다.

표 5.3은 파워존을 기준으로 성냥의 길이를 정의하는 방법과 각 목표 파워존에서 예상되는 성냥 버닝 누적 시간을 제안한다. 표 4.1(73쪽)은 자신의 시합 유형에 적합한 '레이스 목표 구간'을 결정하는 데 도움이 될 수 있다. '권장 누적 지속 시간'은 제안 사항일 뿐이다. 주어진 파워존에서 레이스를 치를 때, 버닝 누적 시간을 더 길게 혹은 더 짧게 관리할 수 있다. 유감스럽지만 경험만이 이것을 판단할 수 있는 유일한 방법이다. 확실하지 않다면, 레이스에서의 버닝 누적 시간을 보수적으로 설정하라.

앞서 설명했듯이, 숙련된 라이더라면, 운동 강도가 레이스 퍼포먼스의 열쇠다. 이제 강도 지수(IF), 피크파워 프로파일, 변동성 지표(VI), 성냥의 개념과 같은 도구로 무장했으니, 4장에서 배운 시합 훈련에 대한 내용을 확장시킬 수 있게 되었다. 이제 진지한 훈련을 시작할 준비가 되었다!

6

더 강하게, 더 빠르게

운동선수들은 대체로 시즌 내내 훈련하는 것을 시합에 더 잘 적응하기 위한 방법이라고 생각한다. 나는 시즌을 약간 다르게 본다. 나는 훈련이 두 단계로 이루어지며, 각 단계마다 약간 다른 목적을 갖고 있다고 본다.

첫 번째 단계는 시즌 초반을 아우르는 기초기로, 1차 A 순위 시합에서 12주 이상 남은 시간이다. 이 시기는 전반적인 체력 관리를 할 때이다. '전반적'이라 함은 시합의 도전과제에 특화되지 않은 훈련을 의미한다. 웨이트 리프팅처럼 시합에서 요구되는 것과는 다른 훈련을 할 수도 있다.

두 번째 단계는 강화기이다. 이 기간은 시합 전 마지막 12주의 대부분을 차지한다. 이 시기에는 전반적인 체력이 시합에 특화된 준비상태로 전환된다. 이제는 단순히 체력을 단련하는 것이 아니라 더 빨라지기 위해 훈련하는 것이다.

이 차이가 사소하게 보일 수 있지만, 실제로는 그렇지 않다. 강화기에는 페이스 조절, 장비 선택, 지형 친숙화 등 체력의 생리적 척도에 거의 또는 전혀 영향을 끼치지 않는 많은 일들이 진행된다. 기초기에는 단지 전반적인 체력에 불과했던 것들이, 강화기에는 빠르게 달리기 위한 시합-특화 준비가 된다. 이 장에서는 기초기의 체력 강화fitness와 강화기의 '속도 강화fastness'에 대해 살펴보고, 파워미터가 이 두 기간을 최대한 활용하는 데 어떻게 도움이 될 수 있는지 알아보겠다.

기초기: 체력 개발하기

4장에서는 훈련을 정의하는 6가지 능력, 즉 유산소 지구력, 근력, 스피드 스킬, 근지구력, 무산소 지구력, 스프린트 파워에 대해 설명했다. 처음의 세 가지는 가장 기본적이고, 남은 기간 동안의 체력 수준을 결정한다. 기초기가 끝날 때까지 잘 발달되어 있어야만 한다.

6가지 능력 중 지구력 선수에게 가장 중요한 것은 유산소 지구력이다. 강화기에 더 빨라지기 위한 레이스 대비 훈련을 하기 전에 반드시 심폐 적응이 되어 있어야 하며, 이 유산소 체력의 기초를 쌓는 것이 기초기의 주요 목적이다. 그렇다면 유산소 지구력이, 즉 빠른 레이스를 위한 훈련 준비가 언제 최고점에 도달하는지 어떻게 알 수 있을까? 여러분의 파워미터와 소프트웨어가 이 질문에 답하는 데 도움이 될 수 있다. 이 장비들은 두 가지 중요한 지표를 추적하는 데 도움이 될 것이다. 첫 번째는 '효율 지수(EF Efficiency Factor)'이고, 두 번째는 '디커플링 decoupling'이다.

효율 지수(EF)

3장에서는 심박수와 파워의 관계에 대해 설명했다. 유산소 체력이 향상되면 심박수는 일정하게 유지되는 반면, 파워는 증가한다는 점을 기억할 것이다. 즉 시즌 초반에는 심박존 2에서 라이딩을 하면서 동시에 파워존 2에 속할 수 있다. 하지만 시즌 후반에 체력이 더 좋아지면, 파워존 3에서 라이딩을 하면서도 여전히 심박존 2에 있을 수 있다. 심박수에 따른 파워의 이러한 변화는 유산소 체력의 변화를 측정할 수 있는 특별한 기회를 제공한다.

유산소 운동 강도(젖산역치 이하)에서 파워가 증가한다면 이건 분명 좋은 일이다. 이는 노력을 동일하게 유지하더라도 예전보다 더 빨리 달릴 수 있다는 뜻이다. 이건 1장에서 설명한 아웃풋-인풋에 대한 논의로 우리를 데려간다. 아웃풋은 생산성, 즉 여러분의 성취를 의미한다. 바로 와트 단위의 파워다. 인풋은 노력, 즉 얼마나 열심히 하고 있는가이다. 인풋은 여러분의 분당 심박수이다. 아웃풋과 인풋을 비교하면, 즉 파워와 심박수를 비교하면 얼마나 효율적으로 라이딩하고 있는지 알 수 있다. 이는 자동차의 효율 등급, 즉 휘발유 1갤런(인풋)당 몇 마일(아웃풋)을 갈 수 있는지 이야기하는 것과 동일하다.

이제 이 개념을 적용해 (특히 기초기의 중요한 훈련 능력인) 유산소 지구성 체력aerobic endurance fitness 진행 상황을 측정해보자. 일단 유산소 체력이 잘 발달되면 다음 훈련 단계로 넘어갈 수 있는데, 이때 워크아웃은 레이스와 더 비슷해진다. 파워미터 이전에는 이러한 전환이 언제 이루어지는지 알 수 있는 길이 없었다. 라이더나 코치는 인지된 변화와 과거 경험만을 바탕으로 라이더의 유산소 지구력이 어떻게 진행되고 있는지 추측해야 했다. 하지만 이제 이것을 꽤 정확하게 측정할 수 있다. 효율 지수(EF)를 사용하는 방법을 보여주겠다.

유산소 지구력 워크아웃. 효율 지수(EF)는 특정 라이딩 유형에 대한 파워와 심박수의 비율 관계의 설정이다. 어떤 유산소 운동이라도 가능하다. 나는 시즌 초반에는 대부분 라이더들의 유산소(무산소가 아니다) 한계점에 있는 심박존 2를 사용하는 것을 좋아한다. 간단히 워밍업을 한 다음 심박존 2에서 정해진 시간 동안 꾸준히 타기만 하면 된다. 최소 30분에서 최대 4시간까지 아무 데서나 타면 된다(장거리 레이스는 더 오랜 시간 라이딩해야 하므로, 자신이 목표하는 A 순위 레이스에 맞춰 라이딩 시간을 설정한다). 파워는 신경 쓰지 마라.

라이딩을 마치면 표준파워(NP)를 해당 라이딩의 존 2 평균 심박수로 나눈다. 그 결과가 효율 지수다(TrainingPeaks.com의 분석을 이용하면 자동으로 계산된다. 표시된 운동 그래프에서 EF를 확인할 수 있다).

몇 주에 걸쳐 유사한 워크아웃의 결과비를 비교해보면 유산소 운동 효율의 개선을 측정할 수 있다. 신뢰를 위해서는 워크아웃이 아주 비슷해야 하기 때문에, 모든 변수가 비슷한지 확인해야 한다. 변수 목록에는 운동 전 피로 수준, 장비, 코스, 기상 조건, 고도, 운동 전 영양 섭취(특히 심박수에 영향을 미치는 카페인과 같은 각성제), 워밍업, 심지어는 운동하는 시간대까지 포함된다. 한 세션에서 다음 세션까지의 이 모든 것이 비슷할 때 정보가 더욱 가치 있게 된다.

이 워크아웃은 파워를 일정하게 유지하면서 운동을 마쳤을 때, 심박수가 어떻게 되는지 관찰하는 방법으로도 할 수 있다. 이 방법을 선택했다면 매번 같은 방식으로 수행해야 한다. 나는 반대 방법으로 하고 있는데, 라이더가 피로할 때 심박수가 감소할 수 있다는 연구 결과가 있기 때문이다. 심박수가 감소하는 것을 보면, 유산소 효율이 개선된 것 같은 확실히 잘못된 인상을 받을 수 있다. 그러나 피로가 쌓이면 파워가 증가한다는 연구 결과는 아직까지 없기 때문에, 나는 심박수를 일정하게 유지시키는 방법이 조금 더 안전하다고 믿는다.

또한 파워를 일정하게 유지하기로 결정한 경우에는 파워존을 사용하지 마라. 대신 기초기가 시작될 때의 존 2 파워에 상응하는 기준 와트를 사용하라. 존 2 파워로 일정하게 유지하기로 결정했는데, 기초기 기간에 FTP가 변한다면(당연히 그렇게 되어야 한다) 파워존도 변경된다. 그렇게 되면 더 높은 파워 출력으로 라이딩하게 될 수 있기에, 이전의 효율 지수 데이터와의 비교가 무의미해질 수 있다.

만일 유산소 과정이 잘 진행된다면, 효율 지수는 기초기의 몇 주 동안 상승할 것이다. 표 6.1은 내가 코치한 한 운동선수의 효율 지수 예시인데, 이 선수는 8주간의 기초기 동안 심박존 2의 하단에서 매주 라이딩을 했다. 각 라이딩은 2시간 동안 진행되었다.

첫 4주 동안 그의 효율 지수가 얼마나 꾸준히 상승했는지 주목하라. 이는 훈련에 대한 좋은 반응을 보여준다. 그의 유산소 지구성 체력은 확실히 개선되고 있다. 5주 차에는 효율 지수가 전주 최고치인 1.87에서 1.76으로 떨어지는 좌절이 있었다. 이는 드문 일이 아니다. 사실 이런 좌절은 종종 자주 발생한다. 한두 개의 부정적인 결과에 대해 걱정하지 마라. 그러나 수치가 반복적으로 떨어지면 위에 나열된 변수를 점검해보고 싶어질 것이다.

표 6.1을 더 자세히 살펴보면, 지난 3주 동안 효율 지수의 변화가 줄어들

표 6.1 기초기 초반, 존 2 유산소 역치 워크아웃의 주간 효율 지수(EF) 예시

날짜	효율 지수
12월 23일	1.63
12월 30일	1.67
1월 6일	1.70
1월 13일	1.87
1월 20일	1.76
1월 27일	1.88
2월 3일	1.90
2월 10일	1.87

었고 본질적으로 평준화되었음을 알 수 있다. 이러한 평준화는 유산소 지구성 체력이 피크를 찍었고, 이 라이더가 템포 라이딩을 포함한 더 도전적인 워크아웃으로 넘어갈 준비가 되었다는 좋은 신호이다.

스윗-스팟 워크아웃. 다양한 파워 훈련 개념을 개발한 앤드류 코건 박사는 FTP의 88~93%에서 수행하는 운동을 '스윗-스팟 워크아웃'이라고 부르는데, 그 이유는 이 특정 범위가 FTP를 키우는 데 특히 좋기 때문이다. 나는 스윗-스팟 라이딩에 유산소 워크아웃과 동일한 방법을 사용하는데, 안정된 상태로 쭉 타는 대신 긴 인터벌을 수행하게 한다. 나는 라이더에게 워밍업을 시킨 다음, 존 3의 상단과 존 4의 하단에서 20분 인터벌, 존 1에서 5분 회복하도록 한다.

이 스윗-스팟 워크아웃은 존 4의 강도로 인해 근지구력 운동으로 분류되지만, 이건 정말 상급 단계의 유산소 지구력 워크아웃이다. 나는 보통 존 2의 효율 지수가 안정화된 것(표 6.1의 마지막 3주에서 나타난 것과 같은)을 확인한 후 이 워크아웃을 사용한다. 유산소 지구력 운동과 스윗-스팟 워크아웃 사이에 몇 주가 겹칠 수 있다. 다시 한 번 강조하지만, 결과에 영향을 미칠 수 있는 변

표 6.2 기초기 후반, 스윗-스팟 워크아웃의 주간 효율 지수(EF) 예시

날짜	효율 지수
1월 23일	1.60
1월 30일	1.70
2월 6일	1.64
2월 13일	1.75
2월 20일	1.77

수를 반드시 통제해야 한다.

우리가 믿어왔던 오래된 훈련 상식과는 달리, 존 3은 유산소 체력과 FTP 개선에 매우 효과적이다. 나는 워크아웃에서 이 20분 인터벌을 딱 2번만 수행하도록 한다. 나중에 하프 철인이나 철인3종과 같은 레이스를 앞둔 마지막 12주 동안에는 한 세션에서 3~6개의 존 3 인터벌을 동일한 방식으로 수행하도록 하는데, 이는 이 인터벌이 그런 레이스와 아주 비슷하기 때문이다.

인터벌 세션에서 효율 지수를 결정하려면 약간의 시간과 계산기가 필요하다. 인터벌 구간의 표준파워(NP)를 더하고 이를 인터벌 수로 나누어 평균 인터벌 NP를 구한다. 각 인터벌의 심박수에 대해서도 동일한 작업을 수행한다. 이제 평균 인터벌 NP를 평균 인터벌 심박수로 나누어 세션의 스윗-스팟 부분에 대한 효율 지수를 구한다.

표 6.2는 스윗-스팟 워크아웃에서의 효율 지수의 예를 보여준다. 2월 6일 주에서 볼 수 있듯이 때때로 부정적인 진전이 있을 수 있다는 점을 다시 한 번 유의하라. 이것은 예견된 것이다. 훈련을 밀고 나가되, 가능한 한 많은 변수를 통제하는 데 두 배로 주의를 기울여라. 이 워크아웃에서 효율 지수가 안정화되기 시작하면 유산소 체력이 또 다른 최고치에 도달했음을 알게 될 것이고, 아마도 증가했을 FTP와 함께 훨씬 더 높은 수준의 훈련을 할 준비가 된 것이다.

디커플링Decoupling

디커플링은 유산소 지구력을 측정하는 두 번째 방법으로, 워크아웃이나 레이스 중에 발생하는 아웃풋-인풋 변화를 측정하는 방식으로 이루어진다. 디커플링은 여러 세션에 걸쳐 데이터를 수집하는 대신, 한 번의 라이딩으로 유산소 체력에 얼마나 도달했는지에 대한 가이드를 제공한다. 이 계량이 유용한 정보를 제공하기 위해서는, 워크아웃 전체 혹은 일부가 반드시 유산소 운동(젖산 역치 미만)이어야 하고, 꾸준하게(변동성 지표 1.05 혹은 그 이하) 진행되어야 한다. 다양한 유형의 라이딩 중 많은 요소가 심박수에 영향을 미칠 수 있기 때문에, 이 방법은 효율 지수(EF)보다는 다소 신뢰성이 떨어지는 지표이다. 그러나 나는 이 방법이 유산소 지구성 체력이 실제로 좋은지 아닌지 여부를 파악하는 데 좋다는 것을 발견했다. 계산은 꽤 걸리지만, 만일 trainingpeaks.com이나 WKO+ 소프트웨어를 이용한다면 이 어려운 일은 바로 끝난다. 두 가지 모두 워크아웃 그래프 페이지에서 'Pw: HR'로 디커플링을 표시한다.

이 소프트웨어는 워크아웃을 두 부분으로 나누거나, 혹은 선택된 워크아웃 일부(인터벌이나 안정 상태 부분)의 효율 지수를 비교한다. 전반부 효율 지수와 후반부 효율 지수의 차이를 전반부 효율 지수로 나눈다. 이렇게 하면 후반부 효율 지수의 증가 또는 감소율이 백분율로 표시된다. 기본적으로 이 숫자는 라이딩 중의 심박수 또는 파워가 얼마나 변동했는지를 알려준다. 체력이 좋지 않은 경우 떨어지는 정도가 커지는 것이 일반적이다.

파워와 심박수 관계에서의 모든 변화가 바로 디커플링이다. 첨부된 그림 6.1~6.4까지를 보면 심박수와 파워는 때때로 혹은 거의 평행coupled하거나, 전혀 평행하지 않음decoupled을 알 수 있다.

유산소 지구력 라이딩과 같이 운동 강도를 엄격하게 조절하지 않아도 되는 유산소 워크아웃의 경우, 나는 선수들이 디커플링을 5% 이하로 유지하는 것을 좋아한다. 간혹 마이너스 수치를 보게 될 수도 있다. 물론 이러한 수치는 5% 미만이기에, 워밍업이나 날씨와 같은 외부 변수의 영향일 수도 있지만, 좋은 결과로 간주할 수 있다. 효율 지수와 마찬가지로 고온, 카페인, 휴식 상태 등 심박수에 영향을 미치는 여러 변수들로 인해 디커플링이 발생할 수도 있

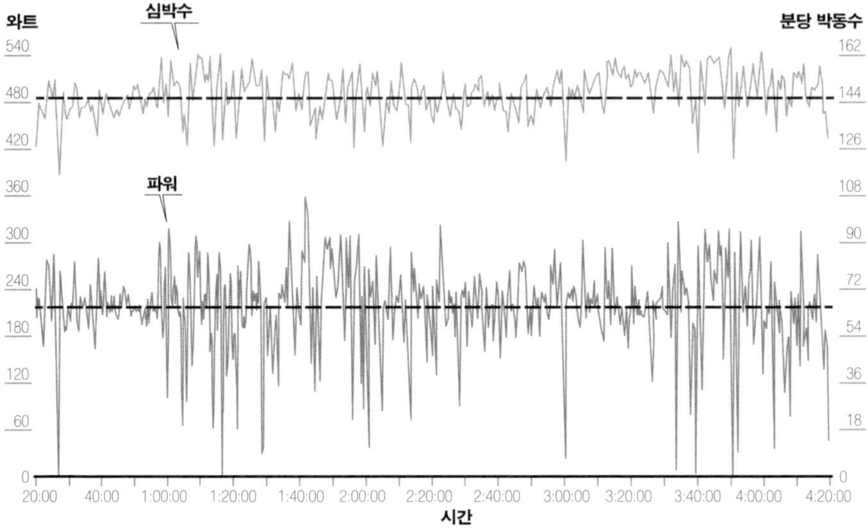

그림 6.1 20분 워밍업 후 심박존 2에서 4시간 라이딩, 디커플링 3%(유산소 지구력 꽤 좋음)

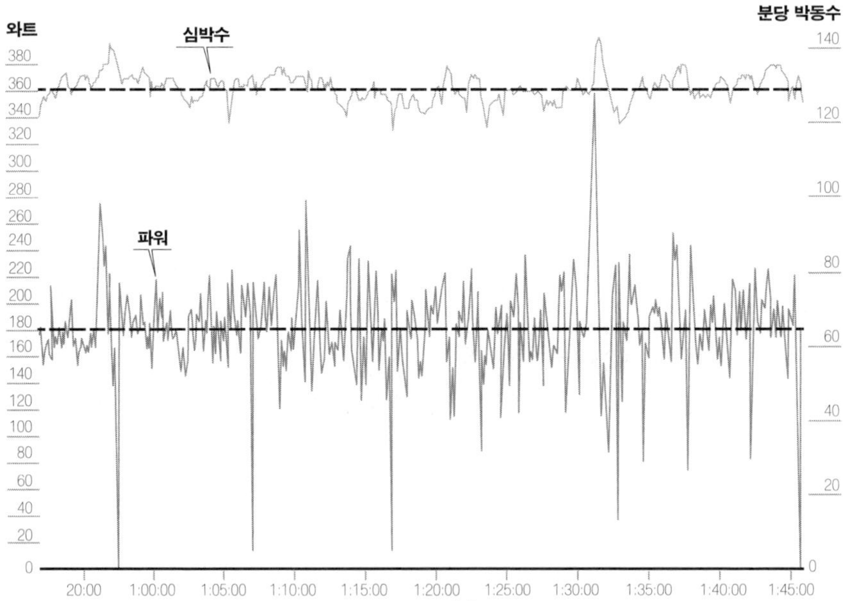

그림 6.2 2시간 유산소 지구력 라이딩, 디커플링 2% (견실한 유산소 지구력)

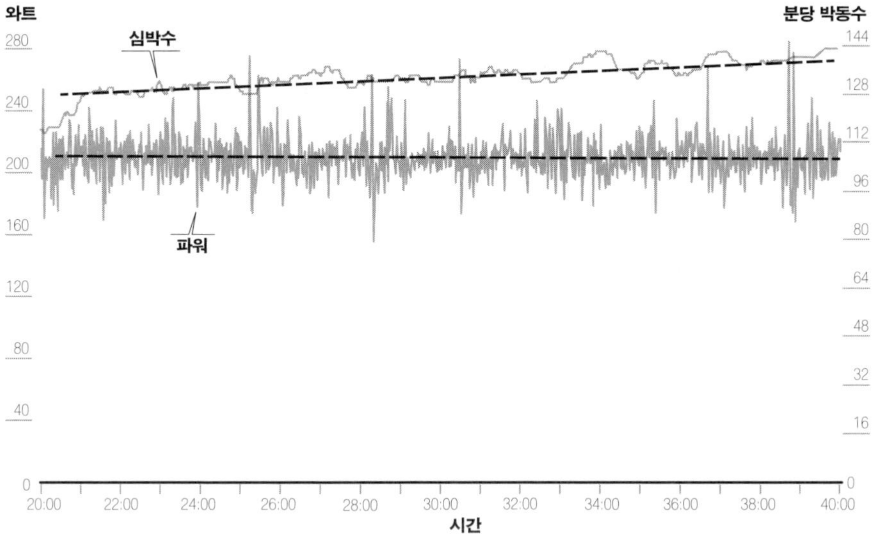

그림 6.3 20분 워밍업 후 파워존 3에서 20분 라이딩, 짧은 시간 동안 디커플링 5%(유산소 지구력 의심스러움)

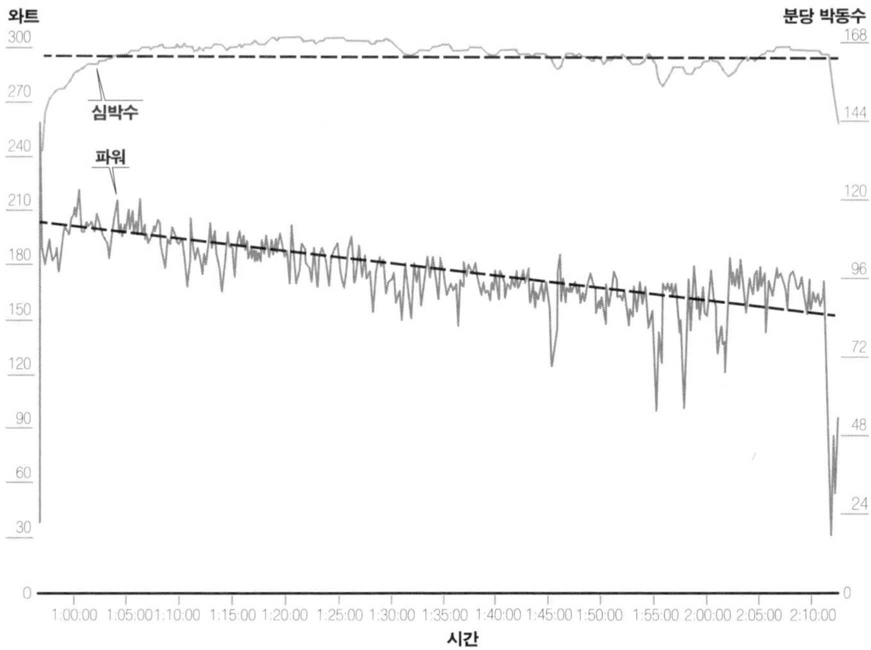

그림 6.4 1시간 워밍업 후 심박존 3에서 꾸준히 2시간 라이딩, 디커플링 8%(유산소 지구력 좋지 않음)

다. 디커플링을 유산소 상태를 나타내는 지표로 사용하려면 이러한 변수를 가능한 한 반드시 통제해야 한다.

일반적으로 안정 상태의 유산소 워크아웃에서 디커플링이 지속적으로 5% 이하로 유지된다면, 그 선수의 유산소 지구력은 견실한 상태라고 말할 수 있다. 예를 들어, 잠시 훈련을 중단한 경우 디커플링은 체력 손실을 반영할 것이다. 이것은 워크아웃 후반에 피로가 증가하면 심박수가 증가하거나, 파워가 떨어지거나, 둘 다 감소하는 것만큼 명백할 것이다. 어느 경우든 디커플링이 5% 이상이면 유산소 지구성 체력이 급격히 저하된 상태임을 나타낸다.

강화기: 빠른 레이스를 위한 준비

시즌 기초기가 지나면 전반적인 체력이 상당히 잘 확립되어 있어야 한다. 시즌의 이 시점에는 FTP가 몇 주 전보다 높아져야 하고, 효율 지수(EF)와 디커플링으로 표시되는 유산소 지구력도 높으면서 비교적 안정적이어야 한다. 이 모든 것이 A 순위 시합 12주 전에 제자리에 있어야 한다. 만약 그렇다면 딱 맞게 강해진 것이다. 이제는 레이스 준비에 대비하여 더 빨라질 때이다. 그러기 위해서는 훈련이 예상 시합의 요구 사항에 점점 더 부합해야 한다.

지금쯤은 알고 있을 것이라 생각하지만, 준비에 있어서 걱정해야 할 요소는 지속 시간과 운동 강도, 딱 두 개뿐이다. 예전에는 주행 거리와 노력만이 시합 훈련의 전부였다. 그러나 지금 파워미터를 사용하게 되면서 훈련 스트레스 점수(TSS)와 강도 지수(IF)가 중요해졌다.

A 순위 시합 전 마지막 12주 동안 개인별 훈련 세션이 레이스의 요구와 어떻게 관련되는지 설명하는 기본 요소는 강도 지수, 훈련 스트레스 점수, 성냥 버닝, 적절한 페이스이다. 시즌의 이 특정 준비 단계가 진행되어감에 따라 워크아웃은 점점 더 A 순위 시합의 강도 지수, 훈련 스트레스 점수, 성냥 버닝, 페이스 조절 요구 사항을 충족해야 한다. 이러한 요구 사항이 충족된다면 레이스 준비가 완료된 것이다. 이는 올바른 유형의 워크아웃을 하고 있는지 확

정하는 가장 기본적인 방법이다.

시합에서 가장 중요한 부분은 훈련에서 결정되고 시연된다. 철인3종 경기에서는 보통 언덕이 많은 구간이 이에 해당한다. 언덕은 도로나 산악자전거 레이스에서 시합 결과를 결정하는 중요한 요소이지만, 이러한 이벤트에서의 성공은 다른 라이더들의 행동과도 많은 관련이 있다. 이는 시합의 중요한 부분을 시뮬레이션해보는 그룹 라이딩의 필요성을 의미한다. 내가 코치한 두 명의 선수, 로드레이서와 트라이애슬리트가 시합의 특정 요구 사항에 어떻게 대비했는지 살펴보자.

도로 경기-특화 워크아웃

그림 6.5는 내가 코치한 선수 중 한 명이 USAC 마스터스 내셔널 도로 경기 코스에서 수행한 워크아웃 그래프다. 여기에는 워밍업 후 힘들게 라이딩한 부분

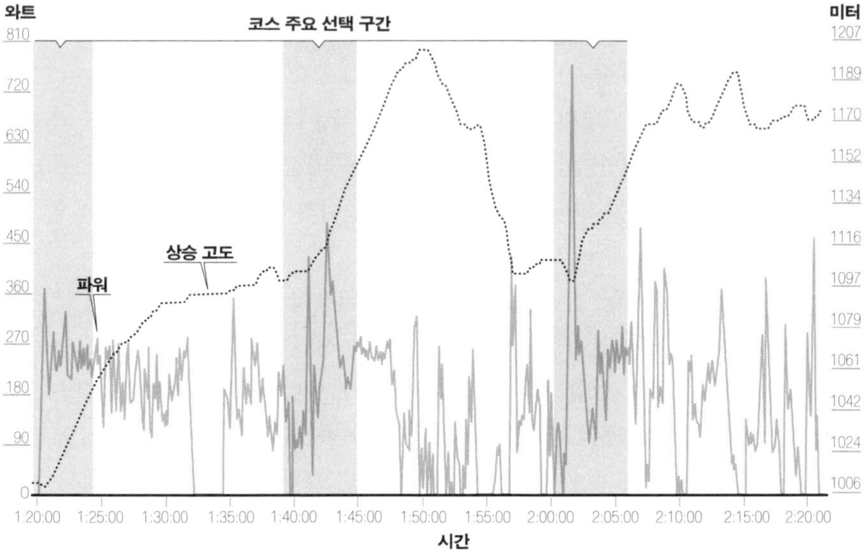

그림 6.5 예상 지점을 선택해 코스의 일부 구간을 시합 예상 강도로 훈련하여 도로 경기의 요구 사항에 대비하기(워크아웃 그래프에 표시된 구간은 시합에서 두 번 수행한 구간임)

만 표시되어 있다. 그는 시합 6일 전의 피크 기간 동안 이 워크아웃을 수행했기 때문에, 힘든 부분은 약 1시간으로 제한되었다. 이 워크아웃이 그룹 라이딩이었다면 레이스와 훨씬 더 비슷한 경험이 되었겠지만, 당시에는 그룹 훈련이 불가능했다. 하지만 그는 시합 전 시합 당일 예상되는 것과 비슷한 언덕 코스에서 그룹 라이딩을 하긴 했다.

그림 6.5는 시합과 비슷한 워크아웃에서의 해발고도 변화와 파워 출력을 보여준다. 여기 보이는 코스의 구간은 레이스에서 두 번 있었다. 우리는 각 랩lap(시합 중 브레이크어웨이가 일어날 법한 장소)에서 지형뿐만 아니라 결승선을 기준으로 한 시합에서의 포지션을 고려하여 3개의 선택 지점을 선정했다. 그 라이딩의 목적은 이들 지점에서의 예상 시합 강도를 리허설 해보는 것이었다.

이것으로 펠로톤을 깨려는 시도가 언제 이루어져야 하는지에 대한 우리의 예상이 옳았다는 것이 밝혀졌다. 이 라이더는 이것이 자신의 생애 최고의 도로 경기였다고 말했다. 우리의 성공은 부지런한 준비 덕분이었다.

철인3종 경기-특화 워크아웃

그림 6.6은 트라이애슬리트의 철인3종 올림픽-거리 사이클 경기(40km) 그래프이다. 이 그래프는 파워와 해발 고도를 보여준다. 언덕이 끔찍하게 가파르거나 길지는 않았지만, 이 레이스에서 중대한 역할을 했다. 하이라이트 표시가 된 가장 중요한 두 영역은 800~1200m 길이의 언덕으로, 경사도는 약 4%였다.

이 라이더는 시합 전에는 훈련 코스를 이용할 수 없었기 때문에 그녀는 집 근처에서 비슷한 언덕을 찾아냈다. 계획된 시합 파워로 이 언덕을 매주 반복해서 오르는 것이 시합 준비의 일부였다. 그 시합의 파워 레벨은 레이스 전체의 전반적인 표준파워 계획보다 높았고, 50-40-30-20-10 룰(표 5.2, 95쪽 참조)과 성냥 버닝 컨트롤을 기반으로 했다. 나는 그녀가 코스의 평지 섹션을 관리할 수 있다는 것을 알았지만, 선수들은 보통 업힐을 너무 열심히 한다. 업힐 워크아웃을 자주 반복하는 것으로 그녀의 시합 준비를 했다.

시합의 예정 강도 지수가 90~95%이기에 그녀는 대부분 존 4에 있게 될

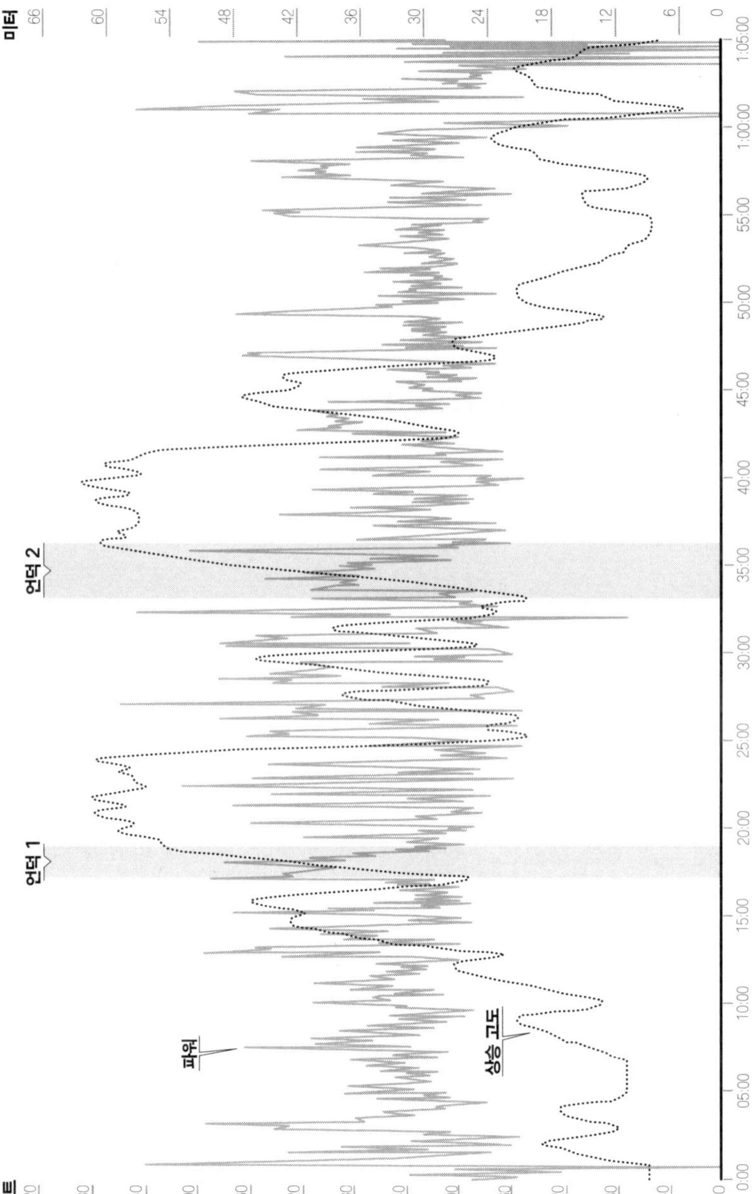

그림 6.6 철인3종 경기의 요구 사항 대비

것이다. 그래서 시합 전 마지막 12주 동안 그녀는 매주 존 4에서 근지구력 인터벌을 했다. 이 구간에서 레이스를 한다는 것은 철인3종 경기나 독주 경기에서는 존 5와 존 6에서 클라이밍을 해야 한다는 것을 의미한다. 그녀는 상한선(존 6)이 1분 이상 지속되어서는 안 된다는 것을 인지하고, 각 클라이밍 시간 동안 이 구간에 머물도록 훈련했다. 우리는 첫 번째 오르막은 약 2분, 두 번째 오르막은 약 4분 정도 걸릴 것이라 예상했다. 우리는 그녀의 집 근처에서 비슷한 언덕을 발견해 훈련 리허설에 사용했다.

시합 당일, 그녀가 긴장한 것 이외에 다른 새로운 것은 아무 것도 없었다. 파워미터가 없었다면, 그녀는 레이스 내내, 특히 초반 몇 분 동안과 각 오르막에서 감정에 휘둘렸을 것이다. 그러나 파워를 중심으로 계획을 세웠기 때문에 강도 관리는 쉬웠다. 그녀는 라이딩 내내 정확하게 강도를 측정했다. 시합에서 자전거 부분의 변동성 지표(VI)는 1.05였고, 이는 페이스 조절이 잘된 레이스를 나타낸다.

더 강해지고, 더 빨라졌는가?

앞서 몇 차례 언급했듯이, 시즌 동안 훈련은 일반적인 체력 준비에 중점을 두는 것에서 시합별로 특화된 준비에 중점을 두는 것으로 진행되어야 한다. 기초기의 일반적인 체력 훈련은 유산소 지구력 향상에 주로 맞춰져 있다. 일단 유산소 지구력이 잘 발달되면, 더 빠른 레이스를 위한 훈련을 통해 기초를 넘어 전진할 수 있는 준비가 된 것이다. 여기에는 페이스 관리, 클라이밍, 스프린트 파워, 무산소 능력을 향상시켜 더 크고 오래 지속되는 성냥을 만들기 위한 훈련 전략이 포함될 것이다. 파워와는 관련이 없지만, 시합-특화 훈련 전환에는 경쟁자와 그들의 레이스 스타일에 대한 지식, 시합 계획 수립, 시합 당일 영양 섭취 개선, 정신 무장, 장비 선택 등이 포함된다.

효과적인 훈련은 다양한 영역에서의 변화의 지표를 관찰하는 것을 의미한다. 다음은 한 시즌 동안의 워크아웃 분석을 통해 얻은 몇 가지 파워 지표로,

이것은 훈련이 더 강해지는 것에서 더 빨라지는 것으로 이동하면서 성과를 거두고 있음을 나타낸다.

FTP의 변화

체력 향상과, 더 빠른 레이싱을 위한 진행 상황을 측정하는 가장 기본적인 방법은 FTP의 변화를 추적 관찰하는 것이다. 변화가 긍정적이기를 바란다. FTP는 기초기 내내 상승해야 한다. 심지어 A 순위 시합 전 마지막 12주 동안에도 계속 상승할 수 있다. 그러나 기초기 동안 FTP가 빠르고 크게 상승했다면, 강화기 기간에는 큰 변화를 보지 못할 수도 있다. 괜찮다. 이제 관건은 더 빨라지는 것인데, 빨라지는 것이 언제나 FTP의 변화를 수반하는 것은 아니다. 시합 준비가 더 잘 되었다는 변화를 나타내는 다른 많은 파워 지표들이 있다.

파워존 분포의 변화

훈련이 기초기의 일반적인 체력 단련에서 강화기의 시합-특화 훈련으로 진행되고 있음을 간접적으로 보여주는 지표는 각 파워존에서 소요되는 훈련 시간의 변화이다. 그림 6.7은 주로 도로 경기를 하는 사이클리스트의 파워존별 분포를 보여준다. 그림 6.8은 하프 철인3종 거리에 집중하는 트라이애슬리트의 파워 분포를 동일하게 나타내고 있다. 기초기에는 두 종목 간의 파워존 분포에 거의 차이가 없다는 점에 주목하라. 사실 이러한 유사성은 모든 지구력 스포츠에서 공통적으로 나타난다. 기초기, 특히 기초기의 초기 단계에서의 훈련은 거의 항상 존 2 훈련에 집중된다.

그리고 여기 사이클링에서도 마찬가지다. 로드 선수와 트라이애슬리트 모두 존 2에서의 유산소 지구력 훈련에 집중한다. 그러나 강화기를 놓고 보면 그 차이는 확연히 드러난다. 로드 사이클리스트는 상위 구간(존 4~7)에서 더 많은 시간을 훈련하는 반면, 트라이애슬리트는 존 2와 존 3에 집중한다. 둘 다 모두 최후 12주간의 훈련에서 워크아웃을 점점 더 시합에 가깝게 만들면서 자신의 종목에 적합한 훈련을 하고 있다. 이는 두 선수의 파워 배분에도 반영되어 있다. 앞서 언급했듯이 도로 경기의 결과는 몇 초에서 몇 분 동안 지속되는

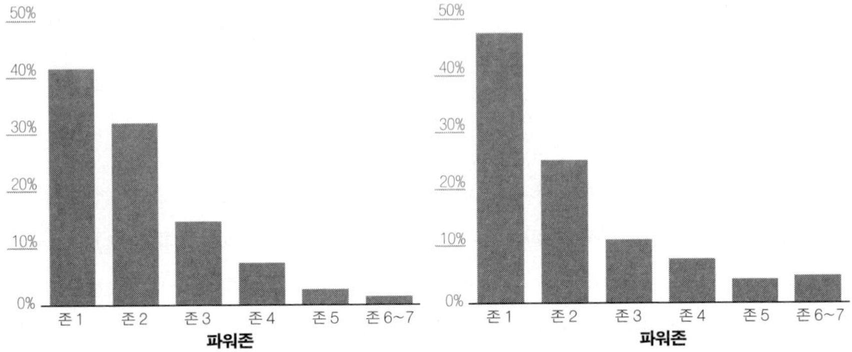

그림 6.7 로드 사이클리스트의 기초기(왼쪽)와 강화기(오른쪽) 파워존 분포

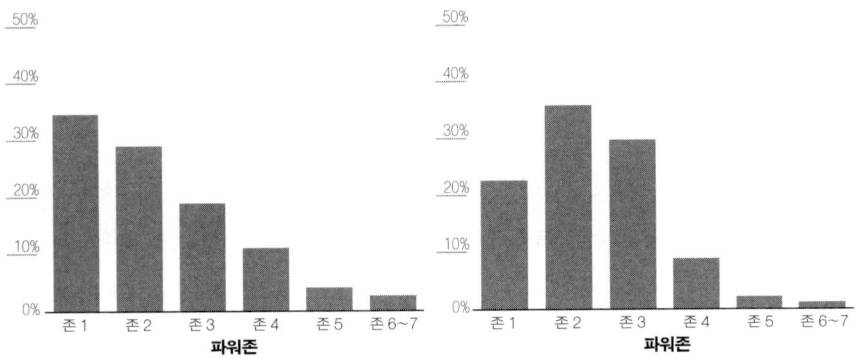

그림 6.8 트라애슬리트의 기초기(왼쪽)와 강화기(오른쪽) 파워존 분포

매우 짧은 순간에 일어나는 일에 의해 결정되는 경우가 많다. 이를 위해서는 높은 파워 출력이 필요하다. 이와는 대조적으로 하프 철인3종 경기 대부분의 연령 그룹age group 선수들은 존 3에서 레이스를 펼친다.

따라서 목표 시합의 요구 사항이 마지막 12주 동안의 훈련을 결정한다. 가장 기본적인 질문은 "어떤 파워존에서 시합을 하게 되는가?"이다. 이 질문의 답을 알면 강화기 동안 해야 하는 훈련의 초점을 정의할 수 있다. 표 4.1(73쪽)은 이 정보를 결정하는 데 도움이 될 수 있다.

체중당 와트의 변화

우리가 이야기하는 파워는 절대적이기도 하고 상대적이기도 하다. '절대적'이라는 의미는 다른 요소와는 관계없이 생산할 수 있는 최고 수치를 의미한다. FTP가 바로 그 예이다. '상대적'이라는 의미는 체중과 같은 어떤 것과 비교했을 때를 의미한다. 다음 섹션에서는 시합-준비 상태를 나타내는 지표로서의 절대 파워에 대해 설명하겠다. 하지만 지금은 체중 대비 상대적인 파워를 살펴보자.

언덕을 오를 때 체중은 매우 중요하다. 무거운 라이더가 주어진 속도로 언덕을 오르는 데는 가벼운 라이더보다 더 많은 절대 파워가 필요하다. 그건 당연하다고 생각한다. 사고실험으로 약 23kg 정도 되는 배낭을 메고 익숙한 언덕을 올라간다고 상상해보자. 평소에 그 언덕을 오르는 데 걸리는 시간보다 훨씬 더 많은 노력이 필요하다는 것은 의심의 여지가 없을 것이다. 배낭을 벗고 다시 언덕을 오르면 마치 날아가는 것처럼 느껴질 것이다. 반대로 배낭을 메고 언덕을 내려가면 더 빨리 내려갈 수 있다. 이제 중력은 여러분의 친구다.

중력이 퍼포먼스에서 중요한 역할을 수행할 때 무게는 실로 중요하다. 그러나 평지를 달릴 때처럼 중력이 결과에 덜 중요한 경우에는 무거워질수록 유리할 것이다. 그 이유를 살펴보자.

클라이밍 퍼포먼스의 주요한 결정 요소는 kg당 와트이다. 이때 체중 대비 얼마나 많은 파워를 생성할 수 있는지에 따라 기록이 결정되는 경우가 많다. 하지만 평지에서는 공기 저항 단위당 파워에 의해 퍼포먼스가 크게 좌우된다. 작은 라이더와 큰 라이더가 모두 에어로 포지션에 있을 때에는 공기 저항의 차이가 거의 없기 때문에 큰 라이더가 유리하다. 무엇보다도 큰 라이더가 일반적으로 작은 라이더보다 근육이 많은 무거운 다리를 갖고 있기 때문이다. 그건 보통 더 높은 FTP를 의미한다. 따라서 지형이 평탄할 때에는 절대적인 파워를 더 많이 낼 수 있는 큰 라이더가 확실히 유리하다. 그러나 오르막에서는 체중 대비 파워가 결과에 결정적인 영향을 미친다.

80kg의 라이더는 60kg인 라이더보다 5% 더 많은 힘을 내야 하지만 무거운 라이더가 훨씬 더 강하기 때문에 더 높은 기어를 쓸 수 있다. 평지에서

는 절대 파워가 왕이다. 그러나 중력 측면에서 볼 때 무거운 라이더는 무게가 33%나 더 나가기 때문에 언덕에서는 확실히 불리하다. 언덕을 오르는 것은 체중 대비 높은 파워를 요구한다. 만일 다른 모든 요인들(예: 체력과 장비)이 똑같을 때 이 두 라이더가 오르막에서 레이스를 펼친다면, 나는 작은 라이더에게 내 돈을 걸겠다.

언덕에서 얼마나 많은 파워를 생성할 수 있는지는 체중(kg)당 와트(w/kg)로 표시된다. 이건 체중이라는 결정적인 측정치를 포함하고 있기 때문에 절대 파워보다 클라이밍 능력을 더 잘 나타내는 지표다.

kg당 와트를 계산하려면 먼저 체중을 2.2파운드(1kg)로 나눠라. 예를 들면 176파운드 라이더의 체중은 80kg이고, 132파운드 라이더는 60kg이다(kg 단위를 사용하는 한국인이라면 이 부분을 건너뛰고 바로 FTP를 연결하면 된다: 역자 주). 그다음에 FTP를 연결하라. 큰 라이더의 FTP가 330와트라고 가정해보자. 이것은 클라이밍 때의 그의 kg당 와트가 4.1이라는 것을 의미한다(330÷80=4.1). 작은 라이더의 FTP가 265라면, 4.4w/kg으로 언덕을 올라가기 때문에 더 빠를 것이다. 다시 말하지만, 다른 모든 요소가 동일하고 이 두 라이더가 모두 자신의 FTP로 올라간다고 가정한다면 말이다. 따라서 그녀의 절대 파워가 약 20% 적지만, 그녀는 더 빨리 올라갈 것이다. 왜냐하면 그녀의 체중 대비 파워가 7% 더 크기 때문이다.

여기서의 결론은 클라이머로서 성장하려면 파워를 높이거나 체중을 줄여야 한다는 말이다. 초과 중량은 몸무게가 아닐 수도 있으며, 장비 무게일 수도 있다. 무엇에 기인하는지에 관계없이 0.7kg의 짐이 추가되면 언덕을 오르는 데 약 1.5와트가 추가로 더 들어간다. 지구력 선수들은 보통 강화기에 접어들 때쯤이면 체중이 약간 감소하기 때문에 클라이밍 향상을 기대해볼 수 있다. 체중이 그대로 유지되면서 절대 파워가 증가한다면 같은 일이 일어날 것이다. 바로 그곳이 우리가 가야 할 곳이다.

피크파워의 변화

5장에서 나는 피크파워의 개념을 소개했다. 피크파워가 30분(P30), 1분(P1),

또는 기타 시간 측정값에서 주어진 시간 동안의 최고의 와트값과 관련된 개념이라는 점을 상기해보라. 이 장에서 우리는 1초에서 몇 시간에 이르는 피크파워를 사용해 라이더의 최고 절대 파워값을 보여주는 파워 프로파일을 만들었다. 이 절대 파워값은 그 사람이 어떤 유형의 라이더인지 그래픽으로 설명해준다. 5장에서 나는 프로 트라이애슬리트와 카테고리 Ⅲ에 속한 로드 사이클리스트의 파워 프로파일을 제시했다. 다음 섹션에서 나는 시합 준비에 따른 파워 프로파일의 변화를 측정하는 방법에 대해 설명할 것이다. 하지만 지금은 피크파워를 시합-준비 상태를 나타내는 지표로 어떻게 활용할 수 있는지 살펴보겠다.

특정 유형의 시합에서 좋은 성적을 낼 수 있는 준비 상태를 나타내는 가장 좋은 지표 중 하나는 레이스에서 요구될 것으로 예측되는 일련의 시간 동안 얼마나 많은 절대 파워를 생성할 수 있는가이다. 예를 들어 도로 경기는 몇 초에서 몇 분 동안 지속되는 매우 짧은 순간에 승패가 결정되는 경우가 많다. 시합 당일이 다가올수록 P1이 증가한다면, 이는 해당 유형의 레이스에 대한 준비 상태를 나타내는 좋은 지표가 된다. 마찬가지로 트라이애슬리트나 산악바이커의 P30이 증가한다면 훈련이 제대로 진행되고 있다는 확신을 가질 수 있다.

피크파워의 변화를 추적하는 것은 시합-준비 상태를 측정하는 가장 훌륭한 방법이자 궁극적인 방법일 것이다. 더욱 강해지는 것, 특히 시합에서 성공할 수 있는 결정적으로 중요한 범위에서 더욱 강해지는 것이 준비 상태를 나타내는 훌륭한 지표라는 것에는 의심의 여지가 없다.

그림 6.9와 6.10은 로드 사이클리스트와 트라이애슬리트의 피크파워 상윗값 10개를 보여준다. 두 레이스 모두 마스터스 레벨에서 이루어졌다. 로드 사이클리스트의 피크파워는 6초, 1분, 5분, 그리고 30분에 표시되어 있다. 전부 다 도로 경기에서 성공하기 위해 중요한 지속 시간이다. 트라이애슬리트의 피크파워는 철인3종에서 중요하지 않은 6초가 없다는 점을 제외하면 동일하다. 사실 트라이애슬리트의 1분 피크파워를 생략해도 비슷한 논의가 가능하지만, 비교를 위해 그대로 남겨두었다. 그림 6.9의 로드 선수부터 시작해보자.

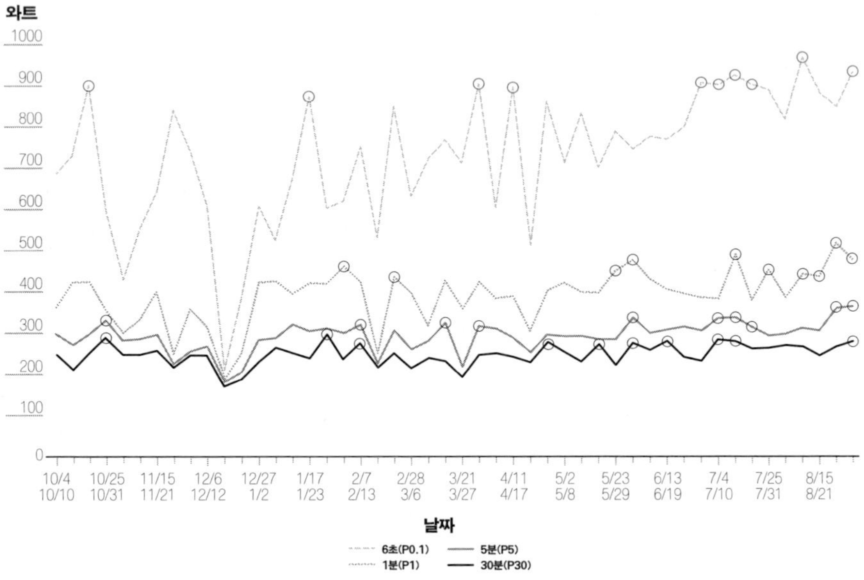

그림 6.9 마스터스 로드 사이클리스트의 카테고리별 주별 피크파워 상위 10개 값(원으로 표시)

그림 안의 동그라미는 시즌의 해당 시점까지의 각 기간 동안 라이더의 최고 파워 출력을 나타낸다. 그래서 동그라미들이 오른쪽으로 이동하는 것은 파워가 향상되고 있다는 것을 의미하므로 매우 좋은 일이다. 동그라미들이 모여 있는 것은 선수의 시합-준비 상태가 최고점에 도달했음을 보여주는 훌륭한 지표이다. 이런 원 무리는 중요한 시합 직전에 짧게 나타난다. 이 차트에 있는 동그라미의 절반은 대부분 직전 9주 동안에 나타난다. 따라서 이 선수는 현재 시합 준비가 상당히 잘되어 있는 상태이다. 시즌 초반인 차트 왼쪽에서는 분명히 그렇지 않았다. 동그라미도 거의 없고, 원 무리도 없다.

그림 6.10에서 볼 수 있듯이 트라이애슬리트의 최근 시합-준비 상태는 훨씬 더 좋다. 지난 11주 동안 거의 모든 상위 10개 피크파워가 매 기간마다 발생했다. 오른쪽에는 하나의 큰 원 무리가 형성되어 있다. 바로 시합을 할 때인 것이다.

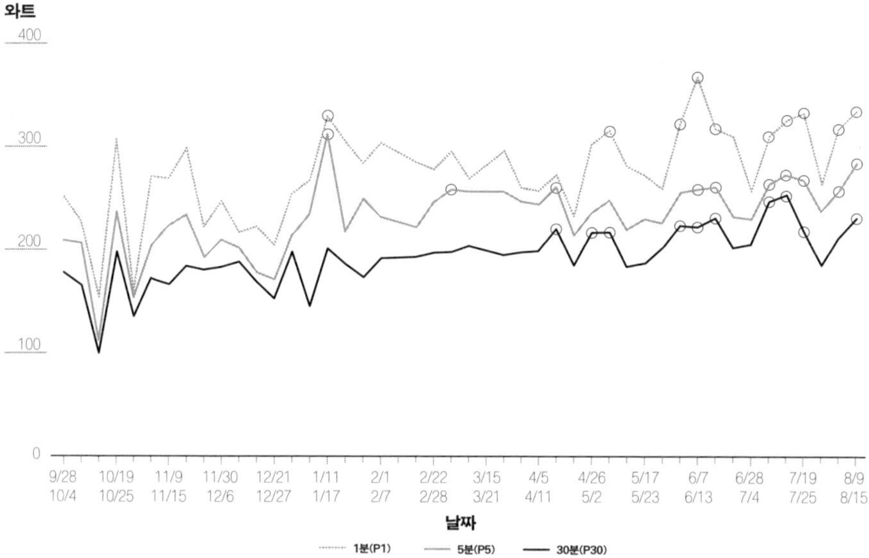

그림 6.10 마스터스 트라이애슬리트의 카테고리별 주별 피크파워 상위 10개 값(원으로 표시)

파워 프로파일의 변화

5장에서 설명한 것처럼 WKO+ 소프트웨어나 TrainingPeak.com을 활용하면 파워 프로파일을 설정해 현재 시즌의 피크파워를 이전 시즌 또는 현재 시즌의 기초기 및 강화기와 같은 다른 어떤 기간의 피크파워와도 비교해볼 수 있다. 나는 이것이 시간이 지남에 따라 얼마나 발전했는지 확인하는 데 특히 유용한 방법임을 발견했다. 이전과 비교하여 파워가 어떻게 변했는지 확인하는 것은 시합 목표를 향한 진전 상황을 파악할 수 있는 훌륭한 피드백이다.

이러한 변화는 지구력 향상, 또는 다른 말로는 피로 감소를 나타낸다. 파워 프로파일에서 중요한 부분이 개선되면(즉, 이전 프로파일에 비해 상승하면) 지구력과 피로에 대한 저항력이 향상되고 있는 것이다. 그림 6.11~6.14는 로드 사이클리스트의 파워 프로파일에서 이전 시즌(실선)부터 현재 시즌(점선)까지 발생한 변화를 보여준다. 이는 현재 시즌 동안의 본질적인 발전 상황을 보여

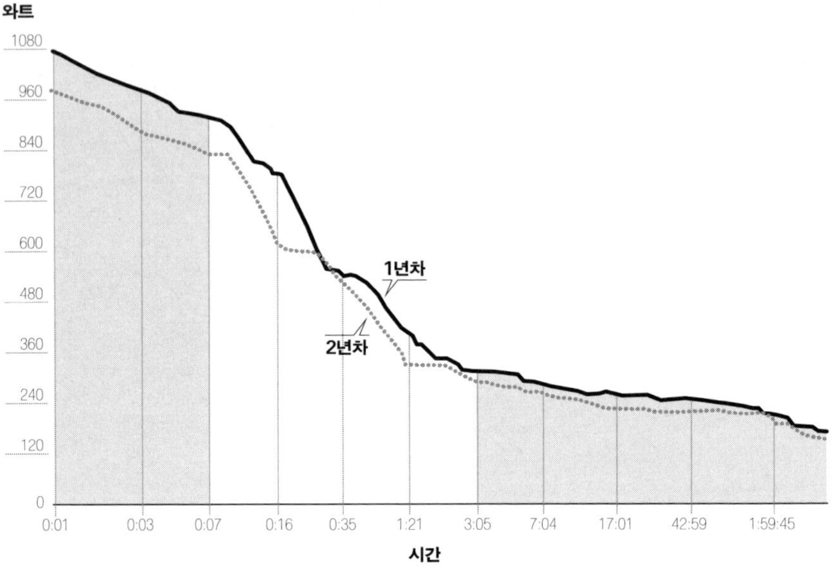

그림 6.11 1월의 파워 프로파일

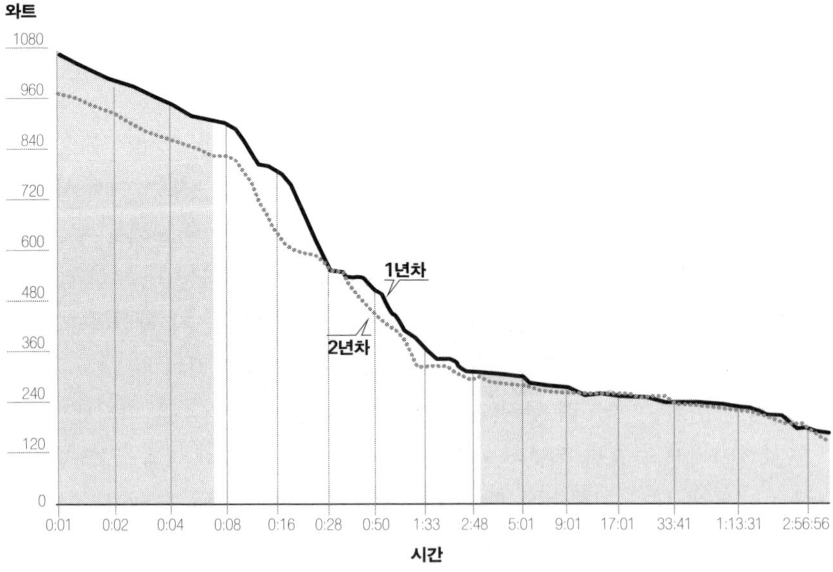

그림 6.12 4월의 파워 프로파일

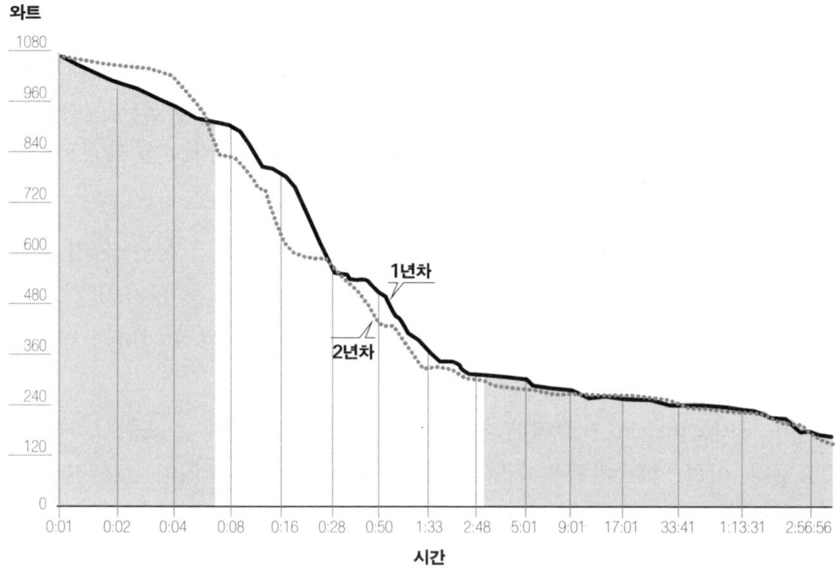

그림 6.13 5월의 파워 프로파일

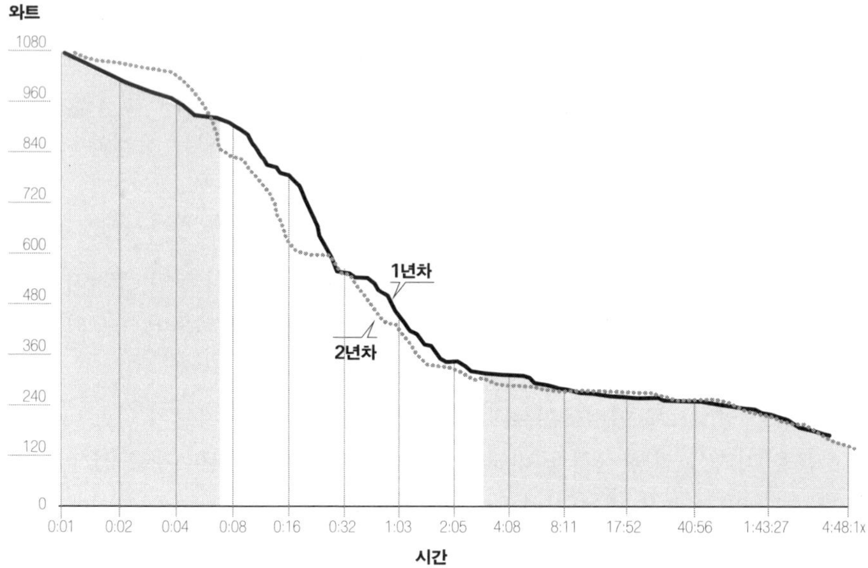

그림 6.14 8월의 파워 프로파일

주는 4개의 스냅샷이다. 그림 6.11은 1월 달의 프로파일이다. 그림 6.12는 같은 해 4월 달의 프로파일이다. 한 달 후인 5월 달의 프로파일 변화는 그림 6.13에 나와 있다. 그리고 마지막으로 시합 시즌이 끝날 무렵인 8월의 프로파일은 그림 6.14에서 볼 수 있다.

수평축, 혹은 X축에 걸쳐 있는 주어진 시간을 비교하면 시합-준비 상태가 어떻게 개선되고 있는지 확인할 수 있다. 예를 들어, 왼쪽 끝의 몇 초라는 매우 짧은 시간과 오른쪽 끝의 몇 시간이라는 긴 시간에서 일어나는 변화를 살펴보자.

이 사이클리스트는 크리테리움을 많이 뛰었기 때문에 스프린트 파워가 중요했다. 이는 차트 왼쪽에서 일어나는 변화로 확인할 수 있다. 스프린트 파워 변화에 대한 좋은 예가 바로 그림 6.13인데, 라이더의 4초 파워가 지난 시즌보다 훨씬 더 상승한 것을 확인할 수 있다. 5월(그림 6.13) 이전까지는 스프린트 파워에 변화가 크게 없다. 5월에는 이전보다 1초 파워(약 1,080와트)를 더 많이 낼 수는 없었지만, 4초 파워는 900와트에서 1,020와트로 증가했다. 이건 그가 예전보다 더 오랜 시간 동안 높은 스프린트 파워를 유지할 수 있게 되었다는 것을 의미한다. 이러한 변화는 더 긴 시간 동안 파워 생산을 강조하는 방식으로 훈련한 결과이다. 이 결과는 긴 스프린트가 성패를 좌우할 수도 있는 시합에 명백한 영향을 미친다. 그의 높은 4초 스프린트 파워는 시즌의 마지막 3개월 동안에도 변하지 않았다.

4월이 되면서 차트 오른쪽 끝 부분의 파워가 이전 시즌 최고치를 기록했을 때와 같은 수준으로 상승한 것을 주목하라. 이는 기초기 동안 장거리 훈련에 중점을 둔 것을 반영한다. 4월부터 8월까지 그 부분에서는 더 이상의 변화가 없다.

같은 방식으로 여러분이 참가하는 시합 유형에 따라 차트의 다른 중요한 부분을 따와서 진행 상황을 비교할 수 있다. 위 그림과 같이 시즌 간 비교를 할 수도 있다. 혹은 현재 시즌의 두 기간, 가령 기초기와 강화기 사이에 일어난 변화를 확인해볼 수도 있다. 또한 중요한 시합의 마지막 12주간의 빌드업을 이전 시합의 진행 상황과 함께 살펴볼 수도 있다. 옵션은 무궁무진하고, 이는 각종 다른 시기와 대조해 자신의 진행 상황을 측정할 수 있는 훌륭한 도구를 제공한다.

이제 기초기와 강화기 때 달성해야 할 목표가 무엇인지에 대해 확실히 이해했을 것이다. 파워미터와 소프트웨어는 훈련을 개선하고, 일반적인 체력과 시합별로 특화된 속도 향상 상황 모두를 측정하는 데 도움이 된다. 여러분은 파워미터를 구입하는 옳은 결정을 내렸다. 파워미터가 비싸다는 것은 알지만, 파워미터는 그 어떤 것도 할 수 없는 방법으로 시합 준비를 더 높은 수준으로 끌어올리는 데 도움이 되는 놀라운 도구이다. 다음 장에서는 파워의 관점에서 훈련에 대한 몇 가지 새로운 사고방식을 습득하여 퍼포먼스를 더욱 향상시킬 수 있는 방법에 대해 살펴보겠다.

7

하이 퍼포먼스를 위한 파워미터의 사용

이 장은 한 시즌에 두세 개의 A-순위 시합에 집중해서 최고의 퍼포먼스를 내고자 하는 상급 선수 또는 코치를 위한 것이다. 여기서는 최첨단 훈련 과학에 기반하여 하이 퍼포먼스를 위한 준비 관리 방법을 살펴볼 것이다. 이건 아주 심도 있는 내용이다.

훈련과 시합을 처음 접한 사람이라면, 이 장은 파워미터 사용법에 대해 필요한 이해를 넘어설 수도 있다. 그런데 그런 심도 깊은 내용은 이 장의 '파워와 주기화' 부분에 들어가기 전까지는 드러나지 않는다. 최고의 퍼포먼스가 여러분의 목적이 아니더라도, 즉 순전히 재미로 라이딩과 레이스를 즐기고 있더라도 여기까지의 내용을 모두 읽어보는 것을 강력하게 추천한다. 훈련에 대해 더욱 잘 이해하게 될 것이다. 물론 이 장의 후반부에 나오는 고급 부분부터 시작할 수도 있고, 언제든지 중단할 수도 있다. 그리고 아마도 미래의 여러분이 언젠가는 최고의 퍼포먼스에 대해 진지하게 고민하게 되고, 파워미터와 파워미터 소프트웨어에 대해 어느 정도 이해하게 되면, 이 장으로 되돌아와 모든 내용을 읽을 수 있다.

이제 진정으로 진지한 선수를 위한 미래의 훈련으로 가보자.

파워-훈련의 구성 요소

훈련을 정의하는 세 가지 요소는 다음과 같다. 바로 빈도, 지속 시간, 운동 강도이다. 투르 드 프랑스에서 경기하는 프로이든, 이제 막 괜찮은 라이딩 폼을 갖추고 싶어하는 풋내기이든 상관없이 워크아웃 루틴에서 변경할 수 있는 유일한 측면은 바로 이 세 가지이다. 이것이 새로운 소식은 아닐 거라고 확신한다. 이것은 훈련의 입문이다. 여기서 내가 하고자 하는 것은 이 기본 출발점 위에 구축하려는 것으로, 이 장이 끝날 때쯤이면 파워미터와 소프트웨어를 함께 사용하여 특정한 날의 중요한 시합에서 최고의 퍼포먼스를 낼 수 있게 될 것이다. 그러기 전에 먼저 훈련의 세 가지 요소에 대한 우리의 합의를 확실히 하자.

빈도

빈도는 얼마나 자주 라이딩하는가 그 이상도 이하도 아니다. 빈도는 훈련의 가장 기본 요소이다.

초보 사이클리스트의 경우에는 얼마나 자주 타느냐가 체력의 가장 큰 결정 요인이다. 얼마나 오래 타든, 얼마나 힘을 들여 타든지 간에 그저 자전거에 자주 올라타고 달리는 것이 핵심이다. 물론 이건 높은 강도나 장시간 라이딩을 의미하는 것이 아니다. 편안한 강도로 관리 가능한 시간만큼만 자주 타도 초보자는 꾸준한 향상을 볼 수 있다.

빈도는 숙련된 운동선수에게도 중요하지만 초보자만큼은 아니다. 그래도 정기적인 워크아웃을 빼먹으면 운동선수로서 어떤 수준에서든 더 강하고 더 빨라지기를 기대하기는 어렵다. 워크아웃을 게을리 해 일주일간의 라이딩 횟수가 줄어들게 되면 결국 체력은 상당히 떨어지게 된다. 최상위 레벨의 로드 사이클리스트와 산악 바이커는 보통 일주일에 6일은 탄다. 안장에서 보내는 시간의 한결같음은 퍼포먼스와 많은 관련이 있다. 흥미로운 점은, 워크아웃 횟수를 주 6회에서 7회로 늘리는 것이 체력 향상에 큰 영향을 미치지 않는다는 것이다. 그러나 6회에서 5회 빈도를 줄이면 상급자 라이더의 체력은 눈에 띄게 저하된다. 불공평하게 들릴 것이라는 것을 안다. 내가 발견한 체력이 작동하는 방식이 이렇다.

훈련 빈도는 트라이애슬리트에게는 커다란 도전이다. 숙련된 트라이애슬리트는 일반적으로 로드나 산악 자전거를 타는 숙련자보다 자전거를 덜 타는 편이다. 그들은 수영과 달리기 세션에 시간을 내기 위해 보통은 일주일에 4~5회 정도만 자전거를 탄다. 특히 철인3종 경기의 경우 자전거 구간이 완주 시간의 약 절반을 차지하기 때문에, 제한된 훈련 시간을 최적으로 활용하는 것은 멀티 종목 선수들이 직면한 가장 큰 난제이다. 예를 들어, 트라이애슬리트가 철인3종 올림픽 경기를 2시간 안에 완주한다면 자전거 구간은 약 1시간이다. 12시간 철인3종 경기의 경우 자전거 구간은 보통 6시간 정도면 완주할 수 있다. 나는 이것을 염두에 두어, 트라이애슬리트들이 그들의 주간 훈련 시간의 절반 정도를 자전거에 할애할 것을 강력하게 권장한다.

파워미터를 사용하든 사용하지 않든, 빈도는 효과적인 트레이닝의 핵심 요소이다. 빈도는 일주일 동안 훈련한 총 시간 또는 주행 거리인 '운동량volume'의 절반을 차지한다. 운동량의 나머지 절반은 워크아웃 지속 시간에서 나온다.

지속 시간

얼마나 오래 타야 하는가? 그 대답은 시합 종목에 따라 달라진다. 장거리 도로 경기, 철인3종 경기, 산악자전거 마라톤, 센츄리에 나가는 상급 운동선수들은 일반적으로 매주 1회 이상, 4시간 이상씩 라이딩을 한다. 이건 장거리 레이스의 혹독함을 대비하는 데 도움이 된다. 목표 시합이 더 짧으면 가장 긴 라이딩의 길이도 줄어드는 것이 일반적이다. 물론 레이스 거리에 관계없이 전날의 장거리 또는 고강도 라이딩에서 회복하는 데 도움이 되는 더 짧은 적극적 회복 라이딩이 있을 수 있다. 가장 긴 라이딩과 회복 라이딩 사이에는 일반적으로 더 높은 강도에 초점을 맞춘 워크아웃이 있다.

운동 강도

숙련된 사이클리스트에게 훈련이란 대부분 강도에 관한 것이다. 스포츠과학 연구는 이것이 진실이라는 것을 반복해서 보여주고 있다. 숙련된 운동선수로서 주간 운동량만 강조하면서 매주 낮은 강도로 장시간 라이딩만 한다면, 스포츠에서 자신의 잠재력에 가까운 성과를 결코 달성할 수 없을 것이다. 강도란 얼마나 중요할까? 내가 점수를 매긴다면, 나는 강도가 체력의 약 60%는 차지한다고 말할 것이다. 나머지 대부분은 핵심 워크아웃의 지속 시간에서 나온다. 주간 운동량은 아득히 먼 3위다.

이는 반드시 가장 높은 강도로 훈련하는 것을 의미하는 것이 아니라, 시합 강도에 가까운 라이딩, 특히 핵심 워크아웃에서 시합 강도에 초점을 맞춰 훈련하는 것을 의미한다. 핵심 워크아웃은 도전에 목적을 둔 훈련으로, 4장에서 설명한 6가지 핵심 트레이닝 능력과 관련된 체력의 일부 측면을 강화시키는 것이다. 가장 힘든 핵심 워크아웃은 언제나 시합의 지속 시간과 강도에 가장 가깝게 시뮬레이션 하는 것이다. 이는 또한 시합의 혹독함을 가장 잘 대비할 수 있는 워크아웃이기도 하다. 단순히 더 오래 라이딩하기 위해서 이러한 워크아웃의 강도를 희생해서는 안 된다. 그것은 좋은 트레이드오프가 아니다.

운동부하

운동부하workload는 빈도, 지속 시간, 강도를 합한 값이다. 단일 워크아웃의 경우 지속 시간과 강도의 조합으로 표현할 수도 있고, 일주일과 같은 특정 기간의 경우 이 세 가지를 모두 혼합한 것으로 표현할 수도 있다.

단일 워크아웃의 경우 지속 시간이나 강도가 증가하거나 감소함에 따라 해당 세션의 운동부하도 증가하거나 감소한다. 낮은 강도의 장시간 라이딩은 높은 강도의 단시간 라이딩과 동일한 운동부하를 생성할 수 있다. 그렇다고 해서 동일한 체력적 결과를 얻게 된다는 의미는 아니다. 체력은 그와는 별개로 목표한 레이스에 맞추어 운동 지속 시간과 강도를 어떻게 디자인하였는지와 관련이 있는 것이다. 그러나 세션의 운동부하는 지속 시간과 강도의 조합에 관계없이 동일할 수 있다.

주간 운동부하는 한 주간의 운동량(빈도+지속 시간)과 강도를 합산한 결과이다. 운동선수들은 일주일에 몇 시간 또는 몇 킬로미터를 달렸는가와 같은 순전히 양적인 측면으로만 운동부하를 생각하는 경향이 있다. 하지만 내가 여태까지 말했듯이, 그러한 생각은 가장 중요한 요소인 '강도'를 결여하고 있기 때문에 운동부하를 설명하는 가장 좋은 방법이 되기는 어렵다. 레이스 당일에 가장 큰 차이를 만드는 것은 몇 킬로미터를 달렸느냐가 아니라 그 킬로미터 동안 무엇을 하느냐이다.

운동부하는 하루, 일주일, 한 달, 한 해, 또는 훈련 블록training block과 같은 서로 다른 시간 단위로 결정할 수 있다. 주어진 시간 동안의 총 운동부하를 파악하면 훈련과 시합 퍼포먼스를 더 잘 관리할 수 있다. 운동부하를 올리면 체력을 향상시킬 수 있고, 운동부하를 줄이면 회복을 수행할 수 있다. 그럼 운동부하와 강도를 결합하여 운동부하를 수치화하려면 어떻게 해야 할까? 여기서 다시 한 번 더 파워미터가 해결책을 제시한다.

훈련 스트레스 점수(TSS)

힘든 훈련은 스트레스를 유발한다. 사실 스트레스는 좋은 훈련의 모든 것이다. 우리의 몸은 훈련 스트레스를 받으면, 처음에는 피로를 느끼는 것으로 반응한다. 그러고 나서 보통 몇 시간 내로 적절한 회복이 이루어지면, 신체는 새로운 수준의 스트레스에 적응하기 시작한다. 우리는 이를 '체력fitness' 적응이라고 부른다. 스트레스를 많이 받는 워크아웃을 한 번 하고 난 후의 이 새로운 체력의 수준은 너무 미세해서 측정할 수 없다. 하지만 스트레스가 며칠에 걸쳐 최적의 비율로, 과하지 않게 자신에게 딱 적합한 양으로 가해지면, 그때 이 체력의 변화를 측정할 수 있게 된다. 더 많은 파워를 생성하고, 더 빨리 달리며, 더 높은 수준의 스트레스를 관리할 수 있다.

한 달 전보다 지금 더 많은 스트레스를 감당할 수 있다면, 이때 더 강해졌다는 것은 명백하다. 우선 운동부하의 기본을 이해하기 위해 스트레스를 그 구성 요소 중 하나인 운동량volume이라는 측면에서 살펴보겠다. 일단 강도는 생략하자. 예를 들어, 이번 주에 총 16시간 라이딩을 했는데 간신히 감당할 수 있는 정도, 즉 주말에 피곤하긴 했지만 완전히 털리지는 않은 정도라고 해보자. 그런데 한 달 전의 당신은 12시간밖에는 감당할 수 없었다. 이러한 변화에 의거하면 한 달 전보다 더 나은 컨디션을 유지하고 있다는 것에 동의할 것이다. 당신의 체력은 좋아졌다. 만약 지금부터 한 달 후의 주간 운동량이 20시간인데도 녹초가 되지 않는다면 다시 한 번 더 체력이 개선된 것이다. 따라서 일주일과 같은 기간 동안 얼마나 많은 스트레스를 다룰 수 있는가는 체력의 간접적인 지표가 된다. 이것은 최대산소섭취량과 같은 생리학적 체력 지표를 측정하지 않는다는 점에서 간접적이다. 그렇지만 이것은 긍정적인 변화가 일어나고 있다는 좋은 신호이다.

여기서 사용한 예시에서는 운동량만 이야기했다는 점을 기억하라. 가장 중요한 훈련 요소인 강도는 고려하지 않았다. 만약 우리가 강도를 다룰 수 있는 방법을 알아낼 수 있다면, 누적 스트레스라는 개념은 훨씬 더 중요한 의미를 갖게 될 것이다. '훈련 스트레스 점수(TSS Training Stress Score)'라는 개념을 통해 강도를 어떻게 다룰 수 있는지 살펴보자.

훈련 스트레스 점수(TSS)는 단일 워크아웃의 지속 시간과 강도를 수학적으로 결합하여 숫자, 즉 '점수'를 산출하는 단순한 방법이다. 이 점수는 운동 시간이나 강도를 각각 개별 정보로만 이야기할 때보다 워크아웃에서 받는 스트레스를 더욱 잘 나타낸다. 이 두 가지를 결합하면 각 워크아웃을 하나의 숫자로만 나타내므로, 워크아웃이 얼마나 힘들었는지 또는 쉬웠는지를 쉽게 비교할 수 있다. 방법은 다음과 같다.

모든 워크아웃에는 TSS가 있다. 일부 파워미터와 소프트웨어는 개별 라이딩을 마친 후 이 점수를 계산한다. TSS는 지속 시간(초 단위), 표준파워(NP), 강도 지수(IF), 기능역치파워(FTP) 값으로 결정된다. 워크아웃의 TSS를 결정하는데 사용되는 공식은 이 분야에서 중요한 업적을 남긴 코건 박사의 연구에서 한 번 더 빌려왔다.

$$(\text{워크아웃 시간[초]} \times NP \times IF) \div (FTP \times 3{,}600) \times 100 = TSS$$

3,600이라는 숫자는 한 시간에 몇 초가 있는지를 나타내는데, (FTP도 시간에 기초한 값이라는 것을 기억할 것이다) 공식에서 상수로 유지된다. 100 또한 상수로, 단순히 두세 자리의 TSS값을 얻기 위한 것이다.

이전 장에서 소개한 우리의 옛 친구 NP, IF, FTP를 기억할 것이다. 모두 숙련된 운동선수에게 가장 중요한 훈련 요소인 강도의 척도다. TSS의 개념을 도입하면, 이 지표들은 원래 설명한 것보다 훨씬 더 많이 체력과 관련된다. 실제로 TSS 공식에 이 지표들을 사용하면, 가장 중요한 레이스가 있는 바로 그날의 체력과 피로 추세를 측정하여 최상의 컨디션을 만드는 데 도움이 된다. 이건 정말 대박인데, 곧 알게 될 것이다. 하지만 우선은 TSS를 일주일과 같은 기간의 시간이나, 단일 워크아웃 운동부하를 나타내는 지표로서 편안하게 생각하는 것이 중요하다.

TSS에 대해 좀 더 깊이 파 볼 수 있는 예를 들어 보자. 당신이 화요일에 정확히 2시간(7,200초) 동안 운동을 했다고 해보자. 라이딩 후 헤드 유닛을 체크해보니 NP가 188와트로 나왔다. 이전 테스트에서 FTP가 250와트인 것을 알고 있으므로, IF는 0.75(188÷250=0.75)가 된다. 이 모든 수치를 위의 TSS 공식에 대입하면 다음과 같은 결과가 나온다.

$$(7{,}200 \times 188 \times 0.75) \div (250 \times 3{,}600) \times 100 = 112.8$$

이번 라이딩의 TSS는 112.8이다. 이 수치만으로는 라이딩이 어떤 유형의 워크아웃이었는지, 그래서 어떤 유형의 체력을 생성했는지 정확히 알 수 없다. 4장에서 설명한 대로 근지구력이었을 수도, 무산소 지구력이었을 수도, 또는 다른 능력-유형의 세션이었을 수도 있다. 그러나 어쨌든 당신이 2시간 동안 FTP의 75%로 라이딩하느라 다소 힘들었다는 것은 알 수 있다. 이건 꽤 도전적인 라이딩이다. 일단 워크아웃 기록이 쌓이면 곧 패턴이 보이기 시작할 것이다. 그러니 일주일 동안 그렇게 해보자.

이번 라이딩의 TSS 112.8 기록이 화요일에 나왔다고 해보자. 이번 주에 라이딩할 때마다 매번 워크아웃 TSS를 확보해 보자. 주말이 되면 훈련 일지에

표 7.1 일일 TSS 기록

일자	TSS
월요일	0(휴식일)
화요일	112.8
수요일	80.5
목요일	100.6
금요일	72.8
토요일	101.2
일요일	153.9

는 표 7.1과 같이 일일 TSS가 표시될 것이다.

위의 공식을 사용하여 일일 TSS를 계산해 보자. 이를 통해 라이딩이 얼마나 힘들었는지 어느 정도 파악할 수 있다. 예를 들어 화요일, 목요일, 토요일, 일요일이 가장 힘든 라이딩이었음을 상대적으로 높은 TSS를 통해 알 수 있다. 보아하니 월요일, 수요일, 금요일은 회복일이다. 가장 힘든 라이딩은 일요일이었다.

이 모든 일일 점수를 더하면 주간 운동부하는 TSS 621.8이 된다. 이제 우리는 예전에는 전혀 몰랐던 것을 알게 되었다. 한 주가 얼마나 도전적이었는지를 운동량으로만 표현하는 것이 아니라 운동량과 운동 강도 모두를 사용해서 표현할 수 있는 방법이 생긴 것이다. 앞서 말했듯이 운동부하의 증가는 체력의 증가를 의미한다. 즉 더 오래, 더 높은 강도로 훈련하면 더 강해진다. 그래서 621.8이 한 달 전에 할 수 있었던 것보다 더 큰 수치라면, 이제는 더 강해졌다는 확실한 지표를 갖게 된 것이다. 이 TSS 수치를 만든다는 것은, 생물학적 현상이라고만 알려진 체력을 생산해내는 훈련 구성 요소를 간단하게 사용하여 수학적 모델을 만드는 것이다.

이제 TSS를 사용하여 시합 대비를 위한 체력 모니터링을 어떻게 하는지 살펴볼 때다. 이건 주기화와 관련이 있다.

파워와 주기화

운동을 조금이라도 해본 사람이라면 의심의 여지없이 주기화라는 개념을 들어봤을 것이다. '주기화periodization'란 다른 게 아니라, 시간을 기준으로 훈련을 조직하는 방법을 나타내는 멋진 용어다. 빡센 날과 널널한 날, 힘들게 훈련하는 주와 가볍게 가는 주를 계획할 수 있다. 이건 신체에 스트레스를 주면서도 회복할 수 있는 시간을 확보하여 과도한 훈련을 하지 않도록 하기 위한 스케줄을 짜는 기본적인 방법이다. 훈련 스트레스 점수(TSS) 계산은 이 개념을 더욱 명확하게 해준다. 실제로 TSS를 사용하면 스트레스 수준을 정밀하게 관리해 체력을 높이고, 피로를 제한하여 시합 당일 최고의 퍼포먼스를 낼 수 있다.

체력

체력Fitness이란 무엇인가? 운동선수로서 우리는 그 단어를 물 쓰듯 쓰지만, 가만히 그 의미를 숙고해 본 적은 거의 없다. 경기력 면에서, 체력은 단순하게 높은 수준의 퍼포먼스로 시합을 뛸 수 있는 준비가 된 상태를 말한다. 따라서 훈련은 특정 시합에 특화되어 있다. 1시간 크리테리움에 참가하는 사이클리스트의 체력은 철인3종 경기에 참가하는 데 필요한 체력과는 전혀 다르다. 그렇기 때문에 두 종목 모두 자전거를 타는 것이지만, 이 두 종목 시합을 위한 훈련은 크게 다를 것이다. 그 차이는 워크아웃 시간(지속 시간)과 빡셈(운동 강도) 측면에서 차이가 확연하게 드러난다. 크리테리움 라이더와 철인 경기 선수의 TSS 점수는 일부 핵심 운동에서는 동일할 수 있지만, 점수에 도달하는 방식은 완전히 다르다. 하나는 높은 지속 시간과 적당한 강도를 강조하고(철인), 다른 하나는 고강도와 적당한 지속 시간에 초점을 맞춘다(크리테리움).

두 선수 모두 일일 및 주간 TSS를 주시해 체력이 향상되고 있는지 확인할 것이다. 앞서 설명했듯이, 시간이 지남에 따라 일일 및 주간 TSS가 모두 증가하기 때문에 두 선수는 자신의 발전 여부를 알 수 있을 것이다. 한때는 힘들었던 TSS가 결국에는 쉬운 TSS가 될 것이고, 따라서 워크아웃은 점차적으로 스트레스를 더 가하기 어렵게 만들어져 결국 시합을 더욱 잘 준비할 수 있게 된다.

소프트웨어와 '퍼포먼스 관리'라는 차트를 사용하여 TSS 진행 상황을 관찰할 수 있다(WKO+ 및 TrainingPeaks.com에서 이 기능을 제공함). 이 소프트웨어는 체력 변화가 여러 날(실제로는 아마도 여러 주)에 걸쳐 느리게 발생한다고 가정한다. 실제로 최대산소섭취량 증가와 같은 측정 가능한 체력 개선 징후를 확인하려면 6주가 걸릴 수도 있다. 체력 향상은 하룻밤 사이에 일어나지 않는다.

이를 염두에 두고 소프트웨어는 6주, 즉 42일 동안의 일일 연속 평균 TSS를 산출한다(이 설정이 기본값이며, 자신이 유난히 빠르거나 느린 '반응자'라고 생각되면 소프트웨어에서 수동으로 설정을 변경할 수 있다). 소프트웨어는 오늘 워크아웃의 TSS를 지난 41일 동안의 일일 TSS에 더해 42로 나눠, 하루 평균 TSS 데이터 포인트를 차트에 배치한다. 그림 7.1에서 이러한 퍼포먼스 관리차트 Performance Management Chart™를 확인할 수 있다.

차트의 X 축은 전체 시즌에서의 일 단위 시간으로, 왼쪽 끝의 첫 번째 날은 훈련 시즌이 시작된 10월 21일, 오른쪽 끝의 마지막 날은 (그림에는 표시되어 있지 않지만) 시즌이 끝난 9월 1일이다. Y축은 일일 TSS이다. 각 일별 데이터 포인트는 해당 날짜를 포함한 42일 동안의 평균값이다. 이 차트는 데이터 포인트를 선으로 연결해 시간이 지남에 따라 TSS나 체력이 어떻게 변화했는지 보여준다. 선이 상승하면 체력도 증가하고 있다고 가정할 수 있다. 선이 하강하면 체력이 떨어졌음을 의미한다.

지금 다시 한 번 더, 내가 '체력fitness'이라는 단어를 구체적이지 않은 방식으로 사용하고 있다는 것을 깨닫기 바란다. 그래프의 라인은 '무엇(크리테리움인지 철인인지)에 적합한지'에 대해서는 아무 것도 말해주지 않는다. 이건 단지 운동선수가 더 많은 훈련 부하를 감당할 수 있는지 아닌지만을 보여줄 뿐이며, 앞서 설명한 것처럼 체력의 대안으로 사용할 수 있다. 이러한 문제를 방지하기 위해 소프트웨어는 선으로 연결된 데이터 포인트를 '장기 훈련 부하(CTLChronic Training Load™)'로 호명한다.

원하는 대로 불러도 좋지만, 여기서 우리가 보고 있는 것은 훈련 스트레스 관리 능력의 증가(또는 감소)이다. 그런데 그림 7.1에서의 CTL이 93으로 높

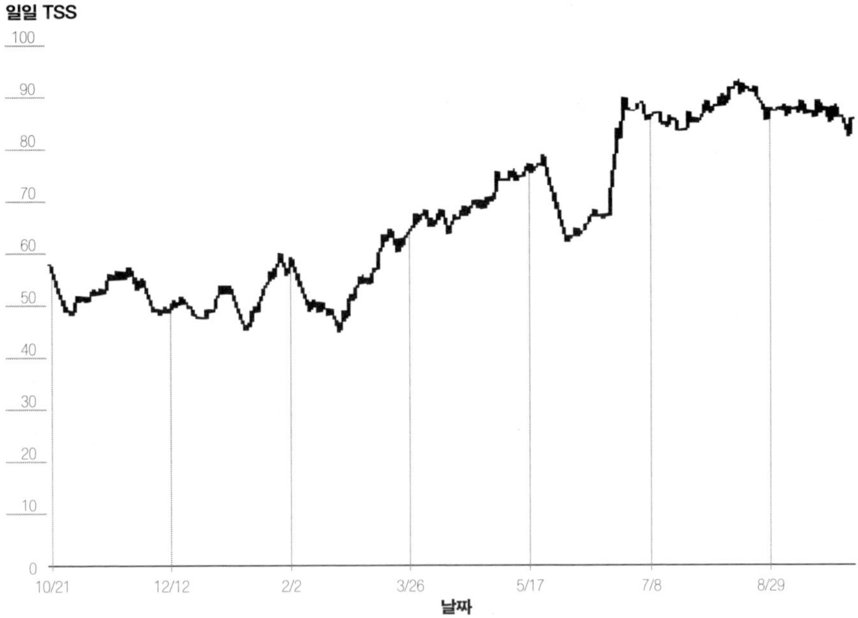

그림 7.1 장기 훈련 부하(체력)를 보여주는 퍼포먼스 관리 차트

다고 해서 같은 시점의 CTL이 76에 불과한 훈련 파트너를 넘어선다는 의미는 아니다. 이 수치는 다른 사람들과 비교한 실제의 퍼포먼스를 반영하지 않는다. 특정 시점의 CTL은 추세, 즉 이전과 비교한 현재의 성과 추세만을 보여준다.

이러한 도구를 사용하면 라인의 상승 또는 하강 속도를 제어하여 훈련을 관리할 수 있다. 이를 사용하여 자신의 변화 추세를 관찰하고 제어할 수 있다. CTL이 상승하면 더 많은 스트레스를 견디고 있다는 것으로, 이것은 의심의 여지없이 더욱 강해지고 있다는 뜻이다. 하지만 동시에 피로도 높아진다.

피로

이제는 TSS와 체력fitness과의 관계를 이해해야 한다. 퍼포먼스 관리 차트의 CTL 증가에 반영된 것처럼 훈련에서 운동부하가 증가하면 체력이 향상된다.

물론 이와 같이 일별 TSS가 증가하면 피로도 증가하게 된다. 더 많은 운동부하는 피로를 가중시킨다. 따라서 하루의 TSS가 증가함에 따라 체력이 향상되고, 하루의 TSS가 증가함에 따라 피로도 증가한다면, 이때 체력과 피로는 같은 추세를 따른다는 결론을 도출할 수 있다. 즉 열심히 훈련하면 더 강해지고, 더 피로해진다. 운동부하를 줄이면 체력과 피로 둘 다 감소한다. 지금 당장은 당연해 보일 수 있지만, 더 깊이 들어가면 이 논리가 레이스 준비에 적용될 수 있는지 의문이 들 수도 있다. 하지만 나와 계속 함께한다면, 나는 이 말의 진실이 여러분의 경험에 모순되지 않는다는 것을 보여줄 것이다.

퍼포먼스 관리 소프트웨어는 체력(CTL)과 동일한 방식으로 피로에 대한 일별 데이터 포인트를 계산한다. 다만 연속 42일간의 평균을 기준으로 계산하는 대신 7일을 기준으로 계산한다(다시 말하지만, 이건 소프트웨어 기본 설정으로 변경 가능하다). 이렇게 계산하는 이유는 체력과 비교했을 때 피로는 더 빠르게 발생하고 감소하기 때문이다. 격렬한 라이딩을 한 다음 날 체력의 변화는 너무 작아 측정할 수 없지만, 피로는 확실히 느낄 수 있다. 피곤하다는 것은 의심의 여지가 없다. 하지만 하루 정도 지나고 나서 어느 정도 회복되면 피로는 거의 사라진다. 그래서 피로 계산은 짧은 시간을 기준으로 하고, 소프트웨어에서는 이 피로를 '단기 훈련 부하(ATL$_{\text{Acute Training Load™}}$)'라고 부른다.

CTL과 ATL은 듣기에는 매우 중요하게 들리는데, 퍼포먼스 관리에 대해 선수들과 상의할 때마다 나는 이 용어 대신 체력과 피로라고 부른다. 이 용어들은 정확한 생물학적 의미의 체력과 피로는 아니지만, 신체에서 일어나는 일을 나타내는 좋은 지표이며, 훨씬 더 쉽게 이해된다. 그러니 우리의 목적에 맞춰 CTL=체력, ATL=피로로 해두자.

그림 7.2는 체력(CTL)에 대해 설명한 그림 7.1과 동일한 라이더의 피로(ATL)를 보여준다. 같은 기간 동안 라이더의 피로 라인이 체력 라인보다 얼마나 더 뾰족하게 올라와 있는지에 주목하라. 다시 말하지만, 이는 피로가 더 빨리, 그리고 더 큰 규모로 발생하기 때문이며, 라이더는 체력의 느린 반응과는 대조적으로 피로의 변화를 매우 잘 인지한다.

라이더의 체력(CTL)과 피로(ATL) 라인을 겹쳐 보면 전체 시즌 동안 라이더가 어떤 경험을 했는지 더 명확하게 파악할 수 있다. 이는 그림 7.3에서 확인할 수 있다. 피로 선이 체력 선 위에 있을 때마다 피로가 상당히 높다는 것을 알 수 있다. 6월 중하순에 피로도가 크게 치솟는 것과 동시에 체력도 꾸준히 상승하고 있는 것을 주목하라. 이를 통해 이 선수가 2주 동안 매우 힘든 훈련을 했다는 것을 알 수 있다. 체력이 상승했지만, 피로가 극도로 높았다. 5월 말에는 훈련을 전혀 하지 않은 기간이 있었는데, 급격히 떨어지는 체력과 깊게 떨어지는 피로 선을 보면 알 수 있다. 사실 이 차트는 전체 시즌 내내 라이더에게 무슨 일이 있었는지 잘 설명해준다. 이 차트는 그 선수가 해당 시즌에 대해 들려줄 수 있는 긴 이야기의 배경이 된다. 그런데 이 모든 차트는 바로 매일 파워미터에서 다운로드한 데이터이다.

워크아웃 데이터를 다운받지 못하면, 이 차트와 다른 차트들은 무용지물

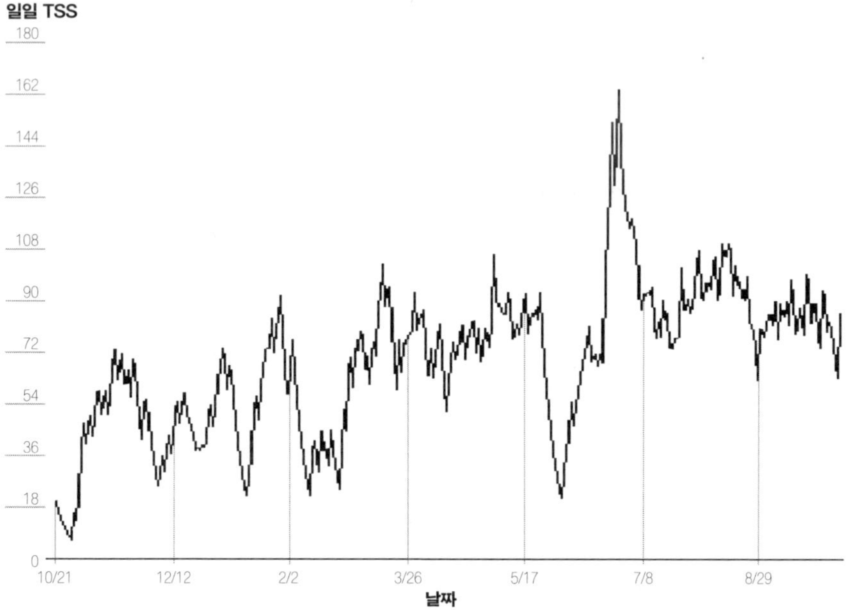

그림 7.2 단기 훈련 부하(피로)를 보여주는 퍼포먼스 관리 차트

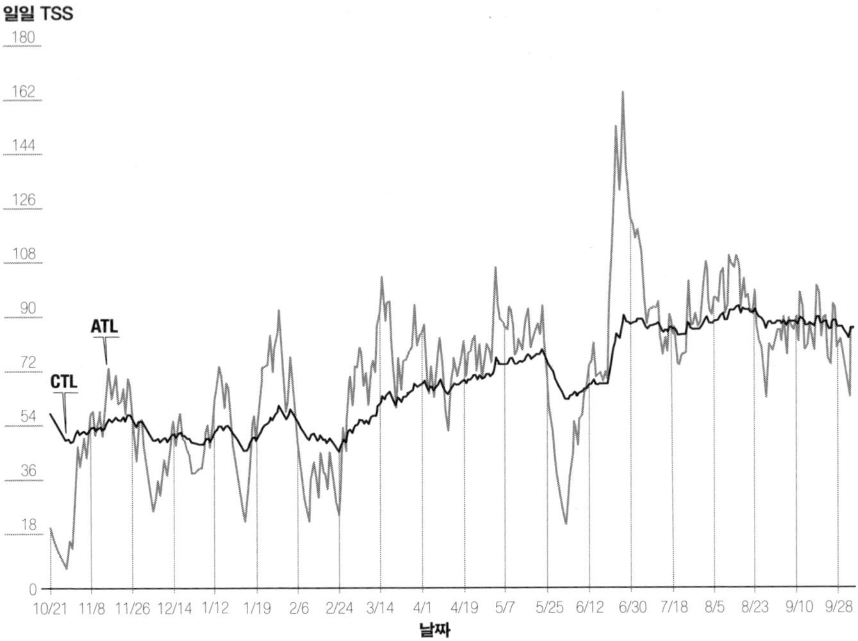

그림 7.3 CTL(체력)과 ATL(피로)을 보여주는 퍼포먼스 관리 차트

이다. 라이딩을 할 때마다 예외 없이 이 작업에 전념해야 한다. 다른 약속으로 인해 다운로드하지 못한 날이 있더라도 안절부절하지 마라. 헤드 유닛에 데이터가 저장되기 때문에 나중에 다운로드할 수 있다. 이런 워크아웃을 여러 개 저장하는 것이 가능하다. 저장량은 헤드 유닛의 종류, 설정 방법, 라이딩 길이에 따라 달라진다. 장치에 대한 자세한 내용은 사용 설명서를 참조하라.

폼Form

퍼포먼스 관리 차트를 사용하면 시합 날 피크를 찍는 데 도움이 될 수 있다. 피크를 찍는 것(피킹Peaking)은 종종 '테이퍼링tapering'이라고도 불리는데, 이 작업은 시합과 같은 강도를 유지하면서 훈련 시간은 줄이는 주기화 방법이다. (피킹 프로세스에 대해서는 나의 저서 『사이클 트레이닝 바이블: 중·장거리 사이클 선수 훈련지침The Cyclist's Training bible』, 『The Triathlete's Training Bible』, 『The Mountain Biker's Training Bible』에 자세하게 설명해 두었다.) 피킹의 궁극적인 목표는 시합 날에 '폼form'을 갖추는 것이다. 운동선수들이나 TV 스포츠 해설자들이 이 용어를 사용하는 것을 들어본 적이 분명히 있을 것이다. 그들은 '폼이 올라왔다on form'고 언급한다. 아무도 이 표현이 무엇을 의미하는지 설명하지 않는데, 내 생각에 이 말이 무엇을 의미하는지 제대로 이해하는 사람이 거의 없기 때문인 것 같다. 폼이 올라왔다고 말하는 것은 단순히 높은 체력을 갖고 있다는 것만을 의미하는 것이 아니다. 높은 체력은 그 일부일 뿐이다. 이에 대해 설명해보겠다.

'폼'이라는 용어는 1800년대 후반 유럽에서 경마가 인기를 끌면서 유래된 것으로 추정된다. 경마장에 가서 말에 베팅을 하고 싶으면 마권업자(베팅 에이전트)를 찾아가야 했다. 마권업자는 경마에 출전하는 모든 말의 목록과 우승 확률, 최근 경주 기록에 대한 간략한 요약이 적힌 종이 한 장을 갖고 있었을 것이다. 그 종이 한 장에 적힌 '양식상on the form' 보기에 좋은 말을 골라 베팅할 말을 고르곤 했다. 이건 결국 '폼이 올라왔다on form'로 굳혀졌다.

거의 비슷한 시기에 각광을 받기 시작한 자전거 시합에서도 베팅이 있었기 때문에 이 용어가 채택되었다. 이 표현이 굳혀져, 한 세기가 훨씬 넘는 시간 동안 사이클리스트들의 컨디션을 언급하는 데 사용된 것이다. 최근에는 다른 스포츠에서도 이 용어를 채택하여 사이클링부터 달리기, 골프, 산악자전거, 철인3종 경기 등 다양한 스포츠 활동에서 이 용어가 사용되고 있다.

그런데 폼이 올라왔다는 표현이 단순히 체력이 좋은 상태를 의미하는 것이 아니라면, 시합의 맥락에서 폼이 올라왔다는 건 무엇을 의미하는 것일까? 폼이 올라왔다는 것의 진정한 의미는 선수가 시합 준비가 되었다는 것이다. 시합 준비가 되었다는 것은 선수의 체력이 높다는 것을 나타내는데, 더 중요한 의미는 선수가 상쾌할 정도로 휴식을 취한 상태라는 것이다. 우리는 이미 퍼포먼스 관리 차트에 CTL로 표시되는 체력에 대해 알고 있다. 그렇다면 상쾌한 정도는 어떻게 측정할 수 있을까? 테이퍼링과 피킹의 과정을 더 잘 이해하게 되면 그 답을 찾을 수 있다.

앞서 언급했듯이, 테이퍼링에 들어갈 때는 일일 TSS(운동부하)를 줄이면서 짧은 레이스와 같은 워크아웃을 포함시킨다. TSS를 줄이면 어떤 일이 일어나는지 앞에서 설명했던 것을 기억해보라. 체력이 떨어진다. 그래도 괜찮을까? 아마 아니지 않을까? 대부분의 운동선수들은 테이퍼링을 할 때 체력이 향상된다고 믿고 있다. 그러나 TSS를 줄이면서 체력을 얻을 수는 없다. 그게 그런 식으로 작동하지 않는다. 스트레스가 줄어들면 체력은 사라지기 시작한다. 훈련을 적게 하는 것이 체력의 열쇠라면, 더 강해지기 위해서 TV 앞에 앉아 있었을 것이다.

체력(CTL)이 감소하면 피로(ATL)는 어떻게 될까? 음, 이 두 지표는 같은 방향의 경향성을 갖고 있지만, 그 규모는 다르다는 점을 기억하라. 따라서 테이퍼링은 피로 또한 감소시킨다. 피로가 감소된다는 것은 더 상쾌한 상태가 된다는 의미이므로 나쁜 것이 아니다. 그리고 그것이 보상이다. TSS를 줄이면 상쾌한 컨디션을 얻는다. 폼이 올라가게 되는 것이다. 체력이 떨어지더라도 반드시 TSS를 줄여야 한다. 하지만 괜찮다. 이 수수께끼는 체력의 또 다른 고유한 차원으로 해결된다. 바로 체력은 피로보다 더 느린 속도로 감소한다는 것이다.

훈련에 주의를 기울이면 몇 주 동안 피로를 크게 줄이면서도 체력은 조금만 떨어뜨릴 수 있다. 시간을 잘 맞추면 시합 당일에는 폼이 올라올 것이다. 도중에 체력이 약간 떨어지더라도 피로를 더 많이 떨쳐버릴 수 있다면 더 좋은 시합을 펼칠 수 있다. 체력은 좋지만 지쳐 있는 선수는 체력이 좀 떨어지더라도 충분한 휴식을 취한 선수보다 좋은 성적을 내지 못한다. 피로는 체력보다 더 강력하다. 체력을 조금 포기하는 한이 있더라도 피로는 반드시 제거해야 한다.

테이퍼링 시기의 체력(CTL), 피로(ATL), 폼 사이의 관계를 표현하는 또 다른 방법은 피로를 감소시키는 것에 집중한다고 말하는 것이다. 이런 식으로 생각하면 폼의 공식은 다음과 같다.

체력(CTL) - 피로(ATL) = 폼(form)

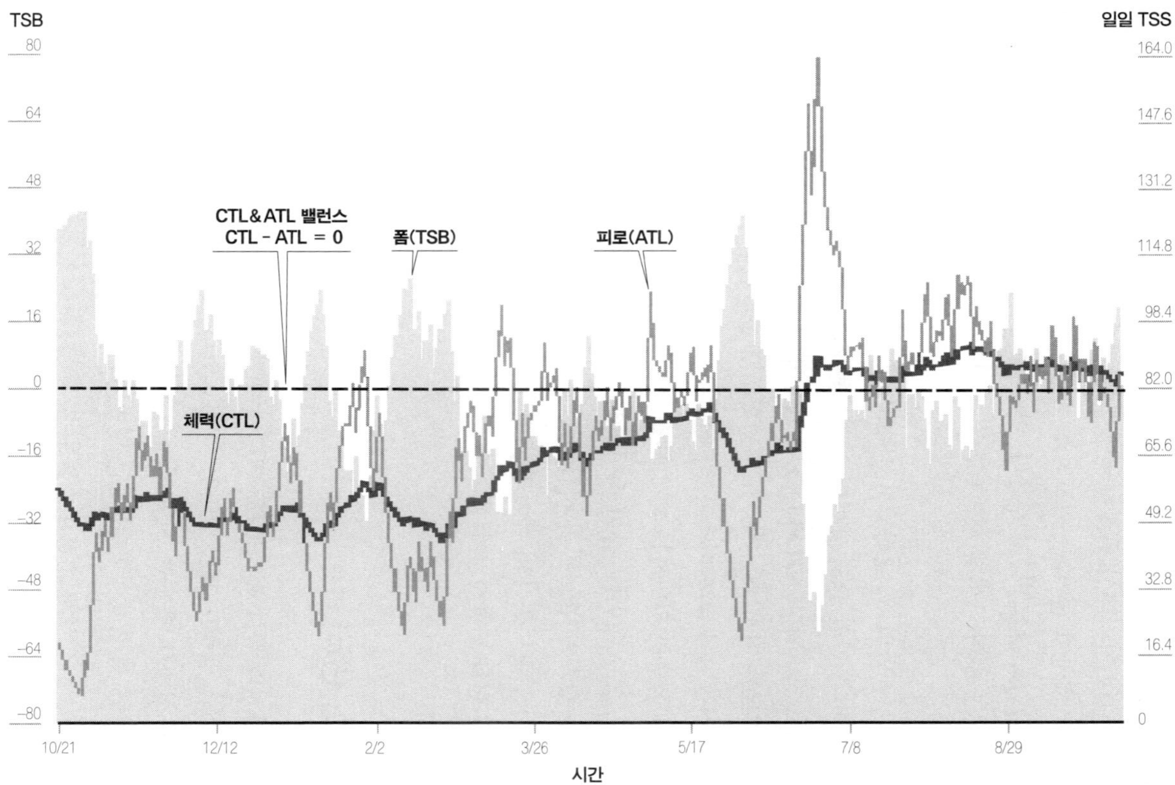

그림 7.4 CTL(체력), ATL(피로), TSB(폼)를 보여주는 퍼포먼스 관리 차트

다시 말하지만, 우리는 폼을 만들기 위해 피로는 많이 날려버리면서 체력은 아주 조금만 잃고 싶다. 이것이 바로 우리가 장기 훈련 부하(CTL)와 단기 훈련 부하(ATL) 사이에서 달성하고자 하는 신중한 균형이다. CTL과 ATL 사이의 균형을 염두에 둔 폼은 퍼포먼스 관리 차트에서는 '훈련 스트레스 밸런스(TSB Training Stress Balance)'라고 부른다. 이건 좀 있어 보이는 용어인데, 나는 차트에 표시되는 수치 데이터 포인트를 논의할 때를 제외하고는 계속 폼이라고 부를 것이다.

그림 7.4는 앞의 두 그림에서 선수의 체력(CTL)과 피로(ATL)에 폼(TSB)을 더한 것이다. 일일 TSB 데이터 포인트는 같은 날의 CTL에서 전날의 ATL을 뺀 값으로 결정된다. ATL과 CTL이 정확히 같으면 TSB는 0이고, TSB는 차트를 가로지르는 점선(TSB 0선)까지 정확하게 올라간다. TSB가 이 선을 넘어설 때마다 이는 양수를 의미하고, 이 선수는 폼이 올라온 것이다. TSB가 상승하면 TSB가 음수를 의미하는 제로 밸런스 지점 아래에 있을지라도 선수는 폼이 올라가고 있는 것이다. 폼이 올라가고 있다는 의미는 시합에 출전할 준비가 되어가는 단계이지만, 아직 시합 출전 단계에까지는 이르지 못했다는 뜻이다. 다음에서 살펴보겠지만, 테이퍼링 기간 동안 TSS를 정상 궤도로 유지하려면 주기화 훈련을 포함시켜야 한다.

퍼포먼스 관리

그렇다면 자신의 폼(TSB 라인)을 어디에 위치하게 하고 싶은가? TSB 라인이 너무 높아지면, 체력도 크게 떨어질 수밖에 없다. 그건 좋지 않다. 선수를 위한 프로그램을 설계할 때 나는 시합 당일의 폼(TSB)이 +15에서 +25 사이가 되도록 디자인하는 것을 좋아한다. 이건 일반적으로 약 10%의 CTL(체력) 손실만을 의미한다. 이건 허용 가능한 수준이다. 체력 손실이 훨씬 크면 TSB가 매우 높더라도 경기력이 현저히 저하될 수 있다.

시합 당일의 TSB를 +15에서 +25로 계획하기 위해 나는 소프트웨어의 캘린더 보기를 사용하여 테이퍼링 기간 동안 매일 TSS가 얼마가 되어야 한다고 생각하는지 입력한다. 이 기간은 보통 2~3주 동안 지속되므로 며칠 동안의 TSS를 추정해야 한다. 그런 다음 이 일일 TSS가 퍼포먼스 관리 차트에서 CTL과 TSB에 어떠한 영향을 미치는지 살펴본다. 결과가 원하는 대로(TSB가 +15에서 +25 정도, CTL이 10% 이하로 떨어지는 경우) 나오지 않으면, 제대로 될 때까지 일일 TSS 예상치를 수정한다. 마지막 단계는 이러한 TSS와 CTL 값을 생성하기 위한 일일 워크아웃을 설계하는 것이다. 이 작업은 다소 길고 인내를 요하는 작업이지만, 매우 효과적이라는 것을 나는 알게 되었다. 머지않은 미래에 소프트웨어가 이 작업의 대부분을 대신해줄 수 있을 것으로 기대한다. 다만 이 글을 쓰는 현재로서는 아직 그 단계에 이르지 못했다.

이 장의 시작 부분에서 내가 왜 이 부분이 좀 높은 수준이라고 설명했는지 이제는 이해할 수 있을 것이라고 생각된다. 이것은 최첨단 훈련이다. 세계 최고의 코치들 중 몇 안 되는 소수만이 선수들을 훈련시킬 때 이 방법을 사용한다. 이러한 계획에 대해 아는 운동선수는 거의 없다. 그리고 이를 실행하는 선수는 더욱 적다. 쉽지 않은 일이고, 훈련에 대한 충분한 이해와 시간이 필요하다. 하지만 파워미터와 소프트웨어(WKO+, 혹은 TrainingPeaks.com)가 있고, 최고 수준의 성과를 내고자 하는 강한 열망만 있다면 누구나 할 수 있다.

PART III

파워미터를 사용하여 경기력을 상승시키려면 어떻게 해야 하는가?

8

도로 경기와 독주 경기를 위한 파워

사이클 레이서라면 스프린팅이나 클라이밍, 아니면 독주 경기(타임 트라이얼)에 특화된 라이더일 수 있다. 어쩌면 여러분이 도로 경기, 크리티리움, 독주 경기, 스테이지 레이스 등 여러 분야에서 좋은 성적을 거둘 수 있는 다재다능한 라이더일 수도 있다. 여러분이 경쟁하는 코스는 언덕, 산악 또는 평지일 것이다. 도로 경기에서는 라이더의 어택과 큰 레이스 안에서 작은 브레이크어웨이 레이스가 발생하면서 역학관계가 끊임없이 변화한다. 팀에서 브레이크어웨이를 추격할지, 라이더를 선두로 내보낼지, 스프린트를 준비할지 등을 결정할 때 또한 팀 역학관계가 발생한다.

이러한 복잡한 레이싱을 준비하려면 성공을 위해 필요한 요소가 무엇인지 이해해야 한다. 성공에 대한 정의를 어떻게 하든 간에, 여러분 자신이 정의하는 성공을 위해서는 시합에 나갈 준비를 갖춘 계획을 수행해야 한다. 이것은 결코 간단한 도전이 아니다. 분석 소프트웨어와 한 쌍인 파워미터가 그 준비를 훨씬 더 쉽게 해준다. 이 장에서는 두 가지를 모두 사용하여 이전보다 시합을 더 잘할 수 있는 방법을 보여주겠다.

무엇이 중요한가?

파워 트레이닝을 처음 접해봤다면, 이 책을 읽으면서 이쯤에서 약간은 압도감을 느꼈을 것으로 예상된다. 내가 파워에 대한 아주 많은 정보를 던졌다. 이 책을 읽기 전에는 핸들바 위에 있는 숫자 하나가 이렇게 많은 용도로 사용될 수 있는지 상상도 못했을 것이다. 이제는 도로 경기와 독주 경기에서 가장 중요한 주제만을 살펴봄으로써 지금 당장 스스로에게 중요한 사항으로 논의의 범위를 좁혀보겠다. 또한 여러분이 이미 읽은 내용을 종합할 수 있는 몇 가지 다른 주제도 소개하겠다. 이 글의 유일한 목적은 파워미터를 사용하여 더 나은 시합 결과를 도출할 수 있는 도움을 제공하는 것이다.

시합을 위한 훈련

시합에 필요한 생리학적 요구는 구체적이고 명확하다. 훈련의 목적은 이러한 요구에 대비하는 것이다. 시합의 목표가 높을수록 더 정확하게 정의하고 준비해야 한다. 파워를 이해하게 되면 이 과정은 상당히 쉬워진다. 이전 시합의 파워 파일이 있다면 훨씬 더 쉬워진다. 해당 시합의 세부 사항을 검토하여 요구사항을 정의하는 동시에 훈련 목표를 설정할 수 있다.

예전 시합의 파워 데이터를 살펴볼 때 무엇을 찾아내야 할까? 다음은 특정 시합에 대한 이해를 시작하는 데 도움이 되는 목록으로, 해당 주제에 대한 심층적인 설명을 찾을 수 있는 챕터도 표시해두었다.

도로 경기 분석

- 시합 전체 및 언덕과 같은 주요 구간에서의 표준파워와 강도 지수(4장)
- 스프린트, 코너링, 업힐, 펠로톤, 브레이크어웨이에서의 성냥 버닝(5장)
- 다양한 시간, 특히 5분 이하에서의 피크파워(5장)
- 워밍업을 포함한 시합에서의 훈련 스트레스 점수(7장)

- A 순위 시합 당일의 훈련 스트레스 밸런스(7장)
- 시합 중 과도한 피로 징후(5장)

독주 경기 분석

- 시합 전체와 일정 부분에서의 변동성 지표(5장)
- 시합 전체와 일정 부분에서의 강도 지수(6장)
- A 순위 시합 당일의 훈련 스트레스 밸런스(7장)
- 시합 중 과도한 피로 징후(5장)

도로 경기와 독주 경기의 구체적인 관점에서 이러한 주제 중 몇 가지를 자세히 살펴보자.

파워미터를 이용한 시합

시시각각 변하는 도로 경기의 특성상 즉석에서 빠른 결정을 내려야 한다. 브레이크어웨이 대열에 끼어들 것인가? 선두와 간격을 좁힐 것인가? 브레이크어웨이 대열에서는 앉아서 체력을 보존할 것인가 아니면 더 밟을 것인가? 업힐에서는 페이스를 끌어올릴 것인가? 혼자서 앞의 대열에서 벗어나게 되면 어떻게 대처할 것인가? 다양한 지속 시간 동안의 피크파워를 알게 되면 이러한 결정을 내리는 데 도움이 된다.

먼저 5장의 피크파워를 살펴보자. 피크파워는 현재 주어진 시간 동안 지속할 수 있는 가장 높은 파워이다. 도로 경기의 결과는 대부분 5분 미만의 짧은 에피소드 동안 일어나는 일에 의해 결정되므로, 해당 시간 동안의 현재 피크파워를 알면 결정에 도움이 된다.

다음은 이것이 어떻게 작동하는지에 대한 예시이다. 언덕을 올라가는 중이며 정상까지는 5분 정도 남았다고 해보자. 당신이 속한 소규모 그룹이 10분 정도 꾸준하게 언덕을 오르고 있으며, 당신의 파워는 약 290와트 정도이다. 이 파워는 당신의 FTP에 가깝기 때문에 쉽게 지속할 수 있는 수준이다. 그러나 이 그룹에서 가쁜 숨을 몰아쉬는 몇 명의 라이더가 있다는 것을 깨닫게 되었다. 다음 몇 분 동안 페이스를 조금만 올려도 그들은 아마 낙오될 것이다. 그렇게 하려는 사람이 아무도 없는 것 같다. 그래서 당신은 페이스를 올리고 그룹의 사이즈를 줄이기로 결정했다. 어느 정도의 강도로 가야 할까? 마침 자신의 5분 피크파워(P5)가 360와트라는 것을 알고 있는 상황이다. 그러나 한 시간 동안의 시합 동안 다리에 쌓인 피로 때문에 5분 피크파워를 정상까지 유지하기가 어려울 수 있다. 그래서 당신은 파워를 40와트만 더 올려 330와트 정도로 높이기로 한다. 그러면 다른 라이더와 맞붙어 더 힘을 짜내야 하더라도 여유를 계속 남겨둘 수 있다. 그렇게 당신은 앞으로 나아간다.

이 의사 결정 과정은 단 몇 초밖에 걸리지 않았다. 이것은 파워 측면에서 자신의 능력을 파악해 시합을 더 스마트하게 할 수 있는 전형적인 방법이다. 그러나 핸들바에 달려 있는 파워미터의 숫자가 무엇을 의미하는지 알아야만 이 결정을 내릴 수 있다. 그렇기 때문에 워크아웃을, 특히 시합을 분석할 수 있는 파워 소프트웨어가 반드시 필요하다. 수집 데이터는 시합 결과를 개선할 수 있는 엄청난 잠재력을 가지고 있다. 데이터가 도움이 될 수 있는 몇 가지 방법을 더 살펴보겠다.

도로 경기에서의 페이스 조절 및 에너지 절약

페이스 조절은 로드 사이클리스트들이 거의 이야기하지 않는 주제이다. 독주 경기에 대한 논의에서는 종종 언급되지만, 도로 경기나 크리테리움이 주제일 때는 거의 언급되지 않는다. 아무도 이 두 종목에서는 어떤 종류의 강도 조절이 필요하다고 생각하지 않는 것 같다.

대포에서 총알을 쏘는 것처럼 출발선에서 출발한 시합을 몇 번이나 해보았는가? 꽤 흔한 일이다. 분명히 여러 번 경험했을 것이다. 어쩌면 여러분이 선두에서 돌진한 라이더 중 한 명이었을 수도 있다. 때로는 팀을 위해서 그렇게 하는 이유가 있을 수 있다. 아마도 선두에서 다른 라이더나 팀을 압박하기 위한 전략일 수도 있다. 그러나 지나치게 빠른 스타트는 아드레날린이 솟구치는 억눌린 감정 때문인 경우가 더 많을 것으로 예상된다. 만약 이런 경우라면 이런 종류의 스타트는 퍼포먼스에 아무런 이득이 없다. 에너지만 낭비하고 혈

중 산성화 수치를 조기에 급상승시키기만 할 뿐이다.

펠로톤 경험치가 증가함에 따라 초고속 출발은 드문 일이 된다. 도로 경기의 Pro/I/II 필드에서는 출발선에서 돌격해 나가는 모습을 보기 어렵지만, 카테고리 IV 시합에서는 허둥지둥 스타트하는 것이 일반적이다. 숙련된 라이더들은 정말 필요할 때를 위해 에너지를 절약하는 것이 중요하다는 것을 잘 알고 있다. 레이스의 초반 2분 동안 얻을 수 있는 것은 아무 것도 없지만, 잃을

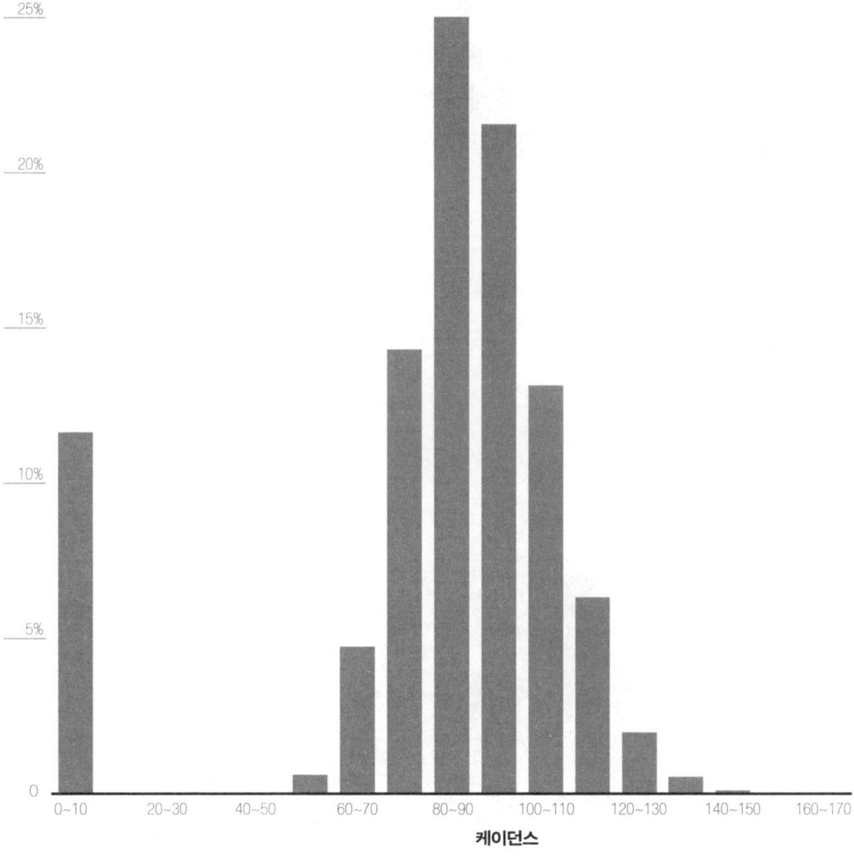

그림 8.1 시합의 거의 12퍼센트를 0RPM(분당 회전 수)에서 활주한 도로 경기의 케이던스 분포

수 있는 것은 많다. 처음부터 다른 라이더들의 속도를 제어할 수는 없고 그들과 함께 달릴 준비 태세가 되어 있어야 하지만, 적어도 당신은 앉아 있을 수 있고 산토끼들 중 하나가 되지 않을 수는 있다.

시상대 자리를 놓고 경쟁하거나 시합 결과를 개선하고 싶다면 가능한 한 최소한의 파워로 레이스하는 것이 핵심이다. 도로 경기나 크리테리움에서의 표준파워 목표는 경쟁하는 동안 생산하게 되는 파워를 최대한 0에 가깝게 유지하는 것이다. 힘든 워크아웃에서는 체력을 높이기 위해 파워미터에 높은 수치가 찍히기를 원하게 된다. 하지만 시합에서는 낮은 수치가 목표이다. 로드 레이싱은 에너지를 절약하는 것이다. 이걸 페이스 조절이라고 한다. 레이스는 스마트하게 하는 것이지, 힘들게 하는 것이 아니다.

그림 8.1은 스마트하게 도로 경기를 펼친 라이더의 좋은 예를 보여준다.

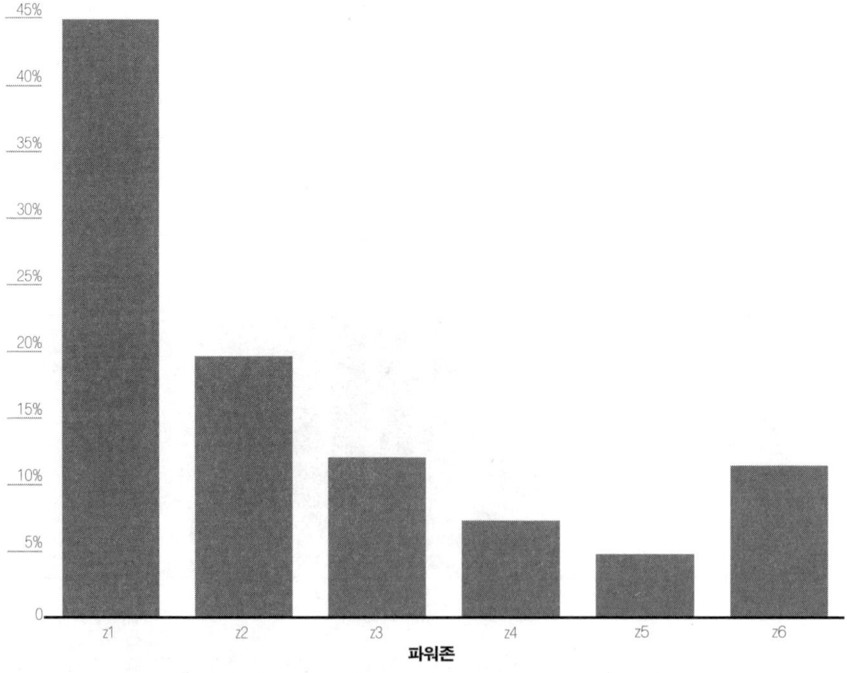

그림 8.2 시합의 40% 이상이 파워존 1에서 이루어진 도로 경기의 파워 분포

이 케이던스 분포 차트에서 차트 왼쪽의 제로 케이던스 막대는 이 라이더가 레이스의 12%를 페달을 밟지 않고 활주했음을 보여준다. 그림 8.2는 동일한 경기 동안의 파워 분포 결과를 보여준다. 레이스의 40% 이상에서 그는 파워존 1에 있었다. 바람을 피하고 활주를 많이 했기 때문에 그가 사용한 파워가 줄어들었을 뿐만 아니라, 클라이밍을 잘 하거나 펠로톤에서 잘 치고 나가거나 혹은 결승선에서 스프린트하는 데 필요한 에너지를 확보할 수 있는 가능성이 높아졌다. 그가 이 레이스에서 시상대에 오른 것은 당연한 결과이다. 이는 그룹 라이딩과 C-순위 시합에서 연마할 수 있는 기술이다. 강화기는 인내심과 컨트롤을 연습할 수 있는 최고의 기회이다.

독주 경기에서의 페이스 조절과 에너지 절약

독주 경기에서 페이스 조절은 물론 중요하다. 하지만 도로 경기에서와 마찬가지로 경험이 적은 선수들은 너무 높은 강도로 출발하여 가능한 한 오랫동안 세계 신기록 속도를 유지하려고 한다. 그들은 레이스가 절반도 지나기 전에 이미 확연하게 속도가 느려진다. 레이스의 마지막 1/4까지도 그들은 앉아서 시합이 끝나기를 바라고 있다. 이들의 과한 열정과 계획성 부족은 매번 저조한 성적으로 이어진다. 그들은 결국에는 페이스를 조절하는 방법을 배우게 될 것이다. 파워미터를 갖고 있다면 이미 그 방법을 알고 있을 것이다.

독주 경기에서의 일반적인 페이스 조절 전략은 레이서들에 의해 수십 년 동안 알려져 왔다. 느린 코스에서는 힘들게 타고, 빠른 코스에서는 쉽게 타는 것이다. 이는 5장에서 설명한 50-40-30-20-10 룰(표 5.2, 95쪽)과 본질적으로 같다. 코스가 느릴 때(업힐)에는 시속 10km로 달릴 것이고, 아주 힘들 것이다. 얼마나 힘들까? 5장으로 돌아가서 안정 상태 레이스에서 업힐을 할 때 성냥 버닝을 조절하는 방법을 다시 읽어보라(표 5.3, 101쪽). 코스가 빠르고 시속 50km 이상으로 다운힐을 할 때에는 페달을 더 가볍게 밟거나 몸을 숙이고 활주하면서 에너지를 절약할 것이다.

독주 경기의 궁극적인 목표는 빠른 기록이다. 이는 시합 스피드에 도달할 수 있을 만큼만의 높은 파워로 출발한 다음에는 곧바로 자신이 계획한 파워에 안착해야 된다는 의미이다. 페이스 조절을 제대로 했다면, 연료가 다 떨어질 때쯤 결승선을 통과하게 될 것이다. 독주 경기에서 페이스 조절을 얼마나 잘했는지 알 수 있는 최고의 지표 중의 하나는 시합 후 분석에서 볼 수 있는 변동성 지표(VI)이다. 변동성 지표가 1.05 이하라면 페이스 조절을 꽤 잘한 것이다. 만약 그 이상이라면 노력의 정도를 조절하는 연습을 할 필요가 있다.

물론 도로 경기나 크리테리움의 변동성 지표는 훨씬 더 높기 때문에, 이런 레이스에서는 변동성 지표가 시합을 얼마나 잘했는지를 판단하는 좋은 지표가 아니다. 이것은 다음에 살펴볼 성냥을 불태우는 영역에 속한다.

적절한 시합 페이스 조절은 감정 조절과 인내심으로 요약된다. 워크아웃에서야 쉽겠지만, 가장 큰 도전은 시합에서 이루어진다. 시합을 더 많이 할수록 두 가지 모두 더 잘하게 된다. 하지만 스마트한 페이스 조절이 제2의 천성이 될 때까지는 출발 전에 끊임없이 에너지 절약을 스스로 되뇌어야 한다.

핵심 워크아웃

핵심 워크아웃은 매주 훈련에서 제일 중요한 운동으로 시합 준비에 가장 큰 영향을 미친다. 각 워크아웃은 고유하며 목적에 맞는 강도와 지속 시간의 조합으로 구성된다. 일반적으로 워크아웃의 지속 시간이 줄어들수록 강도는 증가한다. 예를 들어 파워존 2에서의 라이딩은 몇 시간 동안 지속될 수 있는 반면, 존 7에서의 성냥 버닝에서는 단 몇 초 정도만 성냥을 태울 수 있다. 훈련 중인 시합의 종류와 특정 요구 사항이 핵심 워크아웃의 주요 결정 요인이다.

시즌 초반 기초기의 핵심 워크아웃은 도로 경기든 독주 경기든 상관없이 동일하다. 전반적인 체력을 증진시키는 것이 목적이다. 기초기 워크아웃은 주로 유산소 지구력과 근지구력 향상에 중점을 둔다. (이 시점에서 스피드 스킬과 근력은 부차적인 문제이다.) 이 조합의 워크아웃으로 기초기가 끝나기 전까지는 FTP가 두 배 이상 상승해야 한다. 이 모든 내용은 6장에 자세히 설명되어 있다.

A 순위 시합을 앞둔 마지막 12주 동안 워크아웃의 초점은 더 빠른 속도를 내기 위한 시합-특화 훈련으로 전환된다. 이제 핵심 워크아웃은 목표 시합

의 특성을 반영한다. 도로 경기 선수는 무산소 지구력에 초점을 맞추는 반면, 독주 경기 선수는 근지구력을 훨씬 더 높은 수준으로 끌어올리는 것에 집중할 것이다.

강화기에는 매주 적어도 한 번 이상 워크아웃에서의 훈련 스트레스 점수(TSS)가 시합 예상치와 비슷해야 한다. 전년도 시합의 파워 파일이 있다면 워크아웃 TSS가 어느 정도여야 하는지 잘 알 수 있다. 해당 시합 파워 파일이 없다면, 작년 이 시합에 파워미터를 달고 출전한 훈련 파트너에게 파워 파일을 공유해줄 수 있는지 물어보라. 안 된다면 최소한 그 시합이 얼마나 길었는지, 지형은 어땠는지 알아보라. 시합 길이와 코스 프로파일, 그리고 지금까지 파워에 대해 배운 내용을 바탕으로 시합 TSS를 추정해보라. 이를 통해 시합 시뮬레이션 워크아웃을 시작할 수 있다.

이 시합-시뮬레이션 워크아웃의 목적은 시합 TSS에 점진적으로 적응해 시합 당일을 잘 준비하도록 하는 것이다. TSS는 운동 지속 시간과 강도의 산물이며, 강도에 약간의 가중치가 부여된다는 것을 기억할 것이다. 이렇게 시합과 비슷한 워크아웃을 할 때, 기초기 초반의 TSS는 대부분 지속 시간에 기반하지만, 훈련 기간이 길어질수록 강도에 더 중점을 두는 방향으로 바뀐다. 워크아웃은 거의 동일하게 유지되지만, 그 안에서 다양한 변화를 줄 수 있다. 그 방법에 대한 예를 살펴보겠다.

목표 시합은 작년에 2시간 3분이 소요된 도로 경기이다. 이날은 시합 시작 전 30분 동안 워밍업 라이딩을 했기 때문에, 시합이 끝날 때까지 약 2시간 30분의 안장 타임이 누적되었다. 이 시합은 몇 차례의 오르막이 있는 언덕 코스로, 그 클라이밍이 시상대에 오를 라이더를 최종적으로 결정하게 된다. 작년에 여러분은 마지막 클라이밍에서 치고 나간 3명의 라이더를 뒤쫓는 소규모 추격 그룹에 속해 있었다. 결승선에서의 스프린트에서 그룹 2위로 골인해서 당신은 종합 5위가 되었고, 우승자와는 1분도 채 차이가 나지 않았다. 올해의 목표는 시상대에 오르는 것이다. 체력 수준이 높고, 모든 것이 순조롭게 진행된다면 이길 수도 있다.

작년 파워 파일을 검토해보니, 여러분의 시합 TSS는 152, 강도 지수(IF)

는 0.863이었다(IF에 대한 자세한 내용은 5장을 참조). 워밍업까지 합치면, 그날의 TSS는 총 177이었다. 여러분의 FTP가 290이므로, 시합에서의 표준파워(NP)는 250와트(290×0.863)였다. 17개의 성냥을 태웠고(17번 버닝했고), 그중 최장 시간은 75초, 평균 버닝 지속 시간은 30초였다. 평균 버닝 강도는 369와트(FTP의 127%)였다. 그날 태운 가장 큰 성냥은 475와트(FTP의 164%)로 28초간 지속됐다. 이제 작년 시합의 요구 사항이 무엇이었는지 잘 알게 되었고, 이번에는 무엇이 필요한지 꽤 정확하게 예측할 수 있다. 따라서 어떤 훈련을 해야 하는지도 알 수 있다.

강화기에 위에서 설명한 지표를 달성하거나 초과하는 데 초점을 맞춘 시합-시뮬레이션 워크아웃을 주 1회 수행하게 될 것이다. 팀에서 토요일에 그룹 라이딩 2시간을 한다면, 이 핵심 워크아웃에 최적일 것이다. 강화기 초반에는 이 라이딩의 출발 지점까지 가면서 먼저 30분 정도 워밍업을 한다. 첫 번째 라이딩에서는 선두에서 뭘 좀 할 수도 있지만, 대부분은 빠르게 움직이는 펠로톤의 운동 강도에 익숙해지기 위해 앉아있을 것이다. 그룹 라이딩이 끝나면, 파워미터 화면에 TSS 132, IF 0.727이 찍혀있다. 이번 주 라이딩의 목표는 177(작년 시합 기록과 워밍업을 합친 TSS)을 초과하는 것이고, 당신은 최종적으로는 IF가 0.800을 훨씬 넘기를 원한다. 그래서 그룹 라이딩 후 혼자서 무산소 지구력 인터벌을 45분간 더 진행한다. 3시간 15분 동안의 라이딩 동안 총 TSS는 186, IF는 0.757로 마무리됐다. 좋은 출발이다.

그다음의 몇 주 동안에는, 토요일 그룹 라이딩을 할 때 언덕에서 공격적으로 라이딩을 하는 것에 중점을 두어 조금 더 강도를 올리고, 각 라이딩은 시합과 유사한 인터벌로 마무리한다. 강도 지수의 증가로 인해 총 워크아웃 시간은 점점 짧아지고 있지만, 워크아웃 주간 TSS는 177을 약간 상회하는 거의 동일한 수준을 유지한다. 이는 라이딩이 점점 더 시합에 가까워지고 있음을 의미한다. 강화기 후반에는 점점 더 시합에서 예상되는 만큼의 도전에 가까워지게 된다.

강화기 동안 수행한 작업은 핵심 워크아웃의 TSS 소스를 지속 시간에서 운동 강도로 전환하는 것이었다. 특별히 강도 부분은 시합의 예상 강도를 따라 했다. 또한 마지막 12주 동안에는 그룹 라이딩 대신 C 순위 시합에 참가하여 진행 상황을 측정하고, A 순위 시합에 정신적으로 대비했다. 시합 당일 날에는 몸을 흔들 준비가 되었다.

준비 중인 시합 유형에 관계없이, 시합의 요구 사항(TSS와 IF)을 시뮬레이션 해본다는 이 개념은 높은 목표를 달성할 가능성을 크게 높이는 방식으로 시합을 준비할 수 있도록 도와준다.

무산소 지구력 워크아웃

5장에서는 도로 경기나 크리티리움과 같은 경기에서 성냥을 불태우는 것Burning Matches에 대해 설명했다. 성냥 불태우기가 바로 이러한 레이스의 본질이다. 이러한 시합의 결과는 거의 항상 피크파워가 매우 높은 짧은 순간들에 의해 결정된다. 성냥 불태우기는 무산소 지구력 훈련-능력 범주에 속하며, 기초기의 또 다른 핵심 워크아웃 유형이다. 이러한 훈련은 시합을 위한 무산소 지구력을 향상시킬 뿐만 아니라, 유산소 능력(최대산소섭취량)도 높여준다. 이는 기본적으로 자전거에 파워를 공급하는 더 큰 엔진을 의미한다.

후자의 이점을 고려할 때, 나는 독주 경기 선수들도 무산소 지구력 훈련을 할 것을 제안한다. 대부분의 로드 선수들은 도로 경기와 독주 경기를 병행하기 때문에 두 종목이 A 순위 경기가 아니더라도 두 종목의 훈련에는 어느 정도의 유사점이 있다. 다만 강조하는 부분이 다를 뿐이다. 도로 경기를 위해 훈련하는 라이더는 독주 경기 전문가만큼은 아니지만 기초기 기간에 근지구력 훈련을 한다. 그리고 독주 경기 선수들도 무산소 지구력 워크아웃을 한다. 도로 경기 선수만큼 많이 하지 않을 뿐이다.

도로 경기에서 좋은 성적을 거두려면 깊은 무산소 상태를 자주 경험하고, 짧은 순간에 빠르게 회복할 수 있어야 한다. A 순위 시합이 도로 경기나 크리테리움이라면, 기초기에는 성냥을 태울 준비를 하는 것이 훈련의 상당한 부분을 차지해야 한다. 이러한 훈련들이 다음의 '도로 경기를 위한 강화기 훈련'의 주요 핵심 워크아웃이다.

무산소 지구력 워크아웃의 예는 부록 A에 나와 있다.

근지구력 워크아웃

근지구력 훈련의 목적은 젖산역치에 가까운 강도를 비교적 오랫동안 유지할 수 있는 능력을 향상시키는 것이다. 젖산역치는 기능역치파워(FTP)와 거의 같은 값이다.

근지구력은 고급 능력 중 가장 기본적인 능력이다. 도로 선수에게 근지구력이란 빠르게 달리는 그룹 안에서 불편함 없이 라이딩을 이어나가면서도 상황에 따라 가속과 성냥 버닝을 할 수 있는 충분한 에너지를 비축하는 것을 의미한다. 근지구력은 도로 경기에서 장시간의 솔로 브레이크어웨이를 할 때도 요청된다. 이러한 워크아웃은 도로 선수에겐 부차적으로 중요하다. 그러나 독주 경기 스페셜리스트에게 근지구력은 강화기 기간 동안 시합 준비의 핵심이다.

도로 선수에게 강화기의 핵심 시합-시뮬레이션 워크아웃은 무산소 지구력이지만, 독주 경기 선수에게는 근지구력이다. 독주 경기를 전문으로 하는 선수라면, 워크아웃은 반드시 FTP 근처에서 장시간 인터벌을 수행하는 것에 중점을 두어야 한다. 약 1시간이 소요되는 독주 경기는 바로 FTP 값에서 경주하는 것을 의미한다. 더 짧은 독주 경기는 더 높은 강도 지수(IF)를 요구한다. 1시간 이상 걸리는 시합은 FTP 이하에서 진행된다. 물론 독주 경기의 평균 강도 지수가 FTP 값이거나 혹은 더 낮더라도(IF 1.0 혹은 1.0 이하), 시합 중 FTP 값을 넘어갈 때가 충분히 있을 수 있다는 점도 기억해야만 한다. 이는 앞서 언급한 50-40-30-20-10 룰로 돌아가는 이야기이다.

다시 말하지만, 독주 경기 선수와 도로 경기 선수 모두 근지구력 워크아웃을 한다. 다른 점은 강화기 동안 매주 수행하는 근지구력 운동의 훈련량이다.

보조 워크아웃

보조 워크아웃은 시합 준비에 있어서 핵심 워크아웃보다는 어느 정도 덜 중요한 세션이다. 표 8.2와 8.5를 보면 이 범주에 포함된 훈련 능력은 스피드 스킬(표 8.2), 유산소 지구력, 스프린트 파워(표 8.5)라는 것을 알 수 있다. 기초기에서는 유산소 지구력이 핵심 워크아웃이었다는 것에 유의하라. 기초기 다음에는 유산소 지구력 훈련을 유지 관리 모드로 전환해야 한다. 그렇기 때문에 유산소 지구력 훈련은 기초기 후반기와 강화기에는 보조 워크아웃 운동으로 되어 있다.

보조 워크아웃은 부차적으로 중요하기에, 사용자의 필요에 따라 어떤 식으로든 생략하거나 조정할 수 있다. 예를 들어 직장이나 가족 일 또는 악천후와 같이 다른 약속이나 상황으로 인해 주간 훈련 일정을 변경해야 하는 경우, 그 주에는 보조 워크아웃을 빼버리고 핵심 워크아웃에 일정을 맞추면 된다. 핵심 워크아웃이 항상 우선순위여야 한다.

물론 이 표에서 보조 워크아웃으로 분류한 훈련 능력이 자기 자신에게는 가장 중요한 관심사일 수도 있다. 만일 여러분이 스프린트 스페셜리스트라면 스프린트 파워 세션이 핵심 워크아웃이 될 수 있다. 또는 스피드 스킬이나 유산소 지구력이 특히 부족하다면 이 중 한 가지를 더 높은 우선순위로 올려야 할 수도 있다.

자전거 라이딩을 즐기는 사람과 시합에 참가하는 사람들 모두를 위한 일반적인 훈련 계획을 세우는 것은 불가능하다. 궁극적으로 훈련 주기와 우선순위를 어떻게 정할지 스스로 결정해야 한다. 이 장의 나머지 내용은 제안 사항으로 받아들이면 된다. 전체 프로그램 설계는 이 책의 범위를 벗어나며, 『사이클 트레이닝 바이블: 중 · 장거리 사이클 선수 훈련지침』에 더 자세하게 설명해 놓았다.

회복 워크아웃

주기적인 회복은 훈련의 질을 높이는 데 매우 중요하다. 숙련된 사이클리스트에게 회복은 짧고 가벼운 페달 회전을 의미한다. 하지만 초보자는 하루 정도 완전히 쉬면서 체력을 회복하는 것이 좋다.

A 타입(역자 주: 공격적이고 성취지향적인 성격 유형)인 숙련된 라이더들은 회복 라이딩을 너무 적게 하고, 핵심 워크아웃을 너무 많이 하는 경우가 많다. 이러한 실수는 결국 일종의 고장을 초래하게 된다. 몸이든 마음이든 곧 "이제 그만"이라고 말하며 장시간 소파에 퍼져버리게 될 것이다.

피로에 굴복하는 대신 적극적인 회복 세션을 훈련 스케줄에 포함시켜야 한다. 이러한 세션을 시간 낭비라고 생각하지 마라. 피곤할 때 존 1에서 라이딩하는 것은 상급 선수들이 체력을 회복하는 동시에 높은 케이던스를 편안하게 지속하여 페달링의 경제성을 유지하는 효과적인 방법이다. 회복 라이딩 중에 스피드 스킬 훈련을 하는 것도 고려할 수 있는데, 회복 라이딩은 대개 스트레스가 크지 않기 때문이다(스피드 스킬 워크아웃의 예시는 부록 A를 참조). 그러나 회복 라이딩은 정말이지 반드시 쉬워야 한다. 회복 라이딩이 끝날 때쯤의 표준파워(NP)는 FTP의 50% 언저리여야 한다.

회복일에는 신체가 그동안 받은 스트레스에 적응하면서 더 강해질 수 있도록 해야 한다. 앞선 핵심 워크아웃에서 훈련 스트레스 점수(TSS)가 높았다면 신체는 소모된 글리코겐 저장을 새로 채우는 과정 중에 있다. 이 모든 과정은 시간이 걸리고 서두를 수도 없다. 우리의 몸은 다음 시합이 언제인지, 몸을 얼마나 만들고 싶어 하는지 신경 쓰지 않는다. 신체에게는 회복이 필요하다.

많은 라이더들이 저지르는 가장 큰 실수는 회복 라이딩을 존 1보다 높은 강도 지수(IF)로 하면 체력이 더 높아질 것이라고 생각하는 것이다. 그렇지 않다. 이는 피로를 연장하고 다음 핵심 워크아웃의 질을 떨어뜨릴 뿐이다. 존 1에서 해야 할 회복 라이딩을 존 2나 존 3에서 하게 되면, 잔여 피로가 다음 핵심 워크아웃 때까지 남아 있게 된다. 그건 결국 늘 하는 보통밖에 안 되는 훈련 세션을 계속 반복하게 만들고, 경기력의 저하를 낳는다. 핵심 워크아웃이 힘들수록, 회복 라이딩은 반드시 더 쉬워야 한다.

내가 수년간 코치한 라이더들의 주간 평균 강도 지수는 전체 시즌 내내 보통 0.70 정도이다. 이건 존 2 중간 정도이고 특별히 높은 수치는 아니다. 매주 핵심 워크아웃과 회복 워크아웃의 균형을 맞추면 이렇게 된다. 기초기에는 전반적인 체력을 끌어올리기 위해 다소 힘든 라이딩을 많이 하고, 다소 쉬운 회복 라이딩으로 균형을 맞춘다. 이렇게 하면 IF 0.70 정도가 된다. 강화기에 훈련 스트레스 점수(TSS)가 매우 높은 아주 힘든 라이딩을 했다면, 아주 쉬운 라이딩 또는 심지어 하루를 쉬는 것(TSS 0)으로 균형을 맞춘다. 다시 말하자면, 이렇게 하면 0.70 정도의 적당한 IF 값이 생성된다. 주간 평균 IF가 지속적으로 0.80 혹은 그 이상을 상회한다면, 오버 트레이닝의 길로 접어들고 있는 것일 수도 있다. 이 때에는 더 많은 회복이 필요하고, 회복이 필요한 것이 아니라면 FTP가 너무 낮게 설정되어 있는 것은 아닌지 체크해야 한다. 주간 IF가 지속적으로 0.6 이하로 매우 낮으면 훈련이 부족하거나 FTP가 적정 수준보다 높게 설정되어 있는 것이다.

시합 준비하기

6장에서는 일반 체력 강화에 초점을 맞춘 기초기와 시합-특화 훈련을 통해 더 빠른 속도를 내는 것을 목표로 하는 강화기로 구성된 훈련의 주기화 개념을 소개했다. 파워-기반 훈련의 복잡성에 대해 더 깊이 이해했으니, 이제는 시합 준비라는 핵심 사안으로 들어갈 때가 되었다. 이 주제에서는 워크아웃 파워의 세부 사항에 대해 좀 더 주안점을 두어 주기화 훈련의 개요를 주로 살펴보겠다. 사이클링을 위한 주기화 훈련에 대한 자세한 내용은 나의 책 『사이클 트레이닝 바이블: 중 · 장거리 사이클 선수 훈련지침』을 다시 한 번 더 참조하길 바란다.

이 논의에서는 여러분을 상급 운동선수라고 가정할 것이다. 다음 내용은 초보자를 위한 것이 아니다. 초보자란 사이클 시합을 위한 본격적인 훈련을 시작한지 1년이 되지 않은 사람이다. 시합 준비를 위해 최소 지난 12주 동안 매주 10시간 이상 라이딩을 한 2년차 선수와 3년차에 접어든 모든 선수라면 보통 다음 섹션에서 설명할 상급 훈련으로 넘어갈 준비가 되어 있다. 그런데 여러분이 본격적인 사이클링에 입문하지 얼마 되지 않았을수록 지금부터 설명하는 내용을 좀 더 보수적이고 신중하게 따라야 한다.

초보자라면 훈련의 주요 초점은 유산소 지구력이어야 한다. 이 능력은 6장에 자세히 설명되어 있고, 이 능력의 진행 상황을 측정하기 위한 파워-기반 툴도 함께 설명되어 있다. 다음에 설명한 것처럼 근지구력 워크아웃은 다소 보수적으로 수행해야 한다. 초보자는 스피드 스킬 워크아웃을 많이 하면서 근력 훈련은 제한적으로 해야 할 것이다(이에 관한 자세한 사항은 부록 A를 참조). 초보자는 근력을 훈련할 때 매우 주의해야 한다. 근력 워크아웃은 파워의 구성 요소인 힘(1장에서 파워는 힘과 케이던스의 결과라는 것을 설명한 것을 기억하라)을 개발하는 데 탁월하지만, 관절, 특히 무릎에 큰 스트레스를 준다. 관절에 불편함이 느껴지는 첫 번째 신호에서 워크아웃을 중단하라. 무릎이 약하다면 현재 체력 수준에 비해 워크아웃이 너무 힘들거나, 너무 무리하게 훈련했거나, 자전거 피팅이 필요한 경우이다.

다음에서 주로 설명할 내용은 운동량이 아니라 운동 강도이다. 운동량은 운동선수마다 크게 다르다. 여러분의 훈련 목적은 지속 시간을 기준으로 매주 많은 양의 훈련 스트레스 점수(TSS) 수치를 기록하는 것이 아니다. 얼마나 오래 라이딩 했느냐가 아니라, 라이딩 강도를 높이기 위해 무엇을 했느냐가 훈련의 가장 중요한 목표다. 로드 사이클리스트라면 첫째는 강도에, 둘째는 워크아웃 지속 시간에, 셋째는 주간 훈련 총거리에 초점을 맞춰야 한다. 강도와, 그리고 강도보다 정도는 덜하지만, 시간은 시합 성공에 있어서 주간 운동량보다 훨씬 더 밀접한 관련이 있다. 다음에 이어지는 내용에서는 지속 시간에 대해 간략하게만 언급하였고, 시합 대비 훈련과 관련한 운동량은 다루지 않았다.

고강도 워크아웃 시작 전에는 워밍업을 해야 한다. 라이딩 강도가 높을수록 워밍업 시간은 더 길어져야 한다. 존 2에서 이루어지는 유산소 지구력 라이딩의 경우에는 워밍업에 많은 시간이 필요하지 않다. 보통 10분 정도면 충분하다. 그런데 존 5에서 무산소 지구력 인터벌을 하기 전에는 긴 워밍업이 필요하다. 20~30분 정도 서서히 강도를 높여야 한다.

기초기와 강화기라는 두 가지 기준을 중심으로 모든 레이서를 위한 기초기, 도로 선수와 독주 경기 스페셜리스트를 위한 강화기로 구분하여 시합 준비 워크아웃에 대해 설명하겠다.

기초기 훈련(모든 시합용)

기초기에 권장하는 워크아웃 유형은 도로 선수와 독주 경기 선수 모두에게 동일하다. 기초기의 목표인 일반 체력은 모든 항목에서 전반적으로 비슷하다. 기초기 워크아웃은 훈련 능력에 따라 표 8.1에 정리하였고, 괄호 안에 워크아웃

표 8.1 상급 도로 선수와 독주 경기 선수의 기초기 워크아웃

시기	핵심 워크아웃	보조 워크아웃
기초기 초반 (6~8주)	유산소 지구력(유산소 역치) 근력(파워 반복)	스피드 스킬(드릴)
기초기 후반 (4~6주)	근지구력(스윗 스팟)	유산소 지구력(유산소 역치) 스프린트 파워(점프)

자세한 사항은 부록 A 참조.

이름을 써두었다.

기초기 초반, 상급 선수들이 보통 가장 필요로 하는 것은 유산소 지구력을 회복하는 것이다. 유산소 지구력은 이전 시즌을 끝낸 후의 전환기, 특히 장기간의 전환기에 저하되었을 가능성이 크다. 만약 A 순위 시합을 시즌 초에 마친 후, 시즌 중반에 강도 높은 집중적인 훈련을 한 후에 전환기를 가졌다면, 유산소 지구력이 크게 저하되지 않았을 수 있으므로 또 다른 기초기 초반 기간이 필요하지 않을 수도 있다. 이런 상황에서는 기초기 후반이나 강화기 훈련에서 유산소 지구력을 부차적 워크아웃으로 취급하는 것으로도 충분할 가능성이 높다.

상급자의 유산소 지구력 라이딩 시간은 일반적으로 2시간에서 3시간 사이이다. 그러나 유지 관리 모드에서는 절반 정도일 수 있다. 부록 A에 설명한 대로 워밍업을 한 다음 해당 시간 동안 심박존 2의 낮은 구간에서 꾸준히 라이딩하면 된다(올바른 강도의 확인을 위해서는 부록 B의 심박존 시스템을 사용할 것). 라이딩 후 워크아웃 그래프를 분석할 때에는 존 2 부분의 디커플링과 효율 지수에 특별히 주의를 기울여라(자세한 내용은 6장을 참고). 자신의 파워가 특정 심박수에 어떻게 반응했는지 알고 싶어야 할 것이다.

이 유산소 역치 워크아웃은 시즌 동안 심박수를 사용하여 운동 강도를 측정하는 유일한 워크아웃이다. 이 워크아웃에서 우리가 심박수를 사용하는 이유는, 일부 연구에 의해 피로가 쌓이면 심박수가 감소할 가능성이 있다는 것이 밝혀졌기 때문이다. 파워를 안정 상태steady-state의 강도를 측정하는 척도로 사용한다면, 심박수의 감소는 우리에게 체력이 향상되었다는 잘못된 인상을 줄 수 있다. 파워의 증가가 쌓인 피로와 함께 나타난 적은 결코 없다.

심박수는 그대로인데 파워가 눈에 띄게 감소한다면 워크아웃 동안 무엇을 해야 할까? 이는 6장에서 설명한 디커플링 현상으로, 유산소 지구력이 부족하다는 것을 의미한다. 아니면 단순히 그날 컨디션이 좋지 않은 것일 수도 있다. 누구에게나 때때로 일어날 수 있는 일이다. 또는 라이딩 전에 카페인을 너무 많이 섭취해서 심박수가 높아졌을 수도 있다. 심박수에 영향을 미치는 모든 것이 범인이 될 수 있다. 안타깝지만 훈련은 완벽한 세상이 아니다. 명백한 디커플링이 있을지라도 워크아웃을 계속 밀고 나가라. 이로 인한 피해는 없을 것이고, 훈련의 혜택은 여전히 존재한다.

이렇게 꾸준히 라이딩을 하다 보면 교통 체증, 신호등, 타이어 펑크 등으로 인해 라이딩이 중단될 수도 있다. 이런 상황이 발생하면 가능한 한 빨리 존 2로 돌아가 계속 진행하라. 이 워크아웃의 조건과 코스가 급격하게 변하지 않는다고 가정하면, 유산소 지구력의 발전을 측정하기 위해 몇 주 동안의 디커플링과 효율 지수를 비교할 때 나타나는 사소한 변화는 상쇄될 것이다.

스피드 스킬 훈련은 TSS 값이 큰 도전을 요구할 정도가 아니기 때문에, 다른 워크아웃 중에 할 수 있다. 스피드 스킬 훈련은 주중의 다른 라이딩의 워밍업, 인터벌 중간, 쿨다운 중에 드릴(짧은 반복 훈련)로 포함시킬 수 있다.

상급 라이더를 위한 기초기 초반의 가장 강도 높은 핵심 세션은 근력이다. 근력 워크아웃은 부상 위험이 높으니 일주일에 한 번으로 제한하라. 항상 그렇듯이, 기초기에 근력 워크아웃을 처음 할 때에는 낮은 반복 횟수로 시작하라. 이후 몇 주 동안 몸이 적응함에 따라 점진적으로 반복 횟수를 늘린다. 근력 워크아웃을 진행할 때에는 보수적이고 조심스럽게 해야 한다. 근력 워크아웃은 위험 부담이 있다.

근력을 최적화하기 위해서는 6~8주가 소요될 수 있다. 다음 단계로 넘어갈 준비가 되었다는 좋은 신호는 이 워크아웃에서 6초 피크파워(P0.1)가 안정된다는 것이다. 이런 현상이 나타나면 근력 워크아웃을 근지구력 훈련으로 대체할 때이다.

표 8.2 상급 도로 선수와 독주 경기 선수의 기초기 초반 주간 워크아웃 제안

요일	워크아웃
월	훈련 없는 완전한 휴식
화	유산소 지구력
수	회복(존 1)
목	근력+스피드 스킬
금	회복(존 1)
토	유산소 지구력
일	근력+스피드 스킬

자세한 사항은 부록 A 참조.

표 8.3 상급 도로 선수와 독주 경기 선수의 기초기 후반 주간 워크아웃 제안

요일	워크아웃
월	훈련 없는 완전한 휴식
화	유산소 지구력
수	근지구력
목	회복(존 1)
금	스프린트 파워+유산소 지구력
토	회복(존 1)
일	근지구력

자세한 사항은 부록 A 참조.

기초기 후반의 근지구력 워크아웃 최적화에는 6~8주가 소요될 수 있다. 이건 존 3의 상단 구간에서 존 4의 하단 구간 사이의 파워이다. 파워 트레이닝의 구루 앤드류 코건 박사는 이 파워 범위를 '스윗 스팟'이라고 부른다. 이 워크아웃은 FTP를 높이는 데 매우 효과적이면서 효율적이다. 이러한 훈련을 4~6주 정도 더 하면 전반적인 체력을 높은 수준으로 끌어올릴 수 있다.

상급 사이클리스트의 기초기 초반과 후반의 일반적인 일주일 워크아웃은 표 8.2와 표 8.3의 예와 비슷해 보일 수 있다. 기초기 동안 워크아웃을 구성하는 방법에는 여러 가지가 있다. 이는 두 가지 예에 불과하다.

도로 경기 강화기 훈련

대부분의 사이클리스트들은 도로 경기와 독주 경기를 다 하기 때문에 강화기의 훈련 주안점이 각기 다르더라도 핵심 워크아웃과 보조 워크아웃은 동일하다. 표 8.4에 해당 워크아웃 리스트를 제시했다.

도로 선수로서 강화기 훈련의 가장 중요한 목표는 태울 수 있는(버닝할 수 있는) 성냥의 개수를 늘리는 것, 버닝 지속 시간을 늘리는 것, 버닝할 때의 피

표 8.4 상급 도로 선수와 독주 경기 선수의 강화기 워크아웃

기간	핵심 워크아웃	보조 워크아웃
기초기 (8~9주)	– 근지구력(꾸준한 속도의 인터벌) – 무산소 지구력(빠른 그룹 라이딩, 최대산소섭취 인터벌, 성냥 버닝 인터벌) – 스프린트 파워(점프, 힐 스프린트)	– 유산소 지구력(유산소 페이스 조절) – 스프린트 파워(점프, 힐 스프린트)

자세한 사항은 부록 A 참조.

크파워를 높이는 것이다. 앞서 '핵심 워크아웃' 부분에서 설명한 것처럼, 이러한 훈련의 출발점은 컴퓨터나 온라인에 저장한 시합 파일, 특히 현재 훈련하는 A 순위 시합 파일을 찾아내 성냥 기록을 검색하는 것이다(5장 98쪽에 '성냥을 찾기 위한 WKO+ 설정 방법'에 WKO+ 소프트웨어로 이 작업을 수행하는 방법이 나와 있음). 여러분이 원하는 방식으로 성냥을 정의할 수 있다. 나는 도로 경기에서는 20초 이상, 크리테리움에서는 10초 이상 존 6(표 4.1, 73쪽)을 초과하는 파워로 성냥을 정의한다. 원하는 방식으로 다르게 정의할 수도 있다. 예를 들어 존 6 이상의 파워를 1분 이상 내는 것을 성냥이라고 정의할 수도 있다. 어떻게 설정하든 간에 전년도 시합 파일에서 자신이 기록한 성냥 버닝 값을 검색하라. 이 정보를 바탕으로 이전 시합의 요구 사항을 모방한 워크아웃을 만들어 더 많은 성냥, 더 긴 성냥, 더 큰 성냥을 태울 수 있도록 준비할 수 있다.

또한 근지구력도 계속 발달시켜야 한다. 시합 약 12주 전의 FTP 증가로 알 수 있듯이, 근지구력은 기초기 후반기에 잘 성장되어 있어야 한다. 이제 부록 A에 설명된 대로 꾸준한 속도의 인터벌을 수행하면 이러한 워크아웃은 더 도전이 되고, FTP가 다시 상승할 가능성이 높다.

또한 일주일에 한 번씩 이러한 워크아웃을 수행해 강화기 동안 유산소 지구력을 유지해야 한다. 표 8.5는 시합 시뮬레이션 워크아웃 다음 날인 일요일에 이 유산소 지구력 워크아웃을 하는 것을 제시한다. 일반적으로 이 시점에서는 라이더의 체력이 충분하므로 이렇게 같이 묶어서 하는 훈련은 문제가 되

표 8.5 상급 도로 경기 선수의 강화기 주간 훈련 제안

요일	워크아웃
월	훈련 없는 완전한 휴식
화	무산소 지구력
수	회복(존 1)
목	근지구력+스프린트 파워
금	회복(존 1)
토	시합 시뮬레이션+무산소 지구력
일	유산소 지구력

자세한 사항은 부록 A 참조.

지 않는다. 그리고 월요일에 완전한 휴식을 넣게 되면 보통 사람이 감당할 수 있는 수준의 운동부하이다. 하지만 일요일에 너무 피곤해서 존 2에서도 라이딩할 수 없다면, 회복 상태에 맞게 일정을 재조정해야 할 수도 있다.

독주 경기 강화기 훈련

표 8.4에는 독주 경기 스페셜리스트와 도로 선수 모두에게 권장되는 강화기 워크아웃이 나와 있다. 두 종목의 워크아웃 범주는 비슷하지만, 강조점이 다르다. 독주 경기의 경우 반드시 근지구력에 중점을 두어야 한다. 근지구력이 독주 경기의 핵심 능력이다. 또 다른 주요 능력은 무산소 지구력인데, 이 세션에서 독주 경기 선수의 훈련 유형은 도로 경기 스페셜리스트와는 크게 다르다. 또한 B 순위나 A 순위 시합에 참가하는 것이 아니라면 성냥 버닝 훈련은 신경을 덜 써도 된다. 무산소 지구력 워크아웃의 초점은 독주 경기의 시간 단축으로 이어질 수 있는 더 큰 유산소 용적(최대산소섭취량)을 키우는 것에 있다.

강화기 훈련에서 두 번째로 중요한 것은 유산소 지구력과 스프린트 파워이다. 유산소 지구력 워크아웃은 기초기 동안 획득한 이득을 유지하기 위한 것이다. 일주일에 한 번 존 2에서 장거리 라이딩을 하면 이를 달성할 수 있다. 도로 경기에 참가하지 않는다면 스프린트 파워 세션은 생략해도 된다. 스프린트 파워 세션은 선택 워크아웃으로, 이를 포함시키기 원할 경우에는 주중에서 자신에게 가장 적합한 아무 날에나 할 수 있다.

표 8.6은 독주 경기 선수를 위한 강화기 주간 훈련 계획의 제안이다. 여기서 가장 중요한 워크아웃은 화요일과 토요일이다. 토요일의 시합-시뮬레이션 라이딩은 여러분이 뛰려는 시합과 유사한 코스에서 하는 것이 가장 좋다. 이를 위해서는 각 인터벌의 지속 시간을 늘리거나, 인터벌 사이의 회복 시간을 줄이는 것에 중점을 두면서 시합 강도 지수로 인터벌을 해야 한다. 언덕에서 안정된 상태로 시합을 하기 위해서는 50-40-30-20-10 룰과 성냥 태우기를 적용해야 한다(이 두 가지에 대한 자세한 내용은 5장 참조).

토요일 라이딩의 시간당 TSS는 약 55~60 정도일 것이고, 2시간 남짓 걸릴 것이다. 그렇다면 인터벌 라이딩 후 꾸준한 유산소 지구력 라이딩을 추가하여 워크아웃의 총 TSS를 150까지 끌어올리는 것을 권장한다. 그렇게 했다면 일요일에는 회복 라이딩을 하라. 하지만 토요일 라이딩을 인터벌로만 끝냈다면, 일요일에는 파워존 2에서 유산소 페이스의 꾸준한 속도로 장거리 라이

표 8.6 상급 독주 경기 선수의 강화기 주간 훈련 제안

요일	워크아웃
월	훈련 없는 완전한 휴식
화	무산소 지구력
수	회복(존 1)
목	근지구력(+스프린트 파워)
금	회복(존 1)
토	시합 시뮬레이션(+무산소 지구력)
일	유산소 지구력(회복)

자세한 사항은 부록 A 참조.

딩을 하라. 대신 일요일을 TSS-150의 날로 만들어라.

도로 경기와 독주 경기에서 피크 찍기peaking

A 순위 시합 전 마지막 2~3주는 시합에 대비해 폼을 끌어 올려야 하는 시기다. 이를 위해서는 훈련 부하에 약간의 변화를 주면 된다. 7장에서 장기 훈련 부하(CTL), 단기 훈련 부하(ATL), 훈련 스트레스 밸런스(TSB)에 대해 자세하게 설명하였다. 이 시점에서 7장으로 돌아가 '파워와 주기화' 부분을 읽으면서 폼을 끌어 올리는 세부 사항을 다시 한 번 기억해두면 도움이 될 수 있다.

가장 중요한 시합의 마지막 2~3주 전인 피크 기간의 핵심은 ATL(피로)을 줄여, TSB(폼)를 올리는 것이다. 이 2~3주 동안 매일, 매주 TSS를 점진적으로 줄여나가면 된다. 운동 강도가 아닌 운동 시간을 줄임으로써 워크아웃 TSS를 줄이면 체력은 아주 약간만 잃으면서도 피로는 아주 많이 줄일 수 있다는 것을 기억할 것이다. 결과적으로 폼이 올라간다. WKO+ 소프트웨어나 이와 유사한 온라인 서비스인 TrainngPeaks.com을 사용하면 시합 당일의 TSB(폼)를 관리하고 예측할 수도 있다.

시합 당일에 여러분이 추구하는 것은 내가 '강한 폼'이라고 부르는 것이다. 즉, 시합 2~3주 전인 피크 시기보다 CTL(체력)이 10% 정도만 감소하고, TSB(폼)는 +15에서 +25의 범위로 상승한 상태를 의미한다. '약한 폼'은 보통 매우 높기는 해도 여전히 범위 내의 TSB를 생성하기는 하나, 체력은 10% 이상 떨어진 상태이다. 7장에서는 2~3주간의 피크 기간 동안 매일 예측한 TSS 수치를 연결하여 시합 당일의 CTL과 TSB를 관리하고 예측하는 방법에 대해 설명했다. 만일 퍼포먼스 관리 차트에서 시합 당일 CTL과 TSB가 원하는 위치에 있지 않다고 표시되면, CTL과 TSB가 정확해질 때까지 예상되는 일일 TSS 수치를 간단히 이동해보면 된다.

이 테이퍼링 과정에서 내가 발견한 가장 효과적인 방법은 피크 기간 동안 3일마다 시합과 유사한 워크아웃을 하는 것이다. IF는 반드시 시합 당일 예상 수치와 거의 비슷해야 한다. 이 워크아웃은 무조건 꽤 힘들어야 한다. 하지만 한 번 할 때마다 운동 시간이 짧아질 것이고, 이는 피크 기간 동안의 TSS와 주간 누적 TSS가 계속 감소한다는 것을 의미한다.

이런 시합과 유사한 핵심 워크아웃 사이에는 회복 라이딩을 한다. 회복 라이딩은 반드시 존 1에서 해야 하고, 피크 기간이 진행되면서 짧아질 수도 있다. 피크 기간 동안의 각 핵심 워크아웃과 회복 워크아웃에 대한 예상 TSS 수치를 WKO+ 소프트웨어나 TrainngPeaks.com 캘린더에 입력하면 시합 당일에 필요한 폼을 끌어올릴 수 있는 구체적인 실행 계획을 세울 수 있다. 그런 다음 해당 날짜에 적절한 유형의 워크아웃을 수행해 예정 TSS를 생성하기만 하면 된다. 과거에는 추측과 희망으로만 가능했던 일을 이제는 파워와 분석 소프트웨어를 이용해 할 수 있다는 사실이 정말 경이로울 뿐이다.

사이클 경기는 복잡한 스포츠이며 과학이자 예술이다. 시합을 준비하려면 먼저 전반적으로 체력을 단련하고, 그 체력을 시합에 적합한 스피드로 끌어 올려야 한다. 이 모든 것은 시합 예정일과 불가분의 관계에 있다. 당일 피크를 찍을 수 있는 수준으로 시합을 준비하는 것은 언제나 추측의 연속이었고, 가장 중요한 요소는 얼마나 강도 높은 훈련을 해야 하는가 하는 것이었다. 이제 자전거에 파워미터를 장착하고 컴퓨터에 분석 소프트웨어를 설치하면 추측은 더 이상 필요 없다. 시합 준비는 과학을 기반으로 더욱 정밀해지고 있다.

9

철인3종 경기를 위한 파워

철인3종 코치이자 철인 거리가 주력이었던 전 프로 트라이애슬리트 고르도 바이런Gordo Byrn은 자신이 파워미터를 사용하는 유일한 프로 선수였던 2000년대 초반의 행복한 시절을 떠올리고는 한다고 내게 말한 적이 있다. 다른 사람들이 자전거 위에서 운동 강도를 어떻게 관리할지 고민할 때, 고르도는 그저 자신이 훈련한 와트값을 시합 내내 약간씩만 변형해 유지하면서 경기를 했다. 그는 파워미터를 사용해 아이언맨 캐나다에서 8시간 29분이라는 최고 기록을 세우고, 울트라맨 하와이에서는 우승하는 등 매우 좋은 성적을 거두었다.

여러분이 프로처럼 시합을 하거나 그렇게 빠르지는 않더라도, 파워미터를 사용해 훈련하고 시합하면 경쟁에서 우위를 점할 수 있을 것이라고 믿어 의심치 않는다. 심박수 모니터만 가지고 훈련하고 시합을 한다면 확실히 불리하다. 이 장에서는 철인3종 경기에 특화된 파워미터 사용법에 대해 설명하겠다.

무엇이 중요한가?

지금까지 파워미터를 사용한 다양한 훈련 방법에 대해 알아보았다. 여러분이 읽은 모든 내용이 철인3종 경기 준비에 반드시 적용되는 것은 아니다. 여기서는 가장 중요한 사항을 강조하고, 더 빠른 레이스라는 목표를 위해 파워미터를 최대한 활용할 수 있는 데 도움이 되는 철인3종 경기에 관련된 다른 주제들을 소개하고자 한다.

훈련 시간

트라이애슬리트가 직면한 가장 큰 도전은 제한된 훈련 시간을 최대한 활용하는 것일 테다. 매주 훈련할 수 있는 시간이 적을수록 더 큰 도전에 직면하게 되고, 파워미터의 중요성은 더욱 커진다.

초보자들은 일반적으로 일주일에 수영 2회, 자전거 2회, 달리기 2회로 하루에 한 번 워크아웃을 한다. 훈련량이 많지 않고, 심지어 꽤나 제한적으로 보일 수 있는 훈련이지만 그래도 진보가 있다. 그러나 일주일에 6회만 꾸준히 운동하는 루틴은 상급자 수준의 트라이애슬리트에게는 효과가 없다. 7일 동안 한 종목당 두 번의 워크아웃을 하면 곧 체력이 저하되고 시합 준비 태세가 떨어지게 된다. 스포츠의 성취 수준이 높아질수록 체력을 지속적으로 향상시키기 위해 필요한 훈련량도 증가한다. 이는 선수가 준비하는 시합 거리가 길어질 때도 마찬가지이다. 철인 레이스 풀코스는 스프린트 철인3종보다 훨씬 더 많은 훈련이 필요하다.*

여러분의 시간이 많을지라도, 세 가지 종목으로 구성된 이 스포츠의 특성상 시합 준비를 최적화할 수 있는 방식으로 시간을 배분해야만 한다. 각 종목에 얼마나 많은 시간을 바칠 것인가? 이 질문에 답하기 위한 출발점은, 시합 중 이 세 가지 종목에 각각 얼마나 많은 시간을 할애할 것인지 결정하는

* 일반적으로 철인 레이스(풀코스)의 거리는 수영 3.8km, 사이클 180.2km, 마라톤 42.195km으로 이루어져 있다. 스프린트 코스의 거리는 수영 750m, 사이클 20km, 마라톤 5km이다.

것이다. 대부분의 트라이애슬리트는 대략 수영 15%, 사이클링 50%, 달리기 35% 정도로 한다. 비율이 조금씩 다를 수 있지만, 이 수치를 기준으로 여러분이 각 종목에서 매주 훈련할 시간을 결정할 수 있다. 그런 다음 강하고 약한 종목을 적절히 조정하라. 예를 들어, 사이클링에는 강하지만 달리기에서 개선할 여지가 많은 사람이라면 훈련 시간의 일부를 자전거에서 달리기로 옮기는 것이 좋다.

자전거는 여전히 시합 시간의 50%에 가깝기 때문에 사이클링은 가장 많은 시간을 바치는 스포츠가 될 가능성이 높다. 사이클링은 아주 강한 반면 다른 종목이 너무 약해서 라이딩을 거의 할 필요가 없는 선수는 여태까지 몇 명밖에 보지 못했다. 이런 경우는 드물다. 여러분이 할 수 있는 한 라이딩을 많이 해야 할 가능성이 높다. 파워미터를 다양하게 사용하면 시합 당일의 성적을 크게 좌우할 것이다.

페이스 조절과 강도 지수(IF)

자전거가 철인3종 성공의 열쇠라면, 시합을 잘하는 방법은 가능한 한 자전거에 잘 적응해 빠르게 달리고, 라이딩을 할 때에는 에너지를 눌러서 달리기를 꽤 쌩쌩한 다리로 할 수 있도록 하는 것이다. 이 마지막 포인트는 아무리 강조해도 지나치지 않다. 철인3종 경기의 자전거 구간에서 좀 참는 법을 배워야 한다. T2에서 완전히 지쳐서 나오게 되면 달리기는 형편없어질 것이다. 그 시점에서 하고 있는 것을 '달리기'라고 부를 수 있다면 말이다. 걷기일 가능성이 더 높다. 자전거에서 '획득'한 시간보다 더 많은 시간을, 달리기에서의 과도한 피로로 인해 잃게 될 수 있다.

자전거를 타는 페이스를 적절한 강도 지수(IF에 관한 자세한 내용은 5장 참조)에 맞게 조절하는 것은 완주 시간에 아주 중요하다. 페이스 조절을 제대로 못하면 시합을 잘할 수 없다. 수영은 전력질주로 출발해서 더 빠른 선수 몇 명이 필드에 남을 때까지 몇 분 동안 지속하는 것이 가능하고 자주 그렇게 한다. 반면 달리기 구간이 시작될 즈음에는 피로와 현실의 벽에 부딪히기 시작하므로, T2에서 나와 달리기를 아주 빠르게 시작하는 것은 어렵다. 관건은 자전거에 있다. 자전거 구간의 페이스를 반드시 잘 유지해야 한다. 다시 말하자면, 이건 참는 것을 의미하는데, 특히 출발할 때 속도를 늦춰야 한다는 것이다. 철인3종 선수들이 180km의 자전거 구간 중 첫 40km에서 개인 최고 기록을 세우는 것을 본 적이 있다. 그리고 그 후에는 어떻게 되는지 알 것이다. 남은 시간 동안은 완주를 위한 느리고 고통스러운 시도가 이어진다.

트라이애슬리트로서 페이스 조절에 관한 한 극도로 단련되어야 하며, 이러한 단련을 훈련에 반드시 포함시켜야 한다. 강화기에 수행하는 모든 핵심 워크아웃은 피니시를 강하게 마무리할 수 있도록 목표 시합에 적합한 강도 지수로 페이스를 유지해야 한다. 예를 들어, 세트 첫 인터벌에서는 감정을 조절해 자신을 억제하고 너무 열심히 하려는 경향을 자제해야 한다. 참아라. 마지막 인터벌을 위해서 할 수 있는 가장 큰 노력을 세이브하라. 마지막 인터벌을 베스트로 만들어보라.

시합의 강도 지수를 시뮬레이션 할 때는, 마지막 쿼터에서 강한 힘을 발휘할 수 있도록 첫 번째 쿼터 라이딩에서는 좀 자제하도록 해야 한다. 페이스 조절을 세심하게 관리하는 것을 습관화하여, 시합에 임할 때에는 참는 것이 제2의 천성이 되도록 해야 한다. 나는 내가 코치하는 모든 트라이애슬리트에게 이 점을 반복해서 연습시킨다. 이러한 자제력이 성공에 아주 중요함에도 불구하고, 혼자 훈련하는 트라이애슬리트들은 이를 진지하게 받아들이는 경우가 드물다. 파워미터를 사용해 강도 지수와 페이스를 조절하는 방법에 대해서는 5장에서 자세하게 설명하였다.

스마트한 페이스 조절은 5장에서도 설명한 대로 항상 낮은 변동성 지표(VI)를 위해 분투하는 것을 의미한다. 철인3종 경기에서 VI는 거의 항상 1.05 이하가 되어야 한다. VI가 높으면 페이스 조절이 엉성하고 에너지를 엄청나게 낭비했다는 뜻이다. 시합 후에는 VI를 체크하여 스타트뿐만 아니라 전체 시합 내내 페이스를 안정적으로 유지했는지 확인하라. 그렇게 하면 전체 시합 시간이 더 빨라질 것이다.

5장에서는 50-40-30-20-10 룰과 시합 파워를 조절하여 업힐 시의 성냥 버닝을 통제하는 방법을 표 5.3에서 설명했다. 이 두 가지 페이스 조절 전략을 워크아웃에서 리허설해봐야 한다. 훈련할 때 이런 페이스 조절 스킬을 연습하지 않으면, 시합 당일에 이를 해내지 못할 가능성이 크다.

최종 분석 결과, 철인3종 경기 성공의 열쇠는 절제를 하는 것, 그리고 적절한 강도 지수에서 자전거의 페이스를 꾸준하게 유지하는 것이다. 이 점만 제대로 지키면 좋은 시합을 펼칠 수 있다.

파워미터를 이용한 시합

파워미터라는 도구는 정말이지 기적 그 자체다! 시합은 언제나 파워미터와 함께여야 한다. 파워미터는 자전거 구간에서 제대로 경기하는 데 도움이 되며, 수집한 데이터는 개선을 위해 무엇을 해야 하는지 알려줄 것이다. 파워미터로 훈련만 하고 시합에서는 사용하지 않는다면 자신의 파워를 최대한 활용하지 못할 것이다.

안타깝게도 많은 트라이애슬리트들이 시합을 할 때 파워미터를 사용하지 않는다. 예를 들어, 인기 있는 파워탭 시스템은 뒷바퀴 허브에 내장된 기기를 사용하는데, 대부분의 트라이애슬리트는 파워탭이 내장된 휠로 훈련하다가 시합 때에는 더 가볍고 빠른 다른 뒷바퀴 휠을 사용한다. 즉 시합 중의 파워 데이터가 없다는 말이다. 그 결과 이러한 선수들은 다음번에 더 나은 성적을 내기 위해 운동 강도를 관리하거나 자신의 기록을 분석할 수 없다.

이 딜레마를 극복하는 한 가지 방법은 훈련용과 시합용 두 개의 파워탭 휠을 사용하는 것이다. 그렇다, 말해도 된다. 너무 비싸기 때문에 좋은 선택은 아니다. 더 좋은 해결책은 파워탭이 내장된 멋진 시합용 휠을 구매하여 이것을 훈련용으로도 잘 사용하는 것이다. (나는 시합용 클린처 타이어 휠을 추천한다. 클린처는 펑크가 났을 때 비용이 적게 들고, 요즘엔 클린처와 튜블러의 속도와 핸들링 차이도 적어졌다.) 최근에 나오는 휠들은 매우 가벼우면서도 내구성이 굉장히 좋다. 좋은 이중 목적의 휠은 장거리 라이더라도 몇 년은 계속 사용할 수 있다. 나는 '시합용' 휠로 연간 16,000km 이상 훈련을 시키는데, 선수들은 그 휠을 몇 년 동안 계속 문제없이 사용했다. 기술이 항상 더 나은 방향으로 발전하고 있기 때문에, 3~5년 내로 새로운 휠을 원하게 될 것이다. 그리고 차고에 몇 년이나 방치되었던 휠보다는 잘 써왔던 휠을 교체하는 것이 심리적으로 더 쉽다. 따라서 여러분이 파워탭의 길을 가겠다면, 좋은 뒷바퀴 휠 하나를 구입하여 모든 훈련과 시합에 사용하라.

자전거 선택

트라이애슬리트가 트라이애슬론 전용 자전거와 로드 자전거 이렇게 자전거 두 대를 갖고 있는 것은 드문 일이 아니다. 트라이애슬론 자전거는 평지에서 완만하게 구르는 코스에는 안성맞춤이지만, 언덕이 많은 시합이 예정되어 있다면, 에어로 핸들바가 장착된 로드 자전거를 사용하는 것이 좋을 것이다.

자전거의 전환은 파워의 변화를 의미하는 경우가 많다. 여러분의 FTP는 로드 자전거보다 트라이애슬론 자전거에서 더 낮을 수 있다. 이건 포지션의 차이 때문이다. 에어로 포지션이 공격적일수록(주로 낮은 상체 자세를 의미함), 파워 생산이 줄어든다. 비생산적으로 들릴 수 있지만 좋은 트레이드 오프다. 트라이애슬론 자전거에서 아주 약간의 와트를 포기하되, 비교적 평평한 지형에서 고속으로 달릴 때 방해가 되는 저항을 크게 줄인다는 것은 속도가 훨씬 더 빨라진다는 것을 의미한다. 그러나 로드 자전거는 업힐에 훨씬 더 좋은데, 중력을 극복해 내야 하는 업힐에서는 저항이 별로 중요하지 않기 때문이다. 안장 뒤쪽에 앉아 상체를 세우면 다운 스트로크 초반에 페달을 더 일찍 밟을 수 있어 더 많은 파워를 낼 수 있고 더 빠르게 오르막을 오를 수 있다.

이 모든 것이 의미하는 것은 어떤 자전거를 타느냐에 따라 FTP가 달라질 수도 있으므로 두 세트의 파워존이 필요할 수 있다는 것이다. 시합의 어느 지점에서 로드 자전거를 탈 예정이라면, 기초기 때 로드 자전거에서의 FTP를 체크해서 트라이애슬론 자전거에서의 FTP와 어떻게 다른지 확인하라. 차이가 3% 미만이면 파워존 구간을 변경할 필요가 없다. 신경 쓸 만큼 충분한 값이 아니다. 두 자전거 모두 한 세트의 파워존으로 타면 된다. 그러나 차이가 크다면 각 자전거마다 고유한 파워존을 설정해야 한다.

이 논의는 여러분이 적어도 1년에 한 번은 해야 하는 자전거 피팅을 받고 나면, FTP가 약간 변경될 수도 있다는 것을 의미한다. 자전거 피팅 후 자전거 포지션이 많이 바뀌었다면(더욱, 혹은 덜 공격적으로 변했다면), 파워존도 변경되었는지 다시 테스트해 봐야 한다. 다음 시합까지 기다리지 말고 즉시 이것을 시행하라.

핵심 워크아웃

핵심 워크아웃은 시합 준비에 가장 큰 영향을 미친다. 핵심 워크아웃은 강도와 지속 시간의 고유한 조합으로 되어 있다. 일반적으로 지속 시간이 짧을수록 운동 강도는 높아진다. 존 2에서의 라이딩은 몇 시간 동안 지속될 수 있지만, 존 6에서의 인터벌은 각각 몇 분에 불과하다. 훈련 중인 시합 거리가 핵심 워크아웃 유형을 결정하는 주요 요인이다.

세 가지로 나눠진 종목에 딸린 많은 워크아웃을 하다 보면, 일주일에 1~3개의 자전거 핵심 세션만 소화할 수 있다는 것을 알게 될 것이다. 이 횟수는 평소 체력, 회복 속도, 훈련 시기, 수영과 달리기에 비해 자전거를 얼마나 잘 타는지, 가능한 훈련 시간 등의 여러 가지 요인에 따라 달라진다. 일주일에 수행하는 자전거 핵심 워크아웃 횟수가 적을수록 기초기에는 유산소 지구력과 근지구력에 집중하고, 강화기에는 시합과 비슷한 라이딩에 집중하는 것이 더 중요하다.

자전거 핵심 워크아웃을 일주일에 1~2회만 할 수 있는 경우, '복합' 워크아웃을 하면 시간을 매우 효과적으로 사용할 수 있다. 복합 워크아웃은 두 가지 이상의 훈련 목적을 하나의 워크아웃으로 결합한 것이다. 이런 작업은 대부분 강화기에 수행된다. 복합 워크아웃을 만드는 방법에는 여러 가지가 있다. 예를 들어 근지구력 인터벌과 꾸준한 유산소 지구력 라이딩을 한 세션에 결합할 수 있다. 또는 다른 두 가지 운동에 무산소 지구력 인터벌을 추가하여 세 가지 능력을 결합할 수도 있다.

트라이애슬리트에게 복합 워크아웃은 큰 잠재력을 갖고 있지만, 훈련을 분투하면서 간신히 끝내고 회복에 며칠이나 시간을 허비할 정도로 과한 도전으로 만들어서는 안 된다. 특정 유형의 복합 워크아웃은 보수적으로 진행해야 하며, 한 세션의 총 TSS 최고 점수는 몇 주에 걸쳐 점진적으로 높여야 한다.

그렇지 않으면 과도한 피로, 탈진, 부상 및 질병의 위험이 생기게 된다.

부록 A에서는 능력별 워크아웃에 대한 세부 사항을 제공하고 있지만, 워크아웃 조합에 대한 제안은 제공하지 않는다. 복합 워크아웃 구성에는 약간의 과학과 예술이 필요하다. 과학 부분은 설명하기가 더 쉽다.

시합의 요구 사항이 무엇인지 결정하고 자신의 강점과 약점을 그것과 비교해보라. 자신의 약점이 시합의 요구 사항과 겹치는 부분에 '한계'가 있고, 한계가 있다면 좋은 성적을 낼 수 있는 가능성이 줄어든다. 예를 들어, 자전거의 일반적인 한계는 언덕을 오르는 것이다. 이것은 많은 트라이애슬론 선수들의 약점이다. 따라서 언덕이 있는 시합이 예정되어 있고 언덕이 자신의 한계점이라면, 복합 워크아웃에 언덕 훈련을 포함시켜야 한다. 강화기 초기에는 복합 워크아웃을 할 때 한계 부분을 먼저 수행한다. 위에서 설명한 예의 경우, 언덕에서 근지구력 인터벌을 먼저 수행한 후, 뒤이어 평지에서 유산소 지구력 부분을 수행하면 된다. 강화기 후반에는 복합 워크아웃 후반에서 한계 부분을 수행하라. 이 예에서는 유산소 지구력 라이딩을 먼저 하고, 그다음에 근지구력 언덕 인터벌을 하는 것이다.

복합 워크아웃의 다른 부분은 일반적으로 자신의 강점에 초점을 맞춘다. 페이스 조절이라고 가정해보자. 이 경우, 강화기 초반에는 언덕에서 근지구력 인터벌과 같은 운동을 한 후(한계), 시합 파워로 페이스 조절을 하며 길고 안정적으로 라이딩한다(강점). 강화기 후반에는 이를 역순으로 바꿔서 먼저 페이스 조절 라이딩을 하고, 그다음에 언덕에 오른다. 물론 한계점과 강점에는 다른 많은 가능성들이 존재한다. 간단히 말해, 이것이 바로 복합 워크아웃 설계의 과학이다.

복합 워크아웃 설계의 예술은 현재 시합 준비 상태의 미묘한 뉘앙스를 분석한 다음 무엇이 필요한지 결정하는 것이다. 가능성은 무궁무진하고, 그것은 이 책의 범위를 벗어난다. 더 자세한 설명은 나의 책 『The Triathlete's Training Bible』에서 확인할 수 있다.

회복 라이딩

진지한 트라이애슬리트에게 회복은 아주 중요하다. 대부분은 아니지만, 에너지가 넘치는 많은 트라이애슬리트들이 쉬운 워크아웃을 충분하게 하지 않는 것 같다. 존 1에서의 적극적 회복 세션은 상급 선수들이 지쳤을 때 신체의 활력을 되찾게 하는 효과적인 방법으로 드러났다. 그런데 초보자들은 하루 정도 훈련을 완전히 쉬는 것이 훨씬 더 좋다.

달리기는 적극적 회복을 위한 좋은 선택이 아니다. 다리에 너무 큰 스트레스를 주기 때문이다. 수영이 이러한 회복에 좋지만, 수영장까지 먼 거리를 이동해야 하거나 시설이 제한되어 있는 경우 날짜에 맞춰 수영을 하는 것이 어려울 수 있다. 자전거는 일반적으로 진지한 트라이애슬리트의 회복일을 위한 훌륭한 옵션이다. 하지만 회복 라이딩은 정말 쉬워야 한다. 꾸준히 라이딩하면서 파워존 1을 유지하라. 라이딩이 끝날 때쯤의 NP는 FTP의 약 50% 근처여야 한다. 트라이애슬리트들이 저지르기 쉬운 가장 큰 실수는 회복 라이딩을 너무 강한 강도로 하는 것인데, 이러한 접근 방식이 더 큰 체력 수준을 가져다 줄 것이라고 믿기 때문이다. 그렇지 않다. 이는 다음번 핵심 워크아웃에서 해야 하는 높은 수준의 세션을 수행하기 어려운 큰 피로감만 남길 뿐이다. 존 1 회복 라이딩을 존 3의 중간 강도에서 하면, 다음 핵심 워크아웃에 부가적인 피로를 끌고 오게 되어 보통 수준밖에 안 되는 세션만 할 수 있게 된다. 중간 강도의 '회복' 라이딩을 꾸준히 하면 결국 경기력이 저하될 수밖에 없다. 핵심 워크아웃 라이딩이 힘들수록 회복 라이딩은 더 쉬워야 한다. 누군가가 자신의 잠재력을 발휘하지 못하고 있다고 말하면, 나는 가장 먼저 회복 라이딩의 강도를 물어본다.

훈련 파트너

철인3종 경기는 개인 스포츠이다. 훈련 세션에서 그룹 라이딩을 하는 것은 종종 비생산적인데, 이러한 워크아웃이 미니 레이스가 되어서 훈련을 망칠 수 있기 때문이다. 망치는 것까지는 아니더라도 훈련 목표가 유산소 지구력, 근지구력, 시합 파워 등 뭐든 간에, 실제 훈련 강도가 목표에 비해 너무 높거나 낮은 와트로 라이딩을 하게 될 가능성이 높다. 또한 나쁜 페이스 조절 습관이 생기고, 체력이 저하되며, 일반적으로 라이딩에서 필요한 것을 얻지 못할 가능성이 높다.

트라이애슬리트에게 최악의 그룹 라이딩 멤버는 로드 라이더 그룹이다. 로드 라이딩은 심박수와 파워를 거친 호흡으로 여러 번 높은 수준에서 피크를 찍게 하기 때문에 체력 향상과 시합 준비에 좋다고 생각할 수 있다. 아마도 P1과 P6의 시즌 최고 기록을 경신할 수 있을 것이다. 이는 다양한 페이스의 도로 경기를 대비해야 하는 훈련 파트너의 목표에는 도움이 되겠지만, 여러분 자신에게는 이득이 없다. 짧고 급격한 파워의 폭발은 더 빠른 철인3종 레이싱으로 이어지지 않는다. 얻을 수 있는 것이 거의 없다. 로드 라이딩이 재미는 있을지 몰라도 보통은 소중한 훈련 시간을 낭비하게 된다.

훈련 파트너와 함께 라이딩하기 좋은 시기는 당신이 회복을 원할 때로, 반드시 다른 라이더들의 실력이 비슷하고 라이딩 난이도 조절에 동의하는 경우에만 가능하다. 모두가 파워미터를 가지고 있고, 비슷한 FTP 수준이라면 더욱 좋다. 예를 들어 60% 미만의 강도 지수(IF)로 라이딩하기로 동의하고 타면 된다(IF에 관한 자세한 내용은 5장 참조).

철인3종 경기 준비하기

이제 철인3종 경기의 일반적인 4가지 거리를 살펴보고, 각 기간에 따른 일반적인 훈련과 핵심 워크아웃에 대해 설명하겠다. 철인3종 훈련 주기화에 대한 자세한 내용은 나의 책 『The Triathlete's Training Bible』을 참조하라.

이 논의에서는 당신을 초보자가 아닌 상급 트라이애슬리트라고 가정하겠다. 여기서 초보자는 사이클링 경험이 없는 철인3종 훈련 첫해에 접어든 사람으로 정의하겠다. 지난 12주 동안 매주 약 5시간 이상 라이딩을 한 2년차 선수들과 3년차에 접어든 거의 모든 트라이애슬리트는 일반적으로 다음의 상급 훈련으로 넘어갈 준비가 된 상태이다. 하지만 본격적으로 사이클링을 시작한지 얼마 되지 않았을수록 지금부터 설명하는 내용을 좀 더 보수적이고 신중하게 따라야 한다.

초보자라면, 시합 거리와 상관없이 유산소 지구력에 중점을 두어야 한다. 유산소 지구력과 진행 정도를 측정하는 파워 기반 장비는 6장에서 자세하게 설명했다. 근지구력 워크아웃은 아래의 설명처럼 다소 보수적으로 수행해야 한다. 초보 트라이애슬리트는 주로 페달링 드릴과 제한된 근력 훈련 형태로 된 많은 스피드 스킬 워크아웃을 훈련에 포함해야 한다(이 모든 훈련에 대한 자세한 내용은 부록 A 참조). 초보자가 근력 향상을 위한 훈련을 할 때는 매우 조심해야 한다. 근력 강화 훈련은 관절, 특히 무릎에 큰 스트레스를 주기 때문에 주의해야 한다. 몸에 이상이 느껴지는 첫 신호에서 항상 워크아웃을 중단하라. 관절이 불편할 때에는 절대 워크아웃을 계속하지 마라. 무릎이 덜그럭거리는 것이 느껴진다면 현재 체력 수준에 비해 워크아웃이 너무 힘들거나, 너무 무리하게 훈련했거나, 자전거 피팅이 필요한 경우이다.

다음에 설명된 핵심 워크아웃은 상급 선수의 체력을 향상시키고 속도를 높이는 데 가장 도움이 될 수 있는 운동들이다. 이 워크아웃들이 여러분의 매주 자전거 훈련의 초점이 되어야 한다. 다른 약속으로 인해 주간 훈련 라이딩을 빼먹을 수밖에 없다면, 핵심 세션이 아닌 다른 운동을 건너뛰도록 하라. 이 말은 늘 회복에 지장이 없도록 일주일 안에 주간 워크아웃 일정을 재조정하라는 의미이다.

핵심 워크아웃에 대한 다음의 설명은 의도적으로 간략하게 작성되었다. 더 자세한 내용은 부록 A에서 확인할 수 있다.

아래의 설명에서는 운동량이 아니라 운동 강도에 주로 초점을 맞춘다는 점에 다시금 유의하라. 운동량은 선수마다 크게 다르다. 앞서 설명했듯이 시합이 길수록 훈련량이 더 많다고 가정해도 무방하다. (7장에서 운동량은 시간뿐만 아니라 훈련 스트레스 점수를 의미한다는 점을 기억하라.) 운동 강도는 단순히 매주 많은 시간이나 높은 TSS를 기록하는 것을 의미하지 않는다. 시간이나 TSS의 크기가 중요한 것이 아니라, 그 시간에 무엇을 했느냐가 중요하다. 장거리 코스 트라이애슬리트의 훈련량은 일반적으로 단거리 코스 트라이애슬리트보다 더 많은데, 이는 장거리 시합이 단지 단거리 라이딩을 많이 하는 것뿐만 아니라 더 긴 라이딩을 요구하기 때문이다. 시합과 유사한 훈련에 대한 다음의 논의에서는 지속 시간에 대해서만 간략하게 언급했다.

다음에 설명된 라이딩에서는 라이딩 전에 워밍업을 하는 것으로 가정한다. 라이딩 강도가 높을수록 라이딩 전 워밍업을 더 길게 지속해야 한다. 존 2에서 유산소 지구력 라이딩을 하기 전에는 워밍업을 많이 할 필요가 없다. 보통 10분 정도면 충분하다, 그러나 존 5에서 무산소 지구력 인터벌을 시작하기 전에는 긴 워밍업이 필요하다. 그 때의 워밍업은 20~30분 동안 점진적으로 강도를 높이는 것으로 구성할 수 있다.

철인3종 워크아웃에 대한 이 논의는 주기화에 따라, 모든 시합 거리에 대한 기초기와 특정한 시합 거리 준비를 위한 강화기 이렇게 두 부분으로 나뉜다.

기초기

기초기 워크아웃의 유형은 시합 거리와 관계없이 동일하다. 기초기의 목표는 모든 철인3종 거리에서 전반적으로 유사하게 필요한 일반 체력이다. 훈련 능력에 따른 기초기 워크아웃이 표 9.1에 나와 있고, 워크아웃 이름은 괄호 안에 표시했다.

기초기에서 달라지는 것은 시합 훈련 거리에 기반한 워크아웃 지속 시간뿐이다. 예를 들어, 표 9.2에 표시된 것처럼 꾸준한 상태로 라이딩하는 유산소 역

표 9.1 트라이애슬리트의 기초기 워크아웃

기간	핵심 워크아웃	보조 워크아웃
기초기 초기 (6~8주)	유산소 지구력(유산소 역치) 근력(파워 반복)	스피드 스킬(드릴)
기초기 후기 (4~6주)	근지구력(스윗 스팟)	유산소 지구력(유산소 역치)

워크아웃에 대한 자세한 내용은 부록 A 참조.

표 9.2 경기 거리에 따른 존 2 유산소 지구력 워크아웃(안정 상태 라이딩) 지속 시간

철인3종 경기 거리	유산소 역치 워크아웃 지속 시간*
스프린트	60분
올림픽	90분
하프-철인3종 경기	150분
철인3종 경기	240분

* 워밍업과 쿨다운은 포함하지 않음.

치 워크아웃인 존 2 부분의 지속 시간은 거리에 따라 달라진다. 이는 철인3종 기초기 초반 훈련의 핵심 워크아웃이다. 부록 A에 설명된 대로, 워밍업을 한 다음, 시합 거리에 따라 표 9.2와 같이 심박존 2의 하단 부분에서 꾸준하게 라이딩하라. 라이딩 후 워크아웃 그래프를 분석할 때에는 디커플링과 존 2 부분의 효율 지수에 특히 주의를 기울여라. 여러분이 알아야 할 것은 특정 심박수에 대해 자신의 파워가 어떻게 반응했는지이다.

이 유산소 역치 워크아웃은 시즌 동안 심박수를 사용하여 운동 강도를 측정하는 유일한 워크아웃이다. 이 워크아웃에서 우리가 심박수를 사용하는 이유는 일부 연구에 의해 피로가 쌓이면 심박수가 감소할 가능성이 있다는 것이 밝혀졌기 때문이다. 파워를 안정 상태의 강도를 측정하는 용도로 사용할 경우, 심박수의 감소는 체력이 향상되었다는 잘못된 인상을 줄 수 있다. 파워의 증가가 쌓인 피로와 함께 나타난 적은 결코 없다.

기초기에 처음 실시하는 유산소 역치 라이딩이 표 9.2에 나온 지속시간만큼이어서는 안 된다. 더 짧아야 한다. 처음에는 목표하는 최종 지속시간의 절반이나 그 이하일 수 있다. 기초기 6~8주 동안 목표 시간에 도달할 때까지 라이딩 시간을 계속 늘려가라.

심박수는 그대로인데 파워가 눈에 띄게 감소한다면 이 워크아웃에서 무엇을 해야 할까? (6장에서 설명한 대로) 이것이 바로 디커플링이며, 유산소 지구력이 궁극적으로 도달해야 할 위치가 그곳이 아니라는 것을 말해주는 것이다.

아니면 단순히 컨디션이 좋지 않은 날일 수도 있다. 라이딩 전에 카페인을 너무 많이 섭취했을 수도 있다. 심박수에 영향을 미치는 모든 것이 범인이 될 수 있다. 안타깝지만 훈련은 완벽한 세계가 아니다. 명백한 디커플링이 있을지라도 워크아웃을 계속 밀고 나가라. 이로 인한 피해는 없을 것이고, 훈련의 혜택은 여전히 존재한다.

이렇게 꾸준히 라이딩을 하다 보면 교통 체증, 신호등, 타이어 펑크 등으로 인해 라이딩이 중단될 수도 있다. 이런 상황이 발생하면 가능한 한 빨리 존 2로 돌아가 계속 진행하라. 이 워크아웃의 조건과 코스가 급격하게 변하지 않는다고 가정하면, 유산소 지구력의 발전을 측정하기 위해 몇 주 동안의 디커플링과 효율 지수를 비교할 때 나타나는 사소한 변화는 상쇄될 것이다.

근력, 스피드 스킬, 근지구력 워크아웃의 지속 시간은 경기 거리에 관계없이 전반적으로 동일하다.

스피드 스킬 훈련은 TSS 값이 그렇게 큰 도전을 요구할 정도가 아니기 때문에, 다른 워크아웃 중에 할 수 있다. 스피드 스킬은 주중에 이루어지는 다른 라이딩의 워밍업, 인터벌 중간, 쿨다운 중에 드릴(짧은 반복 훈련)로 포함시킬 수 있다.

상급 선수가 기초기 초반에 해야 하는 가장 강도 높은 핵심 세션은 근력이다. 근력 워크아웃은 부상 위험이 높으니 일주일에 한 번으로 제한하라. 항상 그렇듯이, 기초기에 근력 워크아웃을 처음 할 때는 낮은 반복 횟수에서 시작하라. 이후 몇 주 동안 몸이 적응함에 따라 점진적으로 반복 횟수를 늘린다. 근력 워크아웃을 진행할 때에는 보수적이고 조심스럽게 해야 한다. 근력 워크아웃은 위험 부담이 있다.

근력을 최적화하는 데는 6~8주가 소요될 수 있다. 다음 단계로 넘어갈 준비가 되었다는 좋은 신호는 근력 워크아웃에서 6초 피크파워(P0.1)가 안정화된다는 것이다. 이런 현상이 나타나면 근력 워크아웃을 근지구력 훈련으로 대체할 때이다.

기초기 후반의 근지구력 워크아웃은 매우 간단한데, FTP 88~93%로 20분 인터벌을 중간 5분 휴식을 끼워 딱 2회만 하면 된다. 이는 존 3의 상단 구간에

표 9.3 스프린트-거리 상급 트라이애슬리트의 기초기 핵심 워크아웃

요일	핵심 워크아웃
월	(훈련 휴식일)
화	달리기 핵심 워크아웃
수	자전거 파워 반복+스피드 스킬(초반) 자전거 스윗 스팟+스피드 스킬(후반)
목	수영 핵심 워크아웃
금	(존 1에서의 적극적 회복 라이딩)
토	달리기 핵심 워크아웃
일	자전거 유산소 역치

자세한 사항은 부록 A 참조.

서 존 4의 하단 구간 사이의 파워이다. 파워 트레이닝의 구루 앤드류 코건 박사는 이 파워 구간을 '스윗 스팟'이라고 부른다. 이 워크아웃은 FTP를 높이는 데 매우 효과적이면서 효율적이다. 이러한 훈련을 4~6주 정도 더 하면 전반적인 체력을 높은 수준으로 끌어올릴 수 있다.

상급 트라이애슬리트의 기초기 초반과 후반의 일반적인 일주일 워크아웃은 표 9.3의 예와 비슷해 보일 수 있다. 이는 핵심 워크아웃일 뿐이며, 비핵심 워크아웃으로 수영과 달리기를 더 많이 할 수 있다는 점을 기억하라. 또한 회복만을 목적으로 하는 회복 라이딩을 추가해야 할 수도 있다. 이러한 추가 워크아웃을 얼마나 많이 하느냐는 운동선수로서의 고유한 특성에 따라 달라진다. 뿐만 아니라 기초기 동안 워크아웃을 구성하는 방법에는 여러 가지가 있다. 이것은 한 가지 예일 뿐이다.

강화기

일단 기초기 훈련이 완료되면 강화기의 자전거 핵심 워크아웃으로 넘어갈 준비가 된 것이다. 강화기의 핵심 워크아웃은 준비 중인 철인3종 유형에 따라 다르다. 다음은 일반적인 철인3종 거리별 자전거 핵심 워크아웃이다(세 종목 훈련에 관한 더 철저한 논의는 『The Triathlete's Training Bible』 참조).

스프린트 강화기. 스프린트는 일반적인 철인3종 경기 중 자전거 거리의 변동성이 가장 큰 종목이다. 자전거 구간은 보통 16~24km 정도이고, 상급 선수라면 25~45분 정도 소요될 수 있다. 만약 이 대회가 독립적인 자전거 독주 경기라면 당연히 파워존 5에서 레이스가 진행될 것이다. 이 정도로 노력하면 숨이 가쁘고, 다리가 타는 듯하며, 혈액에 많은 산성화가 일어날 것이다. 하지만 자전거에서 내려서 5km 정도 달려야 하므로 반드시 참아야 한다(여기서 다시 한번 '참는 것'을 강조하겠다!). 이를 염두에 두면, 자전거 구간의 지속 시간에 따라 파워존 4의 상단과 파워존 5의 하단 범위에서 라이딩을 하게 될 것이다. 지속 시간이 길수록 강도는 낮아진다.

표 9.4는 스프린트-거리 트라이애슬리트를 위한 강화기 핵심 워크아웃과 보조 워크아웃을 보여준다.

상급 스프린트-거리 레이서를 위한 핵심 워크아웃은 근지구력(크루즈 인터벌)과 무산소 지구력(최대산소섭취 인터벌)이다. 시합의 자전거 구간이 40분 이상 걸린다면, 전자에 더 큰 강조를 두어라. 사실 자전거로만 45분 이상일 겨우 근지구력 훈련이 강화기 동안의 유일한 핵심 워크아웃이 될 수도 있다. 그러나 시합이 30분 미만으로 매우 짧다면 그때는 무산소 지구력에 중점을 두어야 한다.

강화기 동안의 주간 라이딩 중 한 번은 시합 강도와 지속 시간을 시뮬레이션 해야 한다. 예상 라이딩 시간에 따라 크루즈 인터벌 또는 최대산소섭취

표 9.4 스프린트-거리 상급 트라이애슬리트의 강화기 워크아웃

기간	핵심 워크아웃	보조 워크아웃
강화기 (8~9주)	근력(크루즈 인터벌) 무산소 지구력(최대산소섭취 인터벌)	유산소 지구력(유산소 역치)

자세한 사항은 부록 A 참조.

표 9.5 스프린트-거리 상급 트라이애슬리트의 강화기 주간 핵심 워크아웃 제안

요일	핵심 워크아웃
월	(훈련 휴식일)
화	달리기 핵심 워크아웃
수	자전거 최대산소섭취 인터벌(또는 크루즈 인터벌)
목	수영 핵심 워크아웃
금	(존 1에서의 적극적 회복 라이딩)
토	달리기 핵심 워크아웃
일	자전거 시합 강도 시뮬레이션+유산소 역치(+T2 달리기)

자세한 사항은 부록 A 참조.

인터벌 중 하나를 선택해 수행해야 한다. 이 시합-시뮬레이션 라이딩은 항상 시합 강도로 5~10분간 짧게 달리는 것으로 마무리하라.

또한 강화기 동안 유산소성 지구력을 유지하기 위해서는, 주당 한 차례씩 30분에서 60분 정도의 존 2 라이딩을 다른 핵심 라이딩에 끼워 넣는 복합 워크아웃을 만들어야 한다. 이 워크아웃을 위해서는 특히, 물론 모든 워크아웃을 위해서이기도 하지만, 50-40-30-20-10 룰과 성냥 크기(표 5.3)에 따라 페이스를 조절하라. 이것은 단지 강해지기 위해서만이 아니라, 더 빨라지기 위한 중요한 구성 요소이다.

표 9.5는 스프린트-거리 상급 트라이애슬리트를 위한 강화기 주간 훈련의 예시이다.

올림픽 강화기. 올림픽-거리 철인3종의 자전거 구간은 40km로, 대부분의 선수들은 FTP 약간 아래에서 레이스를 펼친다. 50분 내외로 자전거 항목을 끝낼 수 있는 엘리트 선수들은 FTP에서 레이스를 할 것이다. 엘리트 선수들에게는 이것이 '참는 것'이 될 것이다. 엘리트가 아닌 다른 모든 선수들은 존 4의 하단 구간에서 라이딩을 하게 될 것이다. 얼마나 하단 구간이 될지는 자전거 구간이 얼마나 오래 걸리는지에 따라 달라진다. 70~80분 정도의 기록이 예상되는 사람은 가장 하단 구간에서 라이딩해야 한다. 여러분의 시간이 60~70분으로 예상된다면, 여러분의 파워는 FTP와 비슷하거나 약간 낮아야 한다. 물론 모든 훈련과 시합이 그렇듯이 현재 자신의 FTP를 정확하게 파악하는 것이 중요하다.

올림픽-거리 훈련은 주로 강화기 때 근지구력을 키우는 것에 중점을 둔다. 자전거 항목을 1시간 이하로 끊는 엘리트 선수라면 최대산소섭취 인터벌 형태의 무산소 지구력 훈련을 포함시키고 싶어 할 수 있는데, 피니시까지 1시간이 넘어가는 선수에게는 권장하지 않는다. 이런 선수들에게는 잠재적인 보상이 위험을 상쇄하지 못하기 때문이다.

올림픽-거리 상급 트라이애슬리트를 위한 핵심 워크아웃은 표 9.6에 나와 있다.

강화기 동안에는 매주 한 번씩 시합 시뮬레이션 워크아웃을 포함시켜라. 올림픽-거리를 뛰는 상급 라이더의 경우, 이것은 부록 A에 설명된 대로 크루즈 인터벌을 수행하는 것을 의미한다. 시합을 약 12주 앞둔 강화기 시작점일 때, 권장 범위의 짧은 끝 구간에서 5~6분 정도의 인터벌을 수행하라. 이렇게 하면 누적 인터벌 시간이 25~30분이 된다. 이후 8주 동안 인터벌 시간을 서서히 늘려간다. 목표 시합 약 3주 전에는 40~60분 범위의 누적 인터벌 시간을 달성해야 한다. 예를 들어, 8분짜리 인터벌 5회(총 40분)나, 12분짜리 인터벌 5회(총 60분)를 할 수 있다.

언덕이 많은 자전거 코스에서 레이스를 하게 될 예정이라면, 시합 코스와 비슷할 것으로 예상되는 언덕에서 시합 시뮬레이션 크루즈 인터벌을 반복하

표 9.6 올림픽-거리 상급 트라이애슬리트의 강화기 자전거 워크아웃

기간	핵심 워크아웃	보조 워크아웃
강화기 (8~9주)	근지구력 (크루즈 인터벌)	유산소성 지구력 (유산소 역치)

자세한 사항은 부록 A 참조

는 것을 고려해보라. 그러면 회복 시간이 인터벌 지속 시간의 25%보다 길어질 수 있다. 괜찮다. 언덕을 다시 내려와서 최대한 빨리 다음 인터벌을 시작하면 된다.

매주 시합-시뮬레이션 워크아웃을 할 때에는 자전거 라이딩을 마친 후 짧은 달리기로 전환하라. 시합 속도로 약 10~15분 정도 달리면 충분하다. 여기서의 목적은 체력을 강화하는 것이 아니라, 자전거에서 시합 강도의 달리기로 전환하는 것에 익숙해지는 것이다. 이것이 바로 내가 강화기 동안 체력이 반드시 더 좋아지지 않아도 더 빨라진다고 말한 의미의 일부이다.

강화기 동안 유산소 지구력을 유지하는 것도 중요하다. 일주일에 한 번 심박존 2의 하단 끝에서 유산소 역치 라이딩을 한 시간 정도 하면 유산소 지구력을 유지할 수 있다. 이 운동은 단독 워크아웃으로 할 수도 있고 인터벌 세션 후에 추가해서 할 수도 있다. 이것은 회복 워크아웃이 아니다.

표 9.7은 강화기 동안 핵심 워크아웃을 어떻게 배치하는지 보여주는 예이다.

하프-아이언맨 강화기. 흔히 70.3(km) 거리 또는 '장거리' 철인3종이라고도

표 9.7 올림픽-거리 상급 트라이애슬리트의 강화기 주간 핵심 워크아웃 제안

요일	핵심 워크아웃
월	(훈련 휴식일)
화	달리기 핵심 워크아웃
수	자전거 크루즈 인터벌
목	수영 핵심 워크아웃
금	(존 1에서의 적극적 회복 라이딩)
토	달리기 핵심 워크아웃
일	자전거 시합 강도 및 거리 시뮬레이션+유산소 역치(+T2 달리기)

자세한 사항은 부록 A 참조.

표 9.8 하프-아이언맨 거리 상급 트라이애슬리트의 강화기 자전거 워크아웃

기간	핵심 워크아웃	보조 워크아웃
강화기 (8~9주)	근지구력 (크루즈 인터벌, 그리고/혹은 템포 인터벌)	유산소 지구력 (템포 인터벌)

자세한 사항은 부록 A 참조.

불리는 하프-아이언맨 거리는 '올림픽-거리 두 배'라고 하는 것이 더 정확할 것이다. 그 이유는 하프-아이언맨 거리 시합의 요구 사항이 장거리보다는 단거리 시합에 더 가깝기 때문이다. 가장 빠른 하프-아이언맨 트라이애슬리트를 위한 훈련은 올림픽 거리 레이서의 훈련과 비슷하다.

자전거 항목을 약 2시간에서 2.5시간 내로 끝내는 사람은 앞서 올림픽-거리 논의에서 설명한 대로 크루즈 인터벌을 해야 한다. 즉, 30~60분 동안의 파워존 4 인터벌을 주 1회 하는 것이다. 장거리 라이딩은 존 3에서 템포 인터벌로 진행하는 시합-시뮬레이션 세션이다.

자전거 구간 완주에 2.5시간 이상의 시간이 걸릴 것으로 예상되는 사람들에게는 템포 인터벌이 유일한 자전거 핵심 워크아웃이다. 이는 단일 목적의 주간 라이딩과 장거리 시합-시뮬레이션 라이딩 모두에 해당한다.

템포 인터벌은 파워존 3에서 20분간 진행하고, 파워존 1에서 5분간 회복한다. 자세한 사항은 부록 A를 참조하라. 레이스를 펼치게 될 거리의 가장 높은 강도는 존 3일 가능성이 크다. 빠른 트라이애슬리트는 존 3의 높은 구간과 존 4의 낮은 구간 사이(IF 0.85~0.95)에서 레이스를 하게 될 것이다. 그 외 모든 선수들은 존 3의 중하위 구간(IF 0.75~0.85)에 있을 것이다. 훈련과 경험을 통해 IF를 훨씬 더 작은 범위로 좁힐 수 있다. 다음에 제시된 핵심 워크아웃은 이 강도 지수를 반영해야 한다.

표 9.9는 일주일에 2번의 핵심 자전거 라이딩을 제안한다. 그중 하나는 템포 인터벌을 2~3개만 포함할 것(예: 표 9.9의 수요일 핵심 워크아웃)이고, 다른 하나(예: 표 9.9의 일요일)는 시합 당일 약 3주 전에 인터벌 6개라는 정점을 찍을 것이다. 강화기 동안 점차적으로 6개로 올리는 것으로 진행한다. 강화기 처

표 9.9 하프-아이언맨 거리 상급 트라이애슬리트의 강화기 주간 핵심 워크아웃 제안

요일	핵심 워크아웃
월	(훈련 휴식일)
화	달리기 핵심 워크아웃
수	자전거 템포 인터벌 또는 크루즈 인터벌
목	수영 핵심 워크아웃
금	(존 1에서의 적극적 회복 라이딩)
토	달리기 핵심 워크아웃
일	자전거 시합 강도 및 거리 시뮬레이션+유산소 역치(+T2 달리기)

자세한 사항은 부록 A 참조.

음에는 2~3개로 시작해서 점차 늘려나가라. 더 긴 세션(표 9.9의 일요일)은 시합-시뮬레이션 워크아웃이므로, 시합 페이스에 맞춰 15~20분 정도의 짧은 달리기로 이 세션을 마무리한다.

템포 인터벌은 유산소 지구력을 유지해 주므로, 하프-아이언맨 트라이애슬리트는 강화기 기간에 존 2 라이딩을 할 필요가 없다.

아이언맨 강화기. 아이언맨에서의 자전거 구간은 의심의 여지없이 시합 성공의 열쇠이다. 잘 달리고 싶다면 자전거 체력을 최고 수준으로 끌어올린 다음, 시합하는 동안에는 (자전거 부문에서 모든 체력을 다 쓰지 않도록) 참아내야 한다. 보통 아이언맨 자전거 구간은 일반적으로 IF 0.65~0.75 범위에서 시합이 이루어진다. 대부분의 연령 그룹 트라이애슬리트는 IF 0.65~0.70에서 시합을 할 것이다. 5시간 이내로 경기를 끝마치는 엘리트 선수들만 0.75에 근접할 것이다.

시합 당일 자전거 구간이 시작될 때 이 IF는 놀라울 정도로 쉽게 느껴질 것이며, 파워 전략을 무시하고 더 빨리 달리고 싶은 마음이 들 것이다. 페이스 조절 계획을 포기하고 싶은 갑작스러운 마음에 더해, 첫 0.8km 동안 수많은 라이더들이 여러분을 추월하게 될 것이다. 지금 페이스 조절 계획을 걷어차버리고 그들과 함께 달리면, 자전거 구간 마지막 쿼터와 마라톤 내내 후회하게 될 것이고, 아마도 걷게 될 가능성이 높다. 일단 시합에 효과적인 IF가 정했다면 이를 고수하라. 인내심을 가져라. 시합 초반 여러분을 추월했던 사람들이 나중에는 다시 여러분에게로 돌아오게 될 것이다.

일반적인 철인3종의 모든 경기 거리를 고려할 때, 아이언맨 경기는 시합 거리가 아주 길기 때문에, 반드시 자신의 파워를 가장 면밀하게 모니터하고 컨트롤해야 한다. 시합 당일의 변동성 지표, 50-40-30-20-10 룰, 성냥 버닝 컨트롤은 성공에 매우 중요하다. 모든 훈련 라이딩에는 이러한 효과적인 페이스 조절 지표가 포함되어야 한다.

상급 아이언맨 트라이애슬리트의 경우, 강화기에는 표 9.10에서 제시하는 것처럼 2개의 핵심 자전거 워크아웃이 있다.

더 짧고 더욱 고강도인 세션(표 9.11의 수요일)은 부록 A에 설명된 대로 템포 인터벌로 구성된다. 언덕에서 열리는 시합에서 이 강도를 사용할 가능성이 가장 높다. 그러니 가능하면 이 세션을 언덕에서 자주 반복해서 수행하라. 거주 지역에 언덕이 없다면 선택의 여지가 없으니 평지에서 템포 인터벌을 수행할 수밖에 없다. 최적은 아니지만, 다른 옵션이 없다.

또 다른 자전거 핵심 워크아웃은 유산소 페이스 조절이다. 기초기에 수행한 유산소 역치 워크아웃과의 유일한 차이점은 이제 심박수 대신 파워를 사용하여 운동 강도를 측정한다는 것이다. 이제 우리의 목적은 단순히 유산소 지구력을 키우는 것이 아니라, 시합 당일의 페이스 조절 전략을 리허설하고 다듬는 것이다. 강화기 동안 시합에 필요한 강도 지수(IF)를 정확히 파악하고, 언덕에 적응하기 위해서는 강도 지수를 어떻게 변경할지 결정해야 한다.

프로 선수의 경우, 많은 선수들이 선두 그룹과의 접촉을 유지하기 위해 0.80에 가까운 IF로 시합을 시작할 것이다. 프로 레벨에서 이 그룹에 속하면 심리적으로도 공기역학적으로도 여러 이점이 있다. 하지만 이 소수 프로들의 운동 강도는 시합의 자전거 구간이 진행됨에 따라 서서히 낮아진다. 시합이 끝날 때쯤에는 대부분 IF 0.70에 가까워질 것이다. 프로 선수의 경우 이러한

표 9.10 아이언맨-거리 상급 트라이애슬리트의 강화기 자전거 워크아웃

기간	핵심 워크아웃	보조 워크아웃
강화기 (8~9주)	근지구력(템포 인터벌) 또는 유산소 지구력(유산소 페이스 조절)	유산소 지구력(유산소 페이스 조절) 또는 근지구력(템포 인터벌)

자세한 사항은 부록 A 참조.

표 9.11 아이언맨-거리 상급 트라이애슬리트의 강화기 핵심 워크아웃

요일	핵심 워크아웃
월	(훈련 휴식일)
화	달리기 핵심 워크아웃
수	자전거 템포 인터벌
목	수영 핵심 워크아웃
금	(존 1에서의 적극적 회복 라이딩)
토	달리기 핵심 워크아웃
일	자전거 시합 강도 및 거리 시뮬레이션(+T2 달리기)

자세한 사항은 부록 A 참조.

페이스 조절 전략을 위한 훈련을 꼭 해야 한다.

연령대 그룹 트라이애슬리트에게 이것은 피해가 막심한 시합 방식이다. 시합 내내 근처에 다른 선수들이 있을 가능성이 높기 때문에 굳이 선두 그룹에 머물 필요가 없다. 적절한 페이스로 달릴 수 있을 만큼의 컨디션을 유지할 수 있는 IF에 기반한 페이스 조절 전략을 꼭 세워야 한다. 이것이 바로 강화기 시기 장시간 훈련(표 9.11의 일요일)의 목적이다.

페이스 조절과 더불어 아이언맨 시합 성공의 또 다른 중요한 요소는 자전거 위에서 먹는 것이다. 아이언맨 시합은 수영-자전거-달리기-먹기 대회다. 시합 중에 소모되는 탄수화물을 적절히 보충하지 않으면, 달릴 수 없게 되거나 심지어는 완주할 수도 없다. 핵심은 시합 IF와 칼로리 섭취 비율을 맞추는 것이다. IF가 높을수록 처리할 수 있는 음식의 양이 줄어들고, 액체로 보급을 해야 될 가능성이 높아진다. IF가 낮아질수록(즉, 경기 종료 시간이 더 느려질수록) 칼로리 섭취량이 증가하고 음식이 더 단단해질 수 있다. 강화기 동안의 장거리 라이딩은 이 모든 것을 파악할 수 있는 유일한 방법이다. 연료 보급 옵션을 실험하는 동안 반드시 적절한 IF를 유지하면서 라이딩을 해야 한다(이에 대한 자세한 내용은 나의 책 『The Paleo Diet for Athletes』를 참조).

철인3종 경기는 복잡한 스포츠이다. 수영, 자전거, 달리기를 적절히 혼합해 삶에 결합시키는 것은 확실히 도전이다. 파워미터는 시합에서 성공하는 데 중요한 훈련 방법을 연습할 수 있게 해줌으로써 이 모든 것을 도와줄 수 있다. 이는 가장 기본적인 수준에서 강도 지수와 페이스 조절에 특별히 주의를 기울이는 것을 의미한다. 파워를 이용한 훈련은 성공에 중요한 이 요소들을 어림짐작하는 추측성에서 정확함으로 바꿔준다. 파워미터를 이용한 훈련과 시합은 거의 반칙이나 다름없다. 일단 익숙해지면 쉽게 사용할 수 있다.

10

센츄리 라이딩을 위한 파워

100마일(160km)을 라이딩하는 것은 완주가 유일한 목표라 할지라도 부담스러운 과제다. 여러분이 센츄리에서 개인 최고 기록 달성을 목표로 삼았다면 훨씬 더 거대한 도전이 된다. 바로 이때 파워미터가 정말 빛을 발한다. 이 장에서는 이전 장에서 읽은 내용을 적용하여 최고의 센츄리 성적을 낼 수 있는 방법을 보여줄 것이다. 여러분은 더 강하고 빨라지는 데 도움이 되는 핵심 워크아웃에 대해 더 자세히 탐구하게 될 것이다. 여러분이 센츄리의 그날까지 최상의 폼을 낼 수 있는 주간 훈련 계획을 제안하겠다. 정말 재미있을 것이다. 지금 바로 시작해보자.

무엇이 중요한가?

처음 7개의 장에서, 파워에 대한 정보가 너무 많아서 좀 부담스러웠을 수도 있었을 것 같다. 어쩌면 파워미터를 사용하여 센츄리 훈련을 하는 것이 생각했던 것 이상으로 복잡한 과정이라고 느낄 수도 있다. 하지만 그렇지 않다고 장담할 수 있다. 준비의 핵심은 센츄리를 준비하는 데 있어 가장 중요한 부분과 파워미터가 어떻게 훈련을 개선시킬 수 있는지에 집중하는 것이다.

노력과 강도 지수

센츄리 라이딩을 성공적으로 완주하려면 강도 지수(IF)와 변동성 지표(VI), 이 두 가지를 꼭 제대로 파악해야 한다. 두 가지 모두 5장에 설명되어 있다. 먼저 강도 지수를 살펴보고 이것이 왜 중요한지 알아보겠다.

강도 지수가 라이딩의 노력을 측정한다는 것을 기억할 것이다. 강도지수(IF)는 라이딩의 표준파워(NP)를 기능역치파워(FTP)로 나눈 값이다. IF가 1.0이면 해당 라이딩의 NP와 FTP가 정확히 같다는 것이다. 즉, 해당 라이딩을 자신의 FTP 값으로 완주했다는 뜻이다. FTP의 정의는 1시간 동안 낼 수 있는 최대 파워이기 때문에, 이 라이딩은 아주 힘들었을 것이다. 레드라인에서 1시간 동안 라이딩 하는 것은 대다수 라이더들의 능력을 넘어서는 일이다.

사실 IF 1.0이나 1.0에 근접한 상태로 센츄리 라이딩을 완주할 수 있는 방법은 전혀 없다. 대부분의 참가자들에게 가장 빠른 센츄리 라이딩은 약 5시간 정도 걸리는데, 이때의 IF는 0.75~0.8의 범위 내이다. 이건 5시간 동안의 고강도 라이딩이다. 그 스펙트럼의 반대편 끝에 있는 7시간 이상 걸려 완주하는 라이더들의 IF는 0.5~0.6 정도이다. 대부분은 IF 0.6~0.7에서 라이딩한다.

따라서 일반적으로 센츄리 라이더들의 대부분은 IF 0.5~0.8 사이라고 안전하게 말할 수 있다. 이 IF는 파워존 1의 상단 구간, 파워존 2, 그리고 파워존 3의 하단 구간에 해당하는 값이다. 센츄리를 준비하는 목표 중 하나는 자신의 '기본base' IF가 어느 정도여야 하는지 파악하는 것이다. 기본 IF란 비교적 평평한 지형에서 유지할 수 있는 IF이다. 과거에 참가했던 센츄리 시합 라이딩 파일을 살펴봄으로써 자신의 IF가 어땠는지 확인하여 결정할 수 있다. 이런 파일이 없다면 장거리 라이딩을 할 때 자신의 IF에 세심한 주의를 기울여라. 센츄리 시합에서는 좀 더 빡세게 노력하게 되겠지만, 훈련 라이딩을 통해 대략적인 예상치를 알 수 있을 것이다.

일단 예상 IF를 알게 되면, 그 수준으로 장거리 라이딩을 하는 방법을 반드시 배워야 한다. 이것을 배우는 것을 센츄리 시합날까지 기다려서는 안 된다. 그때 가면 이미 늦었다.

성공적인 센츄리 라이딩을 위한 또 다른 중요한 요소는 페이스 조절인데, 특히 자신의 기본 IF 값에 준하는 평평한 지형이 아닐 경우 더 그렇다. 이어서 계속 살펴보자.

페이스 조절과 변동성 지표

페이스 조절은 센츄리 경기력에 매우 중요하다. 페이스 조절은 에너지 사용, 특히 소중한 글리코겐 저장고를 어떻게 효율적으로 사용하는지와 많은 관련이 있다. 글리코겐은 크랭크를 돌리는 데 필요한 연료를 공급하기 위해 신체가 지방과 함께 사용하는 탄수화물 기반 연료이다. 라이딩 내내 두 가지 연료 공급원이 혼합되어 사용된다. 그러나 글리코겐 공급은 제한되어 있는데, 보통 근육에 1,500~2,000칼로리의 글리코겐이 저장되어 있을 것이다. 여러분이 얼마 동안 빡세게 빨리 달리면 글리코겐을 더 많이 태우게 되고 지방은 덜 태우게 된다. 속도를 늦추면 두 가지 연료의 혼합은 역전되고, 신체는 지방에 더 많이 의존하게 된다.

뽑아낼 수 있는 글리코겐 저장량은 적은 반면 지방은 많이 저장되어 있기 때문에(아무리 깡마른 라이더라도 며칠 동안 라이딩할 수 있을 만큼의 지방이 저장되어 있다), 라이딩 중에는 스포츠 음료, 에너지바, 에너지젤, 또는 자신이 먹고 마시고 싶은 어떤 형태로든 탄수화물을 섭취해야 한다. 문제는 소화관이 처리할 수 있는 탄수화물의 양은 제한되어 있다는 점인데, 체격과 몇 가지 변수에 따라 달라지기는 하지만 라이딩 한 시간당 대략 200~300칼로리 정도이다. 소화 기관이 처리할 수 있는 양보다 더 많은 양의 탄수화물을 섭취하면 탄수화물(그리고 섭취한 모든 음식물 등)이 그대로 남아서 복부 팽만감과 메스꺼움을 유발할 수 있다. 이건 좋지 않다.

글리코겐은 분명히 귀중한 자원이므로 센츄리 라이딩 시의 조기 피로를 피하기 위해서는 글리코겐 소비를 아주 보수적으로 하는 것이 현명하다. 이 방법은 IF를 관리하고, 라이딩 중의 급가속을 엄격하게 제한하는 것이다. 최종 평균파워가 동일하더라도, 꾸준하게 라이딩할 때보다 급가속할 때 더 많은 글리코겐을 태운다. 다른 사람의 추월을 막으려고 하거나, 업힐에서 힘을 쓰거나, 빠르게 달리는 그룹에 잠시 합류할 때와 같이 급가속할 때마다 글리코겐을 훨씬 더 높은 비율로 태우게 된다. 센츄리 라이딩 내내 이러한 행동을 반복하면 비록 탄수화물을 섭취한다 할지라도 연료의 아웃풋-인풋 곡선에서 뒤처지게 될 수 있다. 다른 말로, 글리코겐이 부족해질 수 있다. 이런 일이 발생하면, 파티는 끝장이다. 이걸 "봉크가 났다bonking"*라고 하는데, 진지한 센츄리 라이더가 직면하게 되는 가장 큰 도전이다.

무서운 봉크를 피하기 위한 비결은 알려진 대로 탄수화물을 관리 가능한 속도로 섭취하고 라이딩 페이스를 안정적으로 조절하는 것이다. 첫 번째 부분은 훈련 라이딩을 할 때 정해야 한다. 사람마다 연료 보급 상황이 다르기 때문에 이것은 주로 시행착오와 같은 경험에 기반하기 때문이다. 두 번째 부분은 우리를 5장에서 논의했던 몇 가지 개념으로 다시 이끄는데, 나는 우리가 센츄리 훈련에 대한 고유한 관점에서 출발해 이를 재검토해야 한다고 생각한다.

먼저 변동성 지표(VI)부터 살펴보자. WKO+ 소프트웨어와 TrainingPeaks.com의 변동성 지표 기능은 라이딩을 얼마나 안정적으로 했는지 알려준다. 변동성 지표는 표준파워를 평균파워로 나눈 값이다. 두 값이 정확히 같으면 VI는 1.0이다. 이는 매우 안정적으로 라이딩했다는 뜻이다. 페이스를 자주 바꿨다면 VI는 1.0보다 더 높아질 것이다. 센츄리 라이딩과 대부분의 핵심 워크아웃에서는 VI를 1.15 이하로 유지하는 것을 목표로 해야 한다. 만일 1.15를 훨씬 웃도는 수치로 센츄리 라이딩을 하게 된다면 에너지를 많이 낭비하게 될 것이다.

"하지만 코스에 언덕이 있다면 어떻게 하나요? 그렇게 되면 안정적으로 라이딩할 수 없지 않을까요?"라고 질문할 수도 있다. 사실 그렇다. 언덕이 있으면 VI에 영향을 미친다. VI는 언덕을 얼마나 공격적으로 오르느냐에 따라 달라진다. 만약 긴 언덕에서 가속과 감속을 반복하거나 짧은 언덕에서 공격적으

* 봉크(bonking): 봉크는 자전거를 타고 장거리를 가는 도중 체력이 소진되어 몸 상태가 갑자기 나빠지는 현상을 말한다.

로 어택한다면 VI는 확 올라갈 것이다. 이러지 말고, 전체 VI를 1.15 이하로 유지하기 위한 안정적인 강도로 언덕을 오르는 것이 좋다. 이것이 바로 표 10.1의 전제인데, 이 표를 센츄리 라이딩을 위한 성냥 버닝 가이드라고 생각해도 된다. 이 표에 따르면 언덕에서는 최대 2개의 파워존까지 파워 출력을 높일 수 있다. 예를 들어, 대부분의 센츄리 라이딩은 파워존 2(IF 0.55~0.75)에서 이루어지므로, 라이더의 속도에 따라 파워존 4에서 언덕을 오르는 것이 베스트이다. 더 높은 파워존에서 안전하게 머무를 수 있는 시간, 단일 센츄리 경기 동안 더 높은 파워존에서 라이딩할 수 있는 누적 시간을 표 10.1에 제시하였다. 이는 대략적인 가이드라인일 뿐이며, 사람에 따라 더 많이 감당할 수도 있고 더 적게 감당할 수도 있다. 다시 한 번 강조하지만, 자신이 감당할 수 있는 관리 구간을 파악하는 유일한 방법은 훈련 라이딩에서 리허설을 해보는 것이다.

이는 우리를 다시 5장에서 설명한 50-40-30-20-10 룰로 이끈다. 보다시피 이 룰은 경기력에 근본적으로 중요한 요소이다. 이 룰에 따르면 시속 50km로 달릴 때는 분명 언덕을 내려가고 있는 상태일 것이다. 센츄리 시합을 하는 동안에는 더 빨리 가려고 하지 마라. 대신 최대한 공기역학적인 자세로 언덕을 내려오면서 에너지(소중한 글리코겐)를 절약하라. 내리막길 아래쪽에서 속도가 시속 40km까지 느려지기 시작하면 다시 페달을 밟을 수 있지만 세게 밟지 마라. 힘을 낮게 유지하라. 그러면 존 1에 있게 될 것이다. 속도가 시속 30km로 낮아지면 페달을 좀 세게 밟아라. 이 속도는 센츄리 평지 구간 평균 속도와 (약 몇 km 이내의 오차 범위 이내로) 비슷해야 하기에, 당신이 평지에서 훈련한 와트값이 되어야 한다. 이것이 당신의 기본 IF이다.

표 10.1 파워/성냥 구간, 지속 시간, 누적 시간에 따른 센츄리 라이딩 성냥 사이즈

기본 파워존	성냥존 (및 강도 상한)	성냥 지속 시간 (다양할 수 있음)	센츄리를 위한 권장 성냥 누적 시간 (다양할 수 있음)
존 3	존 5	2분 이하	10분 이상
존 2	존 4	5분 이하	20분 이상
존 1	존 3	15분 이하	60분 이상

속도가 시속 20km까지 떨어지면, 언덕을 오르고 있는 것일 것이다. 이때 페달을 더 세게 밟아 평평한 지형에서의 평소 출력보다 약간 더 높은 파워가 나오도록 해라. 이렇게 더 세게 페달링을 하면 자신의 기본 IF보다 한 구간 더 높은 파워존에 있게 될 가능성이 높다. 매우 가파른 오르막에서는 속도가 약 10km로 떨어지게 되므로 여기서도 꽤 세게 페달을 밟아야 한다. 이때가 바로 성냥 버닝이 시작되는 시점이고 기본 IF보다 두 구간 높은 파워존에 있게 된다.

내가 제안한 속도가 센츄리 시합날의 예상 속도와 일치하지 않는다면 바꿔도 된다. 50-40-30-20-10 대신, 45-35-25-15-5로 변경할 수 있다. 즉, 센츄리의 목표 평균 속도가 시속 30km가 아니라 시속 25km라면 이렇게 될 것이다. 이렇게 스스로 룰을 약간 조정할 수는 있지만, 개념은 동일하게 유지된다.

의심의 여지없이, 강도 지수와 변동성 지표는 성공적인 센츄리 라이딩의 가장 중요한 예측 요소이다. 그리고 당연하지만, 너무 많지도 적지도 않은 탄수화물을 적절히 섭취해야 한다.

핵심 워크아웃과 보조 워크아웃

센츄리를 잘하기 위한 준비에는 때때로 '라이딩을 하는 것' 이상의 것이 필요하다. 라이딩에는 반드시 목적과 기대 효과가 있어야 하며, 라이딩을 충분히 자주 한다면 결국 높은 수준의 체력을 얻을 수 있다. 이것이 바로 '훈련'이다.

센츄리 훈련을 할 때 어떤 워크아웃은 다른 워크아웃보다 더 중요한데, 이것이 바로 핵심 워크아웃이다. 또한 각 훈련 기간마다 약간 덜 중요한 보조 워크아웃이 있다. 센츄리 준비 기간 중 마지막 24주 정도의 준비 기간을 기초기와 강화기(6장에서 설명한 대로)라는 두 파트로 나눌 때, 각 기간마다 고유한 핵심 워크아웃과 보조 워크아웃이 있다.

핵심 워크아웃을 할 때는 항상 강도 지수(IF)와 변동성 지표(VI)를 가장 중요하게 생각해야 한다. 가장 중요한 워크아웃은 강화기에 시행하는 센츄리 시뮬레이션이다. 훈련 라이딩, 특히 훈련 시뮬레이션에서 이 두 가지 개념을 반복적으로 리허설해보면 센츄리에서 성공할 수 있다. IF와 VI를 염두에 두고 라이딩하는 것이 습관화되어야 중요한 날에 생각할 필요 없이 라이딩을 할 수 있다.

센츄리 시뮬레이션과 훈련 스트레스

센츄리 라이딩을 준비할 때 가장 혼란스러운 문제 중 하나는 장거리 라이딩 지속 시간을 결정하는 것이다. 센츄리 준비를 위해 훈련으로 160km 라이딩을 할 필요는 없다. 그 라이딩을 한다면 목표를 위해 설정한 강도 지수보다 훨씬 낮은 강도로 달리게 되어 매우 오랜 시간 동안 도로 위에 있게 될 것이다. 앞서 언급했듯이 상급 선수들의 성공 비결은 라이딩 지속 시간이 아니라 운동 강도이다. 장시간 천천히 라이딩하는 것으로는 안 된다.

강화기에는 장거리 라이딩이 핵심 시뮬레이션 워크아웃이다. 센츄리 시합 전 마지막 12주 동안 6~8회의 장거리 라이딩을 하게 될 것이고, 마지막 2~3회가 가장 긴 라이딩이 될 것이다. 이 모든 라이딩은 목표 IF에서 수행해야 하고, 더 높은 수준을 위해 인터벌을 할 수도 있다(잠시 후 더 자세하게 설명하겠다). 그렇다면 시뮬레이션 라이딩은 얼마나 오래 해야 할까? 표 10.2는 강화기 기간에 하는 2~3번의 최장거리 라이딩 시간을 결정하는 데 도움이 될 것이다.

다음은 표 10.2를 사용하여 2~3개의 최장거리 핵심 센츄리 시뮬레이션 라이딩의 지속 시간을 결정하는 방법이다.

1. 지형과 라이딩에 영향을 끼칠 수 있는 기타 외부 요인(더위, 습도, 바람)을 고려하여 센츄리 목표 시간을 결정한다.
2. 센츄리 목표 IF를 선택한다. 목표 IF는 반드시 현실적이어야 하며, 다른 센츄리 기록, 긴 훈련 라이딩에서의 예전 퍼포먼스와 훈련 계획에 근거해야 한다.
3. 목표 시간 행과 IF 열이 교차하는 지점에서 자신의 센츄리 예상 TSS를 찾을 수 있다(회색 상자나 빈 공간에 있는 숫자가 아닌 일반 검은색 숫자여야 현실적이다.) 대부분의 경우 TSS의 범위는 220~350 사이여야 한다.

표 10.2 목표 강도 지수(IF)와 예상 시간을 기준으로 추정한 센츄리 라이딩 훈련 스트레스 점수(TSS)

	0.50 IF	0.55 IF	0.60 IF	0.65 IF	0.70 IF	0.75 IF	0.80 IF
2.75시간							176
3시간						169	192
3.25시간						183	208
3.5시간					172	197	224
3.75시간					184	211	240
4시간				169	196	225	256
4.25시간				180	208	239	272
4.5시간				190	221	253	288
4.75시간			171	201	233	267	304
5시간			180	211	245	281	320
5.25시간			189	222	257	295	336
5.5시간		166	198	232	270	309	352
5.75시간		174	207	243	282	323	
6시간	150	182	216	254	294	338	
6.25시간	156	189	225	264	306	352	
6.5시간	163	197	234	275	319		
6.75시간	169	204	243	285	331		
7시간	175	212	252	296	343		
7.25시간	181	219	261	306	355		
7.5시간	188	227	270	317			
7.75시간	194	234	279	327			
8시간	200	242	288	338			

참고: 회색 박스 숫자는 사용하지 마시오.

4. 예상 TSS에 0.75를 곱하여 자신의 최장거리 라이딩의 TSS를 결정한다.
5. 목표 IF 열에서 최장거리 라이딩의 TSS를 찾고, 왼쪽의 시간 열을 보면 센츄리 준비를 위한 자신의 최장거리 라이딩 지속 시간을 찾을 수 있다.

앞서 언급했듯이 표 10.2를 사용하여 찾은 지속 시간은 강화기의 최장거리 라이딩 중 마지막 2~3회 동안 수행할 시간이다. 마지막 라이딩은 테이퍼링을 시작하고 센츄리 피크를 찍기 직전에 진행해야 한다. (테이퍼링 기간은 라이딩 2~3주 전에 시작되며, 이 장의 뒷부분에서 설명하겠다.)

하지만 강화기에서 수행하게 되는 첫 번째 특정 IF 시뮬레이션 라이딩은 훨씬 더 짧을 것이다. 대부분의 라이더는 TSS 150 근처에서 시작하는 것이 적당하다. 이어지는 매주 동안 이전 장거리 라이딩의 TSS에 10% 정도를 추가한다. TSS를 사용하여 라이딩 시간을 결정하는 것이지, 그 반대의 방법이 아니다. 표 10.2에 나와 있는 목표 TSS와 장거리 라이딩 시간을 달성할 때까지 150, 165, 180, 200 등의 TSS 값으로 진행하면 된다. 그리고 당연하지만 모든 라이딩은 자신의 목표 IF에 맞춰 진행해야 한다.

어떤 사람들에게는 센츄리 시합날의 짧은 버전에서도 목표 IF가 너무 어려울 수 있다. 당일에는 잘 쉬고, 탄수화물을 충분히 보충하고, 열정이 넘쳐야 하며, 다른 라이더들에게 드래프트 형태로 도움을 받기도 하고, 중간 중간 보급소도 이용하게 될 것이다. 훈련 라이딩을 할 때마다 이 모든 것이 가능하다면 아주 좋겠지만 그렇게 될 수는 없다.

IF 0.75 정도까지는 장거리 훈련 라이딩에서 몇 시간 동안 안정적으로 라이딩할 수 있다. 하지만 0.75를 넘어가면 워크아웃에서 장거리 라이딩을 하는 것이 큰 도전이 된다. 바로 이때 인터벌을 포함시켜야 한다. 나는 존 3 템포 인터벌을 추천한다. 부록 A에서 템포 인터벌에 대해 설명해두었다. 인터벌을 사용하면 목표 IF를 시뮬레이션하고 장거리 라이딩을 할 수 있다. 언덕을 제외한 나머지 구간에서 목표 IF를 초과하지 않도록 인터벌의 페이스를 잘 조절하라. 처음 몇 번의 인터벌은 너무 빡세게 하는 경향이 있다. 그러지 말아라. 참아라.

자신의 페이스를 유지하라.

장시간 시뮬레이션 라이딩 동안 시합 당일에 예상되는 방식에 최대한 가깝게 각 항목들을 수행하라. 여기에는 실제 라이딩과 유사한 코스를 선택하고, 동일한 장비와 복장을 착용하며, 라이딩을 할 때처럼 탄수화물 중도 보급도 포함된다.

회복 워크아웃

주간 훈련을 계획하는 일반적인 방법은 어려운 라이딩과 쉬운 라이딩을 번갈아가면서 하는 것이다. 가장 힘든 라이딩이 핵심 워크아웃이다. 보조 워크아웃은 좀 더 수월하다. 상급 선수들은 일반적으로 매주 한 번씩 핵심 워크아웃과 보조 워크아웃을 이틀간 연달아 수행할 수 있다. 또한 회복만을 위한 날도 필요하다. 회복일은 워크아웃 없이 자전거를 쉬는 날일 수도 있고, 짧은 존 1 라이딩으로 구성할 수도 있다. 일주일에 한 번 쉬는 것은 실력에 상관없이 모든 라이더들에게 좋은 아이디어다. 본격적인 자전거 훈련을 시작한 첫해라면, 회복일에는 자전거를 타지 않는 것이 가장 좋다. 연구에 따르면 상급 선수들은 가벼운 운동으로 더 잘 회복하는 반면, 초보자들은 완전히 쉬는 것이 훨씬 더 효과적이라고 한다.

센츄리 라이딩 준비하기

센츄리를 위한 훈련은 서두를 수 없으므로, 꼭 미리 계획을 세워야 한다. 생리적으로 적절한 준비 태세로 발달시켜 놓으려면 세포 수준에서 많은 변화가 일어나야 하는데, 지금 당장 아무리 원한다고 해도 그 변화가 간단하게 빨리 일어날 수는 없다. 매우 높은 IF와 장시간의 라이딩을 결합한 고강도 워크아웃에 신체가 빠르게 적응하도록 강요하는 것은 거의 효과가 없으며 큰 위험에 처하게 된다. 부상, 질병, 탈진 또는 과도한 훈련으로 인해 신체가 어떤 식으로든 망가질 가능성이 높다. 이건 신체가 "그만해"라고 말하는 방식이다.

대망의 날을 맞이하는 가장 좋은 방법은 몇 주에 걸쳐 서서히 스트레스를 늘리는 것이다. 몸은 긍정적으로 반응하고, 체력도 환상적으로 향상될 것이다.

이 장에서는 효과적인 훈련 진행 방식을 살펴보겠다. 훈련은 기초기에서 강화기로 갈수록 점차 더 어려워질 것이고, 센추리 시합 직전의 짧은 피크 기간으로 마무리될 것이다. 나는 30년 이상 코치 생활을 하면서 많은 선수들에게 이 방법을 성공적으로 사용했다. 여러분에게도 효과가 있을 것이라고 확신한다.

기초기

기초기는 센추리 시합 약 24주 전부터 시작하여 12주 전까지 계속된다. 6장에서 자세히 설명한 것처럼 이 기간의 목적은 전반적인 체력을 향상하는 것이다. 센추리 라이더에게 이는 유산소 지구력, 근력, 스피드 스킬, 근지구력 등의 기본 능력을 향상시키는 것을 의미한다.

기초기는 초반기와 후반기로 나뉜다. 기초기 초반에서는 세 가지 기본 능력 중 첫 번째 능력을 개발하는 데 중점을 둔다. 기초기 초반은 6~8주 동안 지속되며, 이 세 가지 능력, 특히 유산소 지구력이 최적의 체력 수준에 도달하면 종료된다. 이를 결정하는 방법에 대한 자세한 내용은 6장(103쪽) '더 강하게, 더 빠르게'를 보라. 기초기 후반은 근지구력에 중점을 두는 시기이다. 이 시기의 목표는 FTP를 높이는 것이다. 여기에 제시된 일정에 따라 꾸준히 훈련하면 4~6주 이내에 목표를 달성할 수 있다.

표 10.3에는 기초기 능력 훈련이 요약되어 있으며, 각 항목에 대한 워크아웃 유형에 대한 예시가 나와 있다. 제안된 워크아웃에 관한 자세한 내용은 부록 A에서 확인할 수 있다.

표 10.4(기초기 초반)와 표 10.5(기초기 후반)는 핵심 워크아웃에 집중하는 동시에 보조 세션으로 적합한 주간 훈련을 구성하는 방법을 제시한다. 이러한 워크아웃 스케줄은 제안 사항일 뿐이며, 주간 훈련 계획을 세우는 유일한 방법은 아니다. 또한 이 방법이 반드시 자신에게 가장 적합한 방법도 아니다. 자신에게 가장 잘 맞는 주간 훈련 계획을 세워야 한다. 그런 다음 그 계획을 따

표 10.3 센츄리 라이더의 기초기 워크아웃

기간	핵심 워크아웃	보조 워크아웃
기초기 초기 (6~8주)	유산소 지구력(유산소 역치) 근력 (파워 반복)	스피드 스킬(드릴)
기초기 후기 (4~6주)	근지구력(스윗 스팟)	유산소 지구력(유산소 역치)

자세한 사항은 부록 A 참조.

표 10.4 센츄리 라이더의 기초기 초반 주간 훈련 계획 제안

요일	핵심 워크아웃
월	(훈련 휴식일)
화	유산소 지구력
수	회복(존 1)
목	근력+스피드 스킬
금	회복(존 1)
토	유산소 지구력
일	근력+스피드 스킬

자세한 사항은 부록 A 참조.

표 10.5 센츄리 라이더의 기초기 후반 주간 훈련 계획 제안

요일	핵심 워크아웃
월	(훈련 휴식일)
화	유산소 지구력
수	근지구력
목	회복(존 1)
금	유산소 지구력
토	회복(존 1)
일	근지구력+유산소 지구력

자세한 사항은 부록 A 참조.

르는 것에 전념해라.

매주 훈련의 초점은 반드시 핵심 워크아웃에 맞춰야 한다. 약속 등으로 인해 세션을 놓쳤다면 보조 워크아웃을 제외시켜라. 이는 핵심 워크아웃 사이에 충분한 회복 시간을 갖도록 일주일을 재조정하는 것을 의미하기도 한다.

강화기

강화기는 센츄리 시합 12주 전에 시작해서 9주 또는 10주 동안 지속된다. 이 기간 동안 훈련의 초점은 빨라지는 것에 맞춰져 있다. 여기에는 지형 적응, 영

표 10.6 센츄리 라이더의 강화기 워크아웃

기간	핵심 워크아웃	보조 워크아웃
강화기 (8~9주)	근지구력(크루즈 인터벌, 빠른 그룹 라이딩) 센츄리 시뮬레이션	유산소 지구력 (유산소 페이스 조절)

자세한 사항은 부록 A 참조.

표 10.7 센츄리 라이더의 강화기 주간 훈련 계획 제안

요일	핵심 워크아웃
월	(훈련 휴식일)
화	근지구력
수	회복(존 1)
목	유산소 지구력
금	회복(존 1)
토	센츄리 시뮬레이션
일	회복

자세한 사항은 부록 A 참조.

양 보급, 페이스 조절 리허설, 장비 선택 등이 포함된다. 또한 빨라진다는 것은 기초기에 향상시킨 유산소 지구력을 유지하면서 시합 특정 체력을 향상시키는 것을 의미한다. 지금 여기서 가장 중요한 주간 워크아웃은 위에서 설명한 센츄리-시뮬레이션 라이딩이다.

표 10.6에는 강화기 동안의 핵심 워크아웃과 보조 워크아웃이 나와 있다. 권장 주간 훈련 계획은 표 10.7에 제시했다. 장거리 시뮬레이션 라이딩을 토요일로 제안한 것에 주목하라. 여기에는 이유가 있다. 토요일에 악천후가 발생하더라도, 일요일에 장거리 라이딩을 할 수 있기 때문이다.

센츄리 피크 찍기

센츄리 전 마지막 2~3주는 폼을 올려 피크를 찍기 위한 테이퍼링을 시작해야 하는 시기이다. 이 시기가 바로 피크 기간이다. 폼은 운동 강도를 유지하면서 워크아웃의 지속 시간과 빈도를 줄임으로써 만들어진다. 7장에서 설명한 장기 훈련 부하(CTL), 단기 훈련 부하(ATL), 훈련 스트레스 밸런스(TSB) 간의 상호 작용은 피크 기간으로의 전환에 핵심적인 역할을 한다. 지금 이 시점에서 '파워와 주기화' 부분(137쪽)을 다시 읽어보고 폼을 올리는 세부 사항을 기억해두는 것이 도움이 될 수 있다.

피크를 찍는 것에 대해 간단히 요약하면, TSB(폼)를 올리면서 동시에 ATL(피로)을 줄이려는 시도이다. 이는 2~3주 동안의 피크 기간 동안 일일 및 주간 TSS를 점진적으로 줄임으로써 달성할 수 있다. 체력을 약간 잃어버리게 되겠지만, 피로를 엄청나게 줄일 수 있다. 결과적으로 몸이 올라올 것이다. 시합 준비가 된 것이다.

WKO+ 소프트웨어나 TrainingPeaks.com의 온라인 캘린더 기능을 사용하면 피크 기간 동안의 일일 TSS를 계획하여 센츄리 시합 당일의 TSB를 관리하고 예측도 할 수 있다. 퍼포먼스 관리 차트에 그 결과가 표시된다. 그림 10.1은 위에서 설명한 트레이닝 방법론을 사용하여 예상되는 피크 기간 계획을 보여주는 차트이다. 이 차트는 2주간의 피크 기간 동안 CTL(체력)이 약간 떨어지면서 TSB가 어떻게 상승하는지 보여준다.

센츄리 시합날 여러분은 '강한 폼'을 원한다. 이는 시합 2~3주 전 피크 시기보다 CTL(체력)은 약 10% 이하만 감소하면서, TSB(폼)는 +15에서 +25의 범위로 상승한 상태를 의미한다. '약한 폼'은 보통 너무 높긴 하지만, 여전히 범위 내의 TSB를 생성하기는 한다. 하지만 체력은 10% 이상 떨어질 것이다. 만일 퍼포먼스 관리 차트에서 시합 당일 CTL과 TSB가 원하는 위치에 있지 않다고 표시되면, CTL과 TSB가 정확해질 때까지 새로운 예상 TSS 수치를 간단하게 입력해보면 된다. 그런 다음 계획된 TSS 또는 최대한 그에 근접한 수치를 생산할 수 있는 워크아웃을 매일 수행하라.

피크 기간 동안의 핵심 워크아웃은 센츄리 시뮬레이션 라이딩이다. 하지

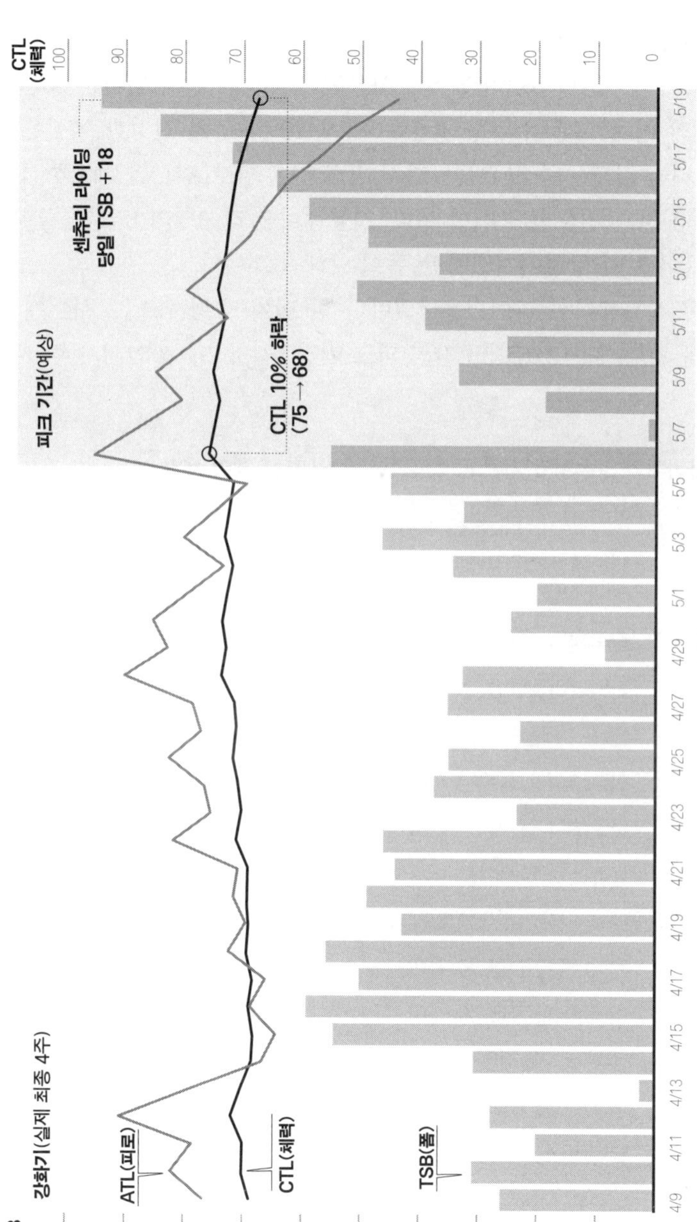

그림 10.1 센츄리 당일날까지의 피크 기간 계획을 보여주는 퍼포먼스 관리 차트

만 강화기 내내 수행한 훈련보다는 훨씬 더 짧다. 각 라이딩의 지속 시간을 결정하는 데에는 시간이 아니라 TSS가 사용된다. 그러니 라이딩하는 동안 파워미터 화면의 이 필드에 주의를 기울여라. 이 워크아웃의 진정한 핵심은 지속 시간이 아니라 강도 지수(IF)이다. 다시 말하지만, 피로(ATL)를 해소하기 위해서는 지속 시간과 빈도만 줄이면 된다. 시뮬레이션 라이딩의 IF까지 줄여버리면, 피로는 아주 빨리 없어지겠지만, 폼이 약해질 것이다.

이러한 시뮬레이션 라이딩을 3일마다 한 번씩 수행하고 그 사이에 회복 워크아웃을 하라. 표 10.8은 3주간의 피크 기간 중 첫 2주 동안의 훈련 계획이

표 10.8 라이더의 3주 피크 기간 중 첫 2주 동안의 훈련 계획 제안

1주차	워크아웃
월요일	센츄리 시뮬레이션(TSS 80~100) (전날 일요일 워크아웃이 시뮬레이션이었다면 휴식)
화요일	회복(존 1, TSS 30~50)
수요일	회복(존 1, TSS 30~50)
목요일	센츄리 시뮬레이션(TSS 90~120)
금요일	회복(존 1, TSS 30~50)
토요일	회복(존 1, TSS 30~50)
일요일	센츄리 시뮬레이션(TSS 150~250)
2주차	**워크아웃**
월요일	회복(존 1, TSS 30~50)
화요일	회복(존 1, TSS 30~50)
수요일	센츄리 시뮬레이션(TSS 80~110)
목요일	회복(존 1, TSS 30~50)
금요일	회복(존 1, TSS 30~50)
토요일	센츄리 시뮬레이션(TSS 100~120)
일요일	회복(존 1, TSS 30~50)

다. 테이퍼링을 2주만 하기로 결정했다면, 여기서 첫 주는 빼고 두 번째 주부터 시작하라. 짧은 테이퍼링은 강화기에 훈련이 잘 진행되지 않아 추가로 1주일 더 고강도 TSS 훈련이 필요한 경우에 사용된다.

표 10.9와 10.10은 센츄리 경기로 막을 내리는 그 주의 계획을 제안하여 제시하고 있다. 그 워크아웃의 패턴은 피크 주간 이전에 했던 것과 확연히 다

표 10.9 토요일 센츄리 라이딩 직전 2주, 또는 3주간의 피크 기간 중 마지막 주 훈련 제안

3주차	워크아웃
월요일	회복(존 1, TSS 20~30) 또는 완전한 휴식
화요일	센츄리 시합 IF로 업힐을 반복하는 짧은 라이딩(90초 x 4, TSS 50~60)
수요일	센츄리 시합 IF로 업힐을 반복하는 짧은 라이딩(90초 x 3, TSS 40~50)
목요일	회복(존 1, TSS 20~30) 또는 완전한 휴식
금요일	센츄리 시합 IF로 업힐을 반복하는 짧은 라이딩(90초 x 1, TSS 20~30)
토요일	센츄리 라이딩
일요일	완전한 휴식

표 10.10 일요일 센츄리 라이딩 직전 2주, 또는 3주간의 피크 기간 중 마지막 주 훈련 제안

3주차	워크아웃
월요일	회복(존 1, TSS 20~30) 또는 완전한 휴식
화요일	센츄리 시합 IF로 업힐을 반복하는 짧은 라이딩(90초 x 5, TSS 50~60)
수요일	회복(존 1, TSS 20~30)
목요일	센츄리 시합 IF로 업힐을 반복하는 짧은 라이딩(90초 x 3, TSS 40~50)
금요일	회복(존 1, TSS 20~30), 또는 완전한 휴식
토요일	센츄리 시합 IF로 업힐을 반복하는 짧은 라이딩(90초 x 1, TSS 20~30)
일요일	센츄리 라이딩

르다. 센츄리 경기에서 예상되는 최고 강도로 인터벌과 업힐을 하는 것으로 인해 IF가 여전히 높은 상태를 유지함에도 불구하고 일별 TSS는 더 감소된다. 언덕은 오르는 데 90초 정도만 걸릴 정도로 꽤 짧아야 한다. 이 장의 앞에서 언급했던 50-40-30-20-10 룰과 안정-상태 성냥 버닝을 반영해야 한다. 표 10.9는 토요일에 센츄리 시합이 진행될 때이고, 표 10.10은 일요일에 시합이 진행되는 경우임을 주의하라.

센츄리 시합 준비는 상급자나 경험이 풍부한 라이더에게도 도전적인 과제이다. 기초기에 일반 체력을 키웠다면, 센츄리 시합 성공의 열쇠는 강화기 동안의 장거리 시뮬레이션 라이딩에 적합한 변동성 지표와 강도 지수를 설정하는 것이다. 파워미터와 분석 소프트웨어를 이용하면 주간 최장 라이딩 지속 시간을 결정하는 도전은 훨씬 더 쉬워진다. 이 장에서 제안하는 파워 기반 주간 훈련 계획을 각자의 필요에 맞게 맞춤화하면, 적절한 시기에 강한 폼을 만들어 낼 수 있고, 센츄리 라이딩을 훌륭하게 해낼 수 있다.

부록 A

파워 기반 워크아웃

아래의 워크아웃들은 4장에서 설명한 대로 훈련 능력에 따라 분류한 것이다. 이것은 수많은 가능성 중 일부에 불과하다. 더 많은 예시를 보려면, 『사이클 트레이닝 바이블: 중·장거리 사이클 선수 훈련지침The Cyclist's Training bible』, 『The Triathlete's Training Bible』, 『The Mountain Biker's Training Bible』을 참조하라. TrainingPeaks.com에서도 수백 가지의 워크아웃 방법을 메뉴 형식으로 제공하고 있다.

상급 라이더의 경우, 워크아웃을 결합해 더 긴 세션으로 구성할 수도 있다. 강화기에는 대개 워크아웃을 조합해서 훈련하는 것이 일반적이다. 예를 들어, 로드 사이클리스트는 워밍업 후 무산소 지구력 인터벌로 시작해 근지구력 인터벌을 이어서 하고 파워 스프린트 훈련으로 워크아웃을 마무리할 수도 있다. 트라이애슬리트는 유산소 역치로 시작해 크루즈 인터벌cruise intervals을 하고 난 후에 유산소 페이스 조절aerobic pacing로 마무리할 수도 있다. 워크아웃을 조합하는 목적은 세션을 시합과 더욱 비슷하게 만들기 위해서이다.

워크아웃을 시작하기 전에 적절한 워밍업을 하는 것을 전제이기에, 워밍업은 다음의 설명에는 포함되지 않는다.

유산소 지구력 워크아웃

유산소 역치aerobic threshold. 심박존 2(부록 2의 프리엘 심박존 시스템을 사용)의 하단에서 안정적으로 라이딩하라. 라이딩 지속 길이는 각 종목별로 따로 설명한 8~10장의 설명을 참조하라. 각 라이딩 중의 파워가 다양하게 나올 수 있다. 심박수가 적절한 범위를 유지할 수 있는 정도라면 괜찮다.

라이딩 후 분석에서 변동성 지표와 효율 지수, 디커플링을 확인하라. 이 워크아웃의 목적은 유산소성 지구력을 향상시키는 것이다.

유산소 페이스 조절aerobic pacing. 시합에 맞는 지속 시간 동안 파워존 2에서 안정적으로 라이딩하라. 보통 2시간 이상 걸린다. 50-40-30-20-10 룰의 사용법, 언덕에서 안정적으로 성냥을 불태우는(매치 버닝) 방법을 리허설해보라.

라이딩 후 분석에서 변동성 지표와 효율 지수, 디커플링을 확인하라. 이 워크아웃의 목적은 유산소 지구력을 유지하는 것이다.

근력 워크아웃

파워 반복force reps. 이 워크아웃은 언덕에서도 할 수 있고 평평한 지형에서도 가능하다. 높은 기어비(예: 53 × 14)를 선택한 다음 언덕 밑이나 시작점에서 거의 정지한 상태로 출발해 활주한다. 안장에 앉은 상태로 페달을 아주 힘껏 밟는다. 한 번 반복할 때마다 페달을 6~12회만 돌린다(한쪽 발에 한 번씩 셀 것). 처음에는 케이던스가 50RPM 이하로 매우 느리게 진행되는데, 페달링을 6~12번 진행하는 동안 케이던스가 증가하게 된다.

파워는 높은 수준에서 피크를 찍어야 한다. 매번 반복에서 피크파워가 최소한 자신의 FTP 2배 이상이 되도록 분투하라. 워크아웃을 한 번 할 때마다 3회씩 1~3세트를 반복해 수행하라.

각 반복 후에는 존 1에서 3분 동안 회복하고, 세트 사이에는 6분을 두어라.

이 워크아웃은 특히 무릎 부상 위험이 높다. 평소와 달리 관절에 불편함이 느껴지는 첫 번째 신호에서 워크아웃을 바로 중단하라. 이 워크아웃의 목적은 근육의 힘(근력) 생산을 증가시키는 것이다.

스피드 스킬 워크아웃

하이 케이던스 드릴high-cadence drill. 페달링 기술을 향상시키기 위한 많은 드릴 훈련이 있지만, 이것이 가장 일반적이고 기본적인 훈련이다.

여러분이 선택한 워크아웃 중간 중간에 몇 분짜리 하이-케이던스 인터벌을 여러 개 끼워넣어라. 이 인터벌을 할 때에는 케이던스를 약간 불편할 정도로 높이고 인터벌 내내 그 케이던스를 유지하라. 낮은(쉬운) 기어를 사용하라.

인터벌이 끝나고 다음 인터벌 때까지의 중간 휴식 동안 자신의 평소 케이던스로 페달링하여 회복하라.

몇 주에 걸쳐 각 인터벌의 지속 시간과 인터벌 총 시간을 늘려라. 이 워크아웃의 목적은 페달링 효율을 개선하는 것이다.

근지구력 워크아웃

스윗-스팟 인터벌 Sweet-spot intervals. 이 인터벌은 평평한 코스나 약간의 경사가 있는 오르막길에서 하는 것이 가장 좋다. IF 0.88~0.93으로 각각 20분씩 2개의 인터벌을 완료하라. 인터벌 중간에는 존 1에서 5분 동안 회복하라.

훈련 프로그램에서 이 워크아웃을 할 때 처음 몇 번은 10분×4(존 1에서 2.5분 회복), 15분×3(4분 회복)과 같이 짧은 인터벌로 시작하는 것이 도움이 될 수 있다. 이 워크아웃의 목적은 기능역치파워(FTP)를 올리는 것이다.

크루즈 인터벌 Cruise intervals. 크루즈 인터벌은 평평한 지형이나 시합과 비슷할 것으로 생각되는 언덕에서 해볼 수 있다. 파워존 4와 동일한 강도로 인터벌을 5~12분씩 3~5회 수행하라. 인터벌 사이에는 인터벌 길이의 1/4 정도의 시간 동안 존 1에서 회복하라. 예를 들어 6분 인터벌을 진행할 경우, 90초 동안 회복하면 된다. 12분 인터벌이라면 회복 시간은 3분이 될 것이다.

언덕에서 크루즈 인터벌을 할 경우, 하강에 필요한 시간 때문에 회복 시간을 지속 시간의 1/4만큼 갖는 것이 불가능할 수도 있다. 이 경우에는 언덕 아래로 돌아가 가능한 한 빨리 다음 인터벌을 시작하라. 이 워크아웃의 목적은 근지구력을 향상시키는 것이다.

템포 인터벌 Tempo intervals. 이 워크아웃은 시합 코스를 모방한 코스에서 하는 것이 가장 좋다. 파워존 3에서 20분 인터벌을 여러 개 완료하면 된다. 인터벌 횟수는 훈련 종목에 따라 다르다. 크리테리움 레이서는 3개, 철인 트라이애슬리트나 센츄리 라이더는 6~8개는 해야 할 것이다.

각 인터벌 후에는 5분 동안 파워존 1에서의 가벼운 페달링으로 회복하라.

훈련 프로그램에서 이 워크아웃을 할 때 처음 몇 번은 인터벌 개수를 낮춰서 시작하라. 이후 한두 번의 세션마다 인터벌 횟수를 늘린다. 페이스 조절 전략(50-40-30-20-10 룰과 성냥 버닝 컨트롤 방법)을 확실히 연습하라. 이 워크아웃의 목적은 근지구력을 향상시키는 것이다.

무산소 지구력 워크아웃

빠른 그룹 라이딩. 빠른 그룹 라이딩은 로드 사이클리스트가 강화기에 할 수 있는 최고의 시합 시뮬레이션 워크아웃이다. 그러나 도로 경기 예상 훈련 스트레스 점수(TSS)에 맞춰 시뮬레이션 하려면 전체 라이딩 시간이 그룹 라이딩 시간보다 길어야 할 수도 있다. 따라서 그룹 라이딩 전후로 시합에 적절한 인터벌을 하는 것이 일반적이다. 이 워크아웃의 목적은 도로 경기나 크리테리움을 준비하기 위한 것이다.

최대산소섭취 인터벌. 최대산소섭취 인터벌은 평평한 지형이나 언덕에서 할 수 있다. 파워존 5에서 2~4분간의 인터벌을 3~8회 수행하라. 이런 워크아웃의 총 인터벌 시간은 8~20분 정도가 일반적이다.

휴식 시간은 직전 인터벌과 동일한 시간 동안 존 1에서 회복하는 것으로 한다.

최대산소섭취 인터벌은 위험성이 높은 워크아웃이다. 관절, 특히 무릎 관절의 불편함에 주의하라. 도로에서 최대산소섭취 워크아웃을 할 때는 안전에도 꼭 신경을 써야 한다. 교차로가 없고 교통량이 적은 쭉 뻗은 도로를 찾아라. 이 워크아웃의 목적은 유산소 능력을 높이거나, 도로 경기나 크리테리움에서의 스트레스에 대비하는 것이다.

성냥 태우기(매치 버닝) 인터벌. 짧은 인터벌 여러 개와 잠깐의 불완전한 회복

(존 1)을 그룹으로 묶어서 여러 세트로 수행하라. 각 세트 사이에는 긴 회복 시간(2~5분 정도)을 둔다. 각 인터벌의 지속 시간, 파워 크기, 인터벌 수행 횟수는 자신이 정의한 '성냥'의 정의(자세한 내용은 5장을 참조)와 시합 요구 사항에 따라 달라진다.

일반적인 도로 경기 워크아웃은 존 6에서 20~30초간 지속되는 인터벌 5개를 3세트 하는 것이다. 인터벌 사이 회복 시간은 40~50초, 세트 사이 회복 시간은 3분 정도로 하면 된다. 이 워크아웃의 목적은 크리테리움과 도로 경기의 승패를 결정짓는 높은 강도의 성냥을 준비하기 위함이다.

스프린트 파워 워크아웃

점프Jumps.* 중간 강도에서 저강도 사이의 라이딩 중에 양쪽 페달을 각각 6~8회 밟는 아주 짧은 스프린트를 총력을 기울여 여러 번 반복하라.

평지, 오르막길, 내리막길 등 다양한 지형에서 점프 훈련을 하도록 한다. 안장에 앉아서도 하고, 일어서기도 하는 두 가지 자세로 다 해본다. 브레이크 레버를 잡는 스프린트와, 드랍바 하단을 잡는 스프린트도 포함시킨다. 케이던스는 높아야 한다.

스프린트 사이에는 일반적인 강도의 워크아웃(예: 존 2)으로 돌아가도록 스프린트 사이에 긴 회복 시간을 확보하라.

이 워크아웃은 종종 훈련 파트너와 일대일 대결로 하는 것이 가장 좋다. 이 워크아웃의 목적은 최단 시간 내에 가능한 한 높은 와트값을 달성하는 것이다.

힐 스프린트 Hill sprints. 경사도 4~6%인 언덕에서 스프린트를 6~9회 시행하라. 각 스프린트마다 플라잉 스타트flying start**를 사용하여 언덕에 도착하는 몇 초간 속도를 높인다. 높은 케이던스로 최대의 힘을 발휘해 페달을 10~15회 밟으

* 점프(Jumps): 한국 현장에서는 '빵'이라는 용어로 사용되기도 한다.
** 플라잉 스타트(flying start): 빠르게 가속하여 스타트하는 단거리 종목의 기법 중 하나이다.

면서 언덕을 올라간다.

각 스프린트가 끝나면 3~6분간 회복한다. 이 워크아웃의 목적은 스프린트 파워를 높이는 것이다.

부록 B

사이클링을 위한 심박존 설정

이 안내는 심박수 모니터에 맞는 워크아웃 강도를 빨리 설정하는 데 도움이 될 것이다. 젖산역치 심박수 테스트는 기초기와 강화기 초기에 하는 것이 가장 좋다.

스텝 1. 다음의 짧은 테스트를 통해 젖산역치 심박수(LTHR)를 결정하라(최대 심박수를 찾기 위해서 220에서 나이를 빼는 방법을 사용하지 말 것. 이 방법은 맞을 수도 있고, 틀릴 수도 있음. 자세한 설명은 나의 책 『Total Heart Rate Training』을 참조).

자신의 LTHR을 찾으려면 혼자서 30분간 독주 경기(타임 트라이얼)를 해보면 된다(훈련 파트너 없이, 시합에 참가한 것도 아닌 상태로). 이 독주 경기는 30분 내내 진짜 시합을 뛰는 것처럼 해야 한다. 테스트 시작 후 10분이 지나면 심박수 모니터의 랩lap 버튼을 클릭하라. 다 하고 나면 마지막 20분 동안의 평균 심박수를 확인하라. 그 수치가 대략적인 자신의 LTHR이다.

참고: 처음 10분간도 열심히 해야 하느냐는 질문을 자주 받는다. 답은 '그렇다'이다. 30분 내내 열심히 해야 한다. 그러나 이 테스트를 하는 대부분의 사람들이 처음 몇 분은 과하게 열심히 하다가 나머지 시간 동안 점점 속도가 느려진다는 것에 유의하라. 이렇게 하면 부정확한 결과가 나올 수 있다. 이 테스트를 여러 번 해서 초기 페이스를 더 잘 맞추는 법을 알게 되면 더욱 정확한 LHTR 값을 알 수 있다.

스텝 2. 다음의 가이드를 사용하여 훈련 구간을 설정하라.

존 1: LHTR 81% 미만

존 2: LHTR 81~89%

존 3: LHTR 90~93%

존 4: LHTR 94~99%

존 5A: LHTR 100~102%

존 5B: LHTR 103~106%

존 5C: LHTR 106% 이상

분석 소프트웨어

이 책이 (역자 주: 미국에서) 출판될 당시에는 파워미터와 함께 사용할 수 있는 소프트웨어 제품이 8개였다. 여기 제시된 가격이 당시에는 정확했지만 이후에 변경되었을 수도 있다. 최신 정보를 확인하려면 구매 전에 제품 웹사이트를 방문하여 모든 세부 정보를 읽어보라. 소프트웨어가 자신의 파워미터 기기와 컴퓨터(해당하는 경우)와 호환되는지 반드시 확인하라.

GoldenCheetah(goldencheetah.org). 이 제품은 자신의 시간을 기부하는 헌신적인 프로그래머들에 의해 지속적으로 개선되고 있는 무료 오픈 소스 소프트웨어이다. Mac, Windows 및 Linux 컴퓨터 운영 체제와 호환된다. 스램SRM이나 파워탭PowerTap을 바로 다운로드할 수 있다.

Polar Precision Performance(polar.fi/en/support/download?product). 폴라 파워 장치를 사용하고 있다면, 이 소프트웨어를 사용하여 설정하고 분석하라. Polar Precision Performance를 무료로 다운로드할 수 있다.

PowerAgent(cycleops.com/products/software.html). 파워탭 파워미터가 있는 경우, 함께 제공되는 이 무료 소프트웨어를 사용해야 한다. 이 소프트웨어는 다른 분석용 소프트웨어와 함께 사용할 수 있다.

PowerCoach(powercoach.ch). 이 소프트웨어는 사용 범위가 넓다. Windows와 Mac 컴퓨터와 호환되고, 영어, 프랑스어, 독일어 버전으로도 제공된다. 파워코치는 아이바이크iBike, 가민Garmin, 폴라Polar, 파워탭, 스램과 함께 사용할 수 있다. 온라인 가격은 750달러이다.

Raceday Apollo(physfarm.com/inside/raceday.html). 아폴로는 아이바이크, 가민, 폴라, 파워탭, 스램 장치와 함께 사용할 수 있으며, Mac과 Windows 컴퓨터 시스템에서 작동한다. 일시불 요금은 125달러이다.

SRM Win(srm.de/us/software). 이 소프트웨어는 스램 파워미터와 함께 제공되기에 무료로 다운로드가 가능할 것이다. 이 소프트웨어는 다양한 분석 기능을 제공한다. 스램을 갖고 있다면 이 소프트웨어를 이용하여 장치를 프로그래밍해야 하지만, 다른 소프트웨어를 사용하여 스램을 분석할 수도 있다.

TrainingPeaks(trainingpeaks.com). 이 소프트웨어는 현재는 온라인에서만 대여할 수 있는 소프트웨어이다. 심박수 모니터, GPS 시계, 가속도계, 핸들바에 장착하는 기본 장치, 지도 장치 등 다양한 여러 제품들에서 사용할 수 있다. 기능과 디스플레이가 매우 강력하고 WKO+와 유사하다. 어떤 파워미터라도 여기에 데이터를 저장할 수 있기에, 당신을 위해 데이터를 분석해줄 수 있는 코치가 데이터에 쉽게 억세스해서 분석할 수 있다. 사용자는 한 달에 약 20달러의 구독료를 지불하면 된다.

WKO+(trainingpeaks.com/wko). WKO+('workout plus')는 모든 파워미터뿐만 아니라 심박수 모니터, GPS 시계, 가속도계와 같은 다양한 유형의 장치와 호환된다. 다운로드한 모든 데이터는 백업을 위해 사용자의 TriningPeaks 계정에 업로드할 수 있다. WKO+는 Mac 컴퓨터와 호환되지 않지만, Windows를 Mac으로 변환해주는 타사 소프트웨어를 사용하면 Mac 플랫폼에서 사용할 수 있다.* 가격은 129달러이다. 14일 무료 평가판 기간이 있어서 구매 전에 소프트웨어가 마음에 드는지 확인할 수 있다.

* 현재는 Windows와 Mac 버전 모두 제공하고 있다.

용어 해설

5% 룰5 Percent Rule — 세션 또는 세션의 일부 구간이 두 배가 되면, 길어진 시간만큼 최대의 힘으로 라이딩할 수 있는 파워는 5% 감소함.

50-40-30-20-10 룰50-40-30-20-10 Rule — 스피드와 노력의 조합을 따라 페이스를 조절하는 데 도움이 되는 규칙.

강도 지수(IF Intensity Factor) — 라이더의 표준파워(NP)와 기능역치파워(FTP)의 비율. 운동 강도라는 유일한 측면에서 워크아웃 또는 워크아웃의 일부 구간이 얼마나 도전적이었는지 나타내는 지표('강도 지수'로 번역한 이유에 대한 자세한 설명은 81쪽의 각주 참조).

기능역치파워(FTP Functional Threshold Power) — 라이더가 60분 동안 유지할 수 있는 평균 최대 파워.

단기 훈련 부하(ATL Acute Training Load) — 빈도, 강도 및 지속 시간에 따라 정의된 최근(예: 지난 7일)의 훈련 부하. 일일 훈련 스트레스 점수(TSS)로 표시됨.

성냥Match — 해당 시합의 개별 특성에 맞춰 시합 중 비교적으로 짧게 수행되는 노력의 강도. 아주 길게는 유지할 수 없는 강도이나, 경쟁을 위해서는 필요할 수도 있음.

변동성 지표(VI Variability Index) — 라이딩의 평균파워에 대한 표준파워의 비율. 페이스 조절과 밀접한 관련이 있음.

바텀 브래킷 Bottom bracket — 크랭크(자전거의 싯튜브, 다운튜브와 체인 스테이가 교차하는 지점에 위치)가 연결되는 볼 베어링 레이스race의 하우징housing 또는 지지대.

분당 회전 수(RPMRevolutions per minute) — 1분 동안 완료한 페달 스트로크 수. '케이던스' 참조.

빠른 찾기 Fast Find — WKO+ 소프트웨어와 TrainingPeaks.com에서 유저가 흔히 '성냥match'이라고 하는 특정 강도를 찾을 수 있는 기능.

속도Velocity — 거리를 시간으로 나눈 값. 스피드.

스윗 스팟 Sweet spot — FTP의 88~93%에서 이루어지는 워크아웃 구간.

압력계Strain gauge — 파워미터에 내장된 장치로, 힘을 가하여 모양이 변할 때 발생하는 전기 저항을 측정함.

와트Watt — 파워의 측정 단위.

운동자각도(RPERating of perceived exertion) — 라이더가 특정 순간에 느끼는 노력에 대한 주관적인 점수. 일반적으로 0-10 또는 6-20 척도로 표현됨.

유산소 역치 Aerobic threshold — 유산소 지구력 향상을 목표로 하는 존 2 워크아웃.

일Work — 거리를 두고 물체가 이동하는 것.

장기 훈련 부하(CTLChronic Training Load) — 비교적 긴 기간(예: 6주)에 걸친 훈련 부하로, 빈도와 운동 강도 및 지속 시간에 따라 정의됨. 일일 훈련 스트레스 점수(TSS)로 표시됨.

점프Jumps — 최대의 힘으로 짧은 스프린트를 여러 번 하는 워크아웃으로, 스프린트 파워를 향상시키기 위한 워크아웃.

젖산역치Lactate threshold — 혈중 젖산 수치가 젖산 제거를 초과하기 시작하는 강도.

최대산소섭취 인터벌VO_2max intervals — 파워존 5에서 하는 인터벌 워크아웃.

케이던스Cadence — 자전거에서 페달을 돌리는 속도. '분당 회전 수'를 참조.

크랭크 암 Crank arms — 자전거의 바텀 브래킷에서 페달을 부착할 수 있도록 연장된 부분.

크루즈 인터벌 Cruise intervals — 존 4에서 이루어지는 인터벌 워크아웃.

킬로줄(kj KiloJoule**)** — 기계적 에너지의 측정 단위(1kcal=4.184kj).

킬로칼로리(kcal KiloCalorie**)** — 일반적으로 '칼로리'라고 하며, 자전거를 타는 동안 소비되는 생물학적 에너지의 측정 단위. '킬로줄'을 참조.

테이퍼링Tapering — 시합에서 피크를 찍기 위해 며칠에 걸쳐 훈련 부하를 감소시키는 트레이닝 모델.

템포Tempo — 존 3에서 이루어지는 워크아웃.

토크Torque — 사이클링을 할 때 크랭크 암에 가해지는 회전력.

파워Power — 물리학에서는 힘과 속도의 결과. 사이클링에서는 회전력(토크)과 페달 케이던스의 결과.

파워 반복 Force reps — 근력을 향상시키기 위해 높은 기어에서 낮은 케이던스로 매우 짧게 최대 파워를 반복해서 내는 워크아웃.

파워 프로파일 Power Profile — 광범위한 기간에 걸친 최상의 피크파워 수준을 그래픽으로 보여주는 차트.

파워미터Power meter — 사이클링에서 파워를 측정하고 표시하기 위해 토크와 페달 케이던스를 측정하는 장치.

퍼포먼스 관리 차트 Performance Management Chart — WKO+ 소프트웨어와 TrainingPeaks.com에서 장기 훈련 부하(CTL), 단기 훈련 부하(ATL) 및 훈련 스트레스 점수(TSS)를 모니터하고 관리할 수 있는 분석 도구.

평균파워Average power — 라이딩 중에 수집된 파워 데이터 총량을 해당 시간 단위(예: 분)로 나눈 값.

표준파워(NPNormalized Power) — 라이딩 중 파워의 변동 범위에 맞게 조정된 평균파워의 표현. 평균파워보다 대사 비용('kcal')과 라이딩에 들어가는 노력을 더욱 잘 반영함.

피크파워Peak Power — 주어진 시간 단위(예: 1분, 5분, 60분)에서 라이더가 달성할 수 있는 가장 높은 평균파워.

핵심 워크아웃 Key workout — 라이더가 훈련하는 시합의 특정 요구 사항에 대비하기 위해 설계된 워크아웃(운동 프로그램).

훈련 스트레스 점수(TSSTraining Stress Score) — 운동 강도와 지속 시간을 기준으로 한 훈련 세션 중의 운동부하.

힘Force — 페달을 밟는 것처럼 저항을 극복해내는 것. '토크' 참조.

감사의 글

먼저 지난 15년 동안 파워 기반 사이클링에 대한 지식이 발전하는 동안 그들의 훈련에서 새로운 아이디어를 시도할 수 있게 해준 많은 선수들에게 감사를 표하고 싶다. 나의 방식에 대한 그들의 신뢰가 없었다면 이 책은 결코 탄생하지 못했을 것이다. 감사드린다!

특히 파워를 이용한 훈련과 시합이 무엇인지를 큰 측면에서 정의한 앤드류 코건Andrew Coggan 박사의 획기적인 연구 업적에 감사드린다. 그는 통찰력 있는 분석으로 비교적 새로운 기술을 컴퓨터 시대에 빠르게 도입하였다. 이 책의 많은 부분이 그의 모델을 기반으로 하고 있다. 나는 그가 그렇게 짧은 시간에 파워 기반 훈련을 위해 이룬 모든 업적에 지속적인 경외심을 느낀다.

이 책이 개요에서 지금 여러분이 손에 들고 있는 책으로 발전하기까지 이 책의 발전에 기여한 많은 사람들이 있다. 다음 분들께 진심 어린 감사를 드린다.

헌터 앨런Hunter Allen과 코건 박사의 『파워미터를 활용한 트레이닝과 경기력 향상Training and Racing with a Power Meter』은 나에게 파워 기반 훈련에 대한 대부분의 세부 사항을 처음으로 안내해준 책으로, 모든 사이클리스트에게 적극적으로 추천한다. 이 책은 이 주제에 대한 가장 포괄적인 설명을 제공한다.

41년지기 친구이자 종종 훈련 파트너가 되어주는 빌 코퍼Bill Cofer는 2장 파워의 물리학에 대한 설명과 10장의 제안 부분에서 열정적이고도 상세한 도움을 주었다.

벨로프레스VeloPress 출판사 테드 콘스탄티노Ted Costantino는 이 책을 집필하면서 직면했던 많은 문제에 대한 지침을 제공하고, 집필 과정 내내 나의 방향을 잡아주었으며, 복잡한 개념을 설명하는 데 있어 많은 어려움을 해결해주었다.

운동 생리학자 앨런 쿠젠스Alan Couzens는 50-40-30-20-10 룰을 통해 속도와 파워의 상관관계에 대해 조언해주었다.

픽스웨어Peaksware Holdings LLC의 CEO 기어 피셔Gear Fisher는 파워 분석 소프트웨어 용어에 대해 도움을 주었다.

나의 아들 더크 프리엘Dirk Friel은 소프트웨어 그래픽을 검토하고 핸들바 기기 부분에서 도움을 주었다.

사리스Saris의 교육 책임자 저스틴 헨켈Justin Henkel은 이 책의 집필을 제안하고 이 책의 목적을 정의하는 데 도움을 주었다.

벨로 프레스VeloPress의 르네 자딘Renee Jardine은 이 책의 초기 형태와 어조, 중점 사항을 제시하고 이 프로젝트에 대한 나의 아이디어를 지속적으로 지원해주었다.

최초의 모바일 파워미터의 발명자이자 스램SRM의 소유주 울리 쇼베러Uli Schoberer는 1995년에 내가 파워미터를 시험해볼 수 있도록 파워미터를 빌려주었으며, 여기서 파워 기반 훈련에 대한 나의 관심이 시작될 수 있었다.

마지막으로 46년간 나를 지지하고 사랑해준 아내 조이스에게 감사를 전하고 싶다. 조이스는 가끔씩 기발한 아이디어로 나를 격려하고 도와주었다. 그녀는 내가 새벽 4시에 일어나 공부하고 관심 있는 주제에 대한 글을 쓸 때에도 항상 곁에 있어주었다.

저자에 대하여

조 프리엘은 TrainingPeaks.com과 TrainingBible Coaching의 공동설립자이다. 그는 운동과학 석사 학위를 취득하고, 1980년부터 지구력 스포츠 선수를 훈련시키면서 코칭 분야에서 폭넓은 경력을 쌓았다. 그의 고객은 초보자, 아마추어, 엘리트, 프로 선수들을 망라한다. 철인3종 경기 우승자, 미국 및 외국의 국가대표 챔피언, 세계 선수권 대회 참가자, 올림픽 선수 등이 그의 고객 명단에 포함되어 있다.

조 프리엘은 『사이클 트레이닝 바이블: 중·장거리 사이클 선수 훈련지침 The Cyclist's Training Bible』과 『The Triathlete's Training Bible』, 『The Mountain Biker's Training Bible』, 『50세가 되리라 생각해본 적이 있나요 Cycling Past 50』, 『Your First Triathlon』, 『Your Best Triathlon』, 『Total Heart Rate Training』 등 여러 권의 책을 저술했으며, 『Going Long』, 『The Paleo Diet for Athletes』, 『Precision Heart Rate Training』, 『Triathlon Science』의 공동 저자이기도 하다.

그는 《Inside Triathlon》, 《VeloNews》, 《220》 매거진의 칼럼니스트로 활동했으며, 다른 국제 잡지와 웹 사이트에 글을 자주 기고한다. 그는 지구력 스포츠 선수를 위한 세미나와 캠프를 진행하고 있으며, 기업과 국가 정부 기관을 대상으로 컨설팅 서비스를 제공하고 있다.

조 프리엘은 연령 그룹 선수로, 전(前) 콜로라도 주 마스터스 철인3종 경기 챔피언이자 록키 마운틴 지역 및 남서부 지역 철인2종 연령대 그룹 챔피언이다. 그는 수차례 미국 올스타 팀 All-American team에 지명되었고, 세계 선수권 대회에 미국 대표로 출전했다. 그는 또한 미국 사이클링 자전거 경기 USA Cycling bike races와 독주 경기 time trials에도 참가하고 있다.

조 프리엘의 블로그 joefrielsblog.com을 통해 그와 연락할 수 있다.

역자에 대하여

역자 진현주

서울대학교 체육교육과 석사, 박사
경희대학교 스포츠의학 학사 졸업
現) 중국 절강사범대학교 체육 및 건강과학과 교수
現) 서울대학교 스포츠과학연구소 객원연구원

저서

- 『Routledge handbook of Sport in China』, Routledge, 2023, 공동 저자
- 『퍼스널 트레이닝의 정수(3판)』, NSCA Korea, 2023, 공동 역자
- 『북한의 여가와 체육』, 서울대학교 출판문화원, 2016, 공동 저자
- 논문 23편 출판

자격 사항

- 생활스포츠지도사 2급 자전거
- 생활스포츠지도사 2급 보디빌딩
- 생활체육지도자 1급 운동처방 (현, 건강운동관리사)
- 중등학교 정교사 2급
- NSCA CPT (Certified Personal Trainers)
- 대한운동사회 개인운동사
- 요가지도사 (경희대학교)
- 필라테스 지도자 (경희대학교)
- 응급처치법 강사
- 박물관 준학예사 3급

이메일: philosportsjin@gmail.com